帝国主義
アメリカの野望

リベラルデモクラシーの仮面を剥ぐ

The Ambitions of Imperialist Nation America
: Unmasking Liberal Democracy

SHIOBARA Toshihiko
塩原　俊彦 著

社会評論社

まえがき

　アメリカ合衆国は「帝国主義」の国である。こう書くと違和感をもつかもしれない。だが、アメリカは事実として、いわゆる帝国主義的ふるまいをつづけている。アメリカだけではない。中国も欧州連合（EU）も、自国および自国に属する企業などの影響力をより強めることで、国家とそれに属する企業の利益拡大をはかっている。こうした動きを意図的に推進する国を「帝国」と呼ぶとすれば、アメリカ、中国、EU、ロシア、日本も帝国であり、帝国主義的なふるまいをしていることになる。

　ただ、この帝国間の「競争」は、旧来の帝国主義的国家間の武力闘争と異なっている。国家による規制において、市場、国家、市民の権利のうち、どこに重点を置くかによって、帝国自体のあり方や、その影響力の拡大に違いが生まれている。たとえば、アメリカという帝国は、自国における自由・民主主義を重視するだけでなく、それを他国に奨励し、他国に介入するというやり方によって自国や自国企業の利益をつなげようとしてきた。そこにあるのは、交易の自由さえあれば、主要生産物の競争や金融資本によって競争に勝利して利益を確保し、当該国に影響をおよぼすことができるという資本の論理だ。だからこそ、帝国主義は他国から主として関税権を奪おうとしてきた。こうしてアメリカは、自国および自国の企業や富豪を儲けさせ、その影響力を世界中に広げてきたのである。まさに、帝国主義を貫くことで、ヘゲモニーという合意に基づく世界統治を一時期、確立することに成功したのだ。

　第一次世界大戦以降から20世紀末にかけて、ヘゲモニー国家となったアメリカは、以前のヘゲモニー国家イギリスとは異なる帝国主義を実践する。だが、ヘゲモニー国家側が勝手に決めた条件に基づく自由競争を他国に強いるという身勝手な専横はまったく変わっていない。イギリスは「自由主義」に基づく旧来の帝国主義だったが、アメリカは「新自由主義」と呼ばれる「新帝国主義」を展開しているだけの話だ。どちらも帝国主義であることに代わりはない。

　ところが、ヘゲモニー国家としてのアメリカの力が弱まると、アメリカ帝国の本性剥き出しの脅しや強制が露わになる。国家主導の関税引き上げ、補助金による産業政策がとられるようになる。もはや、市場優先の自由競争では、アメリカ企業が勝てない分野が生まれており、国家介入主義が大幅に強

まるようになっている。アメリカ帝国主義がだれの目にもはっきりと映る時代を迎えているのだ。

アメリカ帝国主義を批判する

　本書の目的は、アメリカの帝国主義の実態を暴露し、その帝国主義を批判することにある。アメリカの軍門にくだったヨーロッパや日本などの国々では、アメリカが帝国主義の「侵略国家」であるという視線がすっかり忘れられてしまった。アメリカはかつて、「米帝」と呼ばれて蔑まれたこともあったが、事実上同じ帝国主義のソ連の崩壊後、アメリカは名実ともに唯一の超大国として生き残る。その結果、アメリカは、帝国主義的なふるまいが目立つようになる。世界全体のヘゲモニーを握っているかぎりはアメリカ帝国の実態を隠すことは難しくはなかったのである。

　いわゆる「グローバリゼーション」というスローガンのもと、アメリカにとって都合のいい制度を「世界標準」として、アメリカはその帝国主義的側面を隠すことに成功した。世界統治のために世界中で身勝手な行動をとっているにもかかわらず、その影響下にあるヨーロッパ諸国や日本の指導者だけでなく、それらの国々の大多数の政治家、官僚、学者も、もはやアメリカを真正面から批判しようとしなくなる。不偏不党をかこつマスメディアもまた、沈黙や無視によって、アメリカの横暴に見て見ぬふりをつづけてきた。

　アメリカ帝国主義に従属する国の人々は、抑圧・搾取されているにもかかわらず、中国やロシアのような権威主義的な国々だけを「悪の枢軸」として嫌うよう情報操作されている。だが、これは「敵」をつくって、自らの「悪」を隠蔽する手法にすぎない。本書は、アメリカの「悪」を真正面から暴くことで、中国やロシアの「悪」と同じレベルにおいて、アメリカという国家を丸裸にしたいのだ。神に祝福されたかのようにふるまうアメリカの超大国神話を暴き出したいのである。

ウクライナ戦争が教えてくれたアメリカの帝国主義

　本書執筆のきっかけは、ウクライナ戦争であった。2022年2月24日にウクライナへの侵略を開始したロシア連邦のウラジーミル・プーチン大統領を蛇蝎のごとく非難し、ウクライナのウォロディミル・ゼレンスキー大統領への同情が急速に広がった。しかし、この見方は、本当は、アメリカの帝国主義的ふるまいを隠すための偏った見方にすぎない。戦争が勃発する前の段階

で、ウクライナにおいてどんな出来事があったかについて考えたこともないような人々はただ、アメリカ政府や同政府と結託するマスメディアの流す偏った見方に騙されているだけだ。

その結果、アメリカおよびその同盟国の多額の税金が「ウクライナ支援」という美名のもとに投じられ、多くの軍産複合体を潤している。アメリカのジョー・バイデン大統領はウクライナ戦争の長期化を政治利用して、自らの再選のために役立てようとしている。そう、彼の頭には、即時停戦といった発想そのものが存在せず、ウクライナ国民の生命・財産の保護も最優先事項では決してない。アメリカ大統領に再選することのみが最大の目標なのだ。

その大統領選に第三の候補として立候補しているロバート・F・ケネディ・ジュニア（父、ロバート・F・ケネディ・シニアは元司法長官、叔父ジョン・F・ケネディは元大統領）は的確なツイートをしている。

「私はバイデン大統領に二つの謝罪を求める。第一に、米国民を欺き、偽りの口実で醜い代理戦争を支持させたこと。第二に、より重要なことだが、ウクライナ国民に対し、米国の（想像上の）地政学的利益のために、ウクライナをこの戦争に巻き込み、国を破滅させたことを。」

残念ながら、悲惨な戦闘シーンを見せられると、人間は多数の死傷者を出している側に同情を禁じ得ない。悲惨な動画を観ることで、多くの人々は心を揺さぶられる。2023年10月7日以降、パレスチナのガザ地区での戦闘が広がると、今度はイスラエルの過剰防衛と、死傷するパレスチナの子どもの姿に心を痛めざるをえなくなる。しかし、そんなイスラエルをアメリカが支援しているにもかかわらず、形ばかりのアメリカの人道支援のふりに多くの人々が騙されているように映る。200万人もの人々を飢餓の危機に置きながら、民間人を殺害しつづけるベンヤミン・ネタニヤフ政権を支援するバイデン政権はネタニヤフとアドルフ・ヒトラーとの違いを説明できるのか。

こうした世界の出来事の背後にまで目を凝らすと、そこにはアメリカ帝国主義の身勝手な影が見えてくる。しかも、アメリカはウクライナにもイスラエルにも、武器を供与し、武力闘争に加担している。加えて、中東では、イラン政府の支援する勢力に対して、アメリカ軍が直接、武力攻撃をしている。普通に考えれば、アメリカは軍国主義国家であり、帝国主義の延長線上にある「悪の枢軸」といえるだろう（ストックホルム国際平和研究所［SIPRI］によれば、アメリカの2023年軍事費支出は依然として世界最大であり、第2位の中国を3.1倍も上回っている）。

アメリカはこうした旧来の帝国主義をいまでも保持しながら、同時に経済制裁という脅迫手段によって帝国主義的ふるまいをつづけている。ロシアがウクライナへの全面侵攻を開始したとき、バイデン政権はウクライナ軍への武器援助だけでなく、対ロ制裁の強化を呼びかけた。アメリカは、対ロ制裁によって、自国だけなく他国およびそれらの国に属する企業がモスクワとの関係を断つことで、経済的苦痛と政治的追放でロシアを罰しようとしたのである。ここには、自国と自国企業優先の帝国主義的ふるまいが隠されている。それにもかかわらず、アメリカに追従するばかりでいては、きっと日本もアメリカと敵対する勢力との戦争に巻き込まれかねない。そのとき、あくまで自国優先のアメリカは、必ずやアメリカに従属する同盟国を平然と裏切るだろう。だからこそ、アメリカを批判しつつ、アメリカと一定の距離を保つ必要性があることを少しでも多くの人に理解してほしいと思う。

本書の構成

　本書の序章では、ヘゲモニー国家アメリカに関する基礎知識を提供する。同時に、アメリカの帝国主義についての理解を深めるための情報を明らかにしたい。こうした基礎知識を前提として、第一章では、ウクライナにおいて、戦争がはじまる前から、アメリカがどのような帝国主義的ふるまいをしてきたかについて説明する。とくに、ジョー・バイデン父子がウクライナでの金儲けにかかわってきた実態などを紹介することで、アメリカ帝国主義の実情について明らかにしたい。「ウクライナ支援」を大義名分としながら、実はその支援をアメリカ国内への「投資」に回すことに血道をあげているバイデン大統領政権について解説し、ウクライナ政府の陰で暗躍してきたアメリカについて俎上にあげる。それを知れば、アメリカの帝国主義的ふるまいの「現実」が理解できるはずだ。

　第二章では、エネルギー部門におけるアメリカ帝国主義について考察する。ドナルド・トランプ政権は2019年11月、地球温暖化対策の国際的な枠組み「パリ協定」からの離脱を国連に正式通告した。これに対して、バイデン政権は2021年1月、パリ協定への復帰を決定、国連に通知し、通知から30日経過後の2月19日に正式に復帰が認められた。この出来事から、バイデン政権が環境保護派に理解を示しているようにみえてくる。だが、バイデンは決して環境保護一辺倒の政治家ではない。むしろ、あくまで自らの権力奪取・維持のために場当たり的な政策をとっているにすぎない。

　第三章では、アメリカ帝国主義の切り札となっている制裁について語る。とくに、制裁対象の当該国ではない、第三国に対しても制裁を科す「二次制裁」の実態を明らかにすることで、アメリカが脅迫によって諸外国を屈服させようとしてきた歴史や実情をわかってほしいと思う。

　第四章は、デジタル空間における帝国主義国家間の競争について考察する。市場主導型の規制モデルを採用するアメリカ、権利主導型規制モデルをとるヨーロッパ、国家主導型の中国がそれぞれどのような帝国主義を展開しているかについて比較検討する。いま現在展開されている帝国主義間の権力闘争について論じたい。

　第五章は、アメリカ支配の栄枯盛衰について考える。この部分を読まなければ、アメリカの唯我独尊的なふるまいを理解することはできまい。結論からいえば、アメリカは、科学を神の近くに祭り上げ、その科学を操り、科学の生み出したテクノロジー（科学技術）を安全性の保証のないままに世界中に広げて、その影響力を維持・拡大している。加えて、「法の上に人を置く」というホッブズ的な社会契約を前提とする英米法を前提に、特権化したテクノロジーを政治利用することで、アメリカは神の後光を背に外交を展開しているのだ。このため、アメリカは自らの外交の失敗を反省しない。神のように無謬であると信じているからだ。

　アメリカは、神に近接した「テクノロジーの上に人を置く」という構図のもとで、「法」と「テクノロジー」による世界支配を実現しているのだ。それを「宣教師的」熱意に基づく外交政策によって世界中を席捲してきた。わかりやすくいえば、いわゆる大航海時代、ポルトガルやスペインの宣教師はキリスト教（カトリック）を布教しつつ、植民地化をはかったが、アメリカは宣教師的熱意によって民主主義の輸出をはかりつつ、英米法とテクノロジーを世界中に広げることで、帝国主義に基づく資本による世界支配をつづけようとしているのだ。

　いわば、「神」の近くに科学を置き、その科学進歩に基づくテクノロジーに依存しつつ、それを法律で保護することで、世界中に害悪を撒き散らしていても、何の反省もないまま、ヘゲモニー国家として君臨しつづけることができる。まさに、神との盟約のもとに、戦争大好きな外交によってねじ伏せる行動をとりつづけることで、反省なき新帝国主義をとりつづけることが可能なのだ。軍国主義国家アメリカをぶっ飛ばすためには、この「法」と「テクノロジー」の上に立つ人、すなわちアメリカ大統領の権力基盤を突き崩す

必要がある。その一歩として求められているのは、とにかく、こうした権力のあり方に気づくことではないか。

　第六章では、アメリカの外交戦略を俎上に載せる。アメリカの外交をつまびらかにすることで、その帝国主義的ふるまいに伴う独我論に気づいてほしいのだ。

　終章では、アメリカ帝国主義が隠蔽してきた超大国神話を壊すための議論を展開する。アメリカを特徴づけているキリスト教文明批判、科学やテクノロジーへの信奉への批判を展開することで、アメリカ帝国主義をぶっ飛ばしたい。

　本書は、アメリカ帝国主義を徹底的に批判する視角から書いた地政学の書だ。だからといって、中国やロシアを擁護しているわけでは決してない。日頃、批判の対象となっていないアメリカをあえて批判することで、信じたいことを何となく正しいことのように誤解させる「確証バイアス」に自らが侵されていることに気づいてもらいたいのだ。人間の判断は心理的な影響で多くのバイアスに直面する。その偏見に気づくことで、より真っ当な判断に近づくことができると信じている。

　なお、電子書籍版には、必要部分をタップすれば参考文献に到達できるように URL を埋め込んである。参考文献まで知りたいという読者はそちらを参考にしてほしい。

帝国主義アメリカの野望
リベラルデモクラシーの仮面を剥ぐ
目次

序 章

ヘゲモニー国家
アメリカをめぐる物語

1 ヘゲモニー国家の変遷

　まず、基礎的な知識を身につけるところからはじめよう。「ヘゲモニー」の話である。拙著『サイバー空間における覇権争奪』では、「はじめに」の冒頭において、つぎのように書いたことがある。

　「武力で天下をとる者を「はたがしら」（覇）といい、覇者という言葉も生まれた。その覇者を世界全体にあてはめると、武力で世界を統治する者ということになる。半面、「ヘゲモニー」（hegemony）という言葉は「覇権」と翻訳されることも多い。イタリアのマルクス主義者、アントニオ・グラムシは、支配が強制と合意によるとしたうえで、後者による支配にヘゲモニーをあてた。つまり、武力という強制ではなく合意に基づく統治がヘゲモニーということになる。そうであるならば、ヘゲモニーを覇権と訳すことは憚られる。」

　というわけで、本書では、合意に基づく統治という意味をもつヘゲモニーを使う。これから引用する思想家、柄谷行人に倣ったものだ。

近代世界システムの変遷

　表I-1 に示したのは、柄谷がまとめた「近代世界システムの歴史的段階」という表である。この表は基本的に60年周期でまとめられている。この表は、経済的関心を中心に構成されているため、ヘゲモニー国家が武力といった軍事面で優位にあることや、宗教や言葉などのソフトパワーによる支配といった面も省略されている点に留意する必要がある。

　そのうえで、経済面に注目すると、「世界商品」と呼ぶべき基軸商品の変化によって、諸段階が特徴づけられていることがわかる。その背後には、技術やエネルギーの変化があり、企ての参加者、対象、目的、手段などが異なることになる。柄谷によれば、「重商主義段階は繊維産業、自由主義段階は軽工業、帝国主義段階は重工業、後期資本主義段階は耐久消費財（車と電化製品）によって特徴づけられ」、「新自由主義段階は、1990年代から進行してきた新段階（IT産業）」ということになる。

　現段階は前のヘゲモニー権力をもつアメリカが衰退しながら、その後継が不在のなかで、アメリカ、中国などがつぎのヘゲモニー権力になるための対立時代に入っている。興味深いのは、アメリカが1980年代に自由主義を捨

	1750-1810	1810-1870	1870-1930	1930-1990	1990-
世界資本主義	重商主義	自由主義	帝国主義	後期資本主義	新自由主義
ヘゲモニー国家		イギリス		アメリカ	
傾向	帝国主義的	自由主義的	帝国主義的	自由主義的	帝国主義的
資本	商人資本	産業資本	金融資本	国家独占資本	多国籍資本
世界商品	繊維産業	軽工業	重工業	耐久消費財	情報
国家	絶対主義王権	国民国家	帝国主義	福祉国家	地域主義

表I-1　近代世界システムの歴史的段階
(出所) 柄谷行人 (2009)『柄谷行人　政治を語る』図書新聞 , p. 114 および
(2010)『世界史の構造』岩波書店 , p.412.

てはじめたという指摘である。これは、ロナルド・レーガン政権下でとられた、社会福祉を削減する一方、税金や資本規制を削減するという政策（これこそ新自由主義の根幹をなす）を意味しているが、この新自由主義は 1880 年代から支配的になった帝国主義に似ている。アメリカは 1980 年代に製造部門におけるヘゲモニーを失い衰退期に入った結果、帝国主義的にふるまうようになったというのである。

　このアメリカの帝国主義ないし新帝国主義は、弱肉強食の自由競争を打ち出しながら、自由・民主主義に反旗を翻す動きに対して経済制裁を科すという脅迫を特徴としている。さらに、アメリカからみて不当な関税の導入や、知的財産権の侵害といった事態に対しても制裁で脅す。しかも、この制裁は当該国だけに限定されたものではなく、ドル決済を通じて当該国や同企業と取引する第三国の銀行や企業に対しても制裁を科すという、いわゆる「二次制裁」を科すことによっても脅迫する。こうして、アメリカはまさに帝国主義的ふるまいを実践することで、アメリカ帝国主義の利益を維持・拡大しようとしてきたし、いまもそうである。

　表 I-1 にある「帝国主義」とは、ヘゲモニー国家が没落し、新しいヘゲモニー国家がまだ確立していない群雄割拠の状態を意味している。「自由主義」はヘゲモニーを握った国家がとる政策ということになる点に注意を促したい。こう考えると、1990 年以降に現れた状況とソ連崩壊に関連づけて「グロー

15

バリゼーション」と呼ばれるようになった現象はむしろ、ヘゲモニーをめざした帝国主義的闘争と理解すべきである、と柄谷は指摘している。このため、2014年のウクライナ危機や2022年のウクライナ戦争はアメリカの帝国主義によって引き起こされたものであり、それをEUの帝国主義が追認したと理解することもできる。本書はこうした立場から、アメリカを徹底的に批判する立場に立つ。

新しいヘゲモニー国家として中国が登場するかどうかはわからないが、その過程において、「戦争」が想定される。それは、アメリカ、ヨーロッパ、中国、インド、ロシア、イスラム圏などの競合を軸に、エネルギー争奪戦という形で勃発するかもしれない。柄谷は、「資源と市場をめぐる国家 - 資本間の対立が熾烈になり、それが世界戦争につながる可能性があります」、「いずれにしても、21世紀前半において、国家 - 資本に対抗する運動は世界戦争を念頭においておくべきです」と主張している。残念ながら、事態は柄谷の予言通りに推移しているようにみえる。

本書では、アメリカの帝国主義的傾向という視角から、ウクライナ戦争（第一章）やエネルギー争奪戦（第二章）を説明することにしたい。

2　アメリカの帝国主義

ただ、その前にアメリカ帝国主義についての理解を深める必要がある。ここでは、アメリカの帝国主義的ふるまいについて概説しておきたい。

比較的わかりやすい帝国主義的ふるまいには、アメリカが2024年2月20日、ガザ地区での即時停戦を求める国連安全保障理事会決議に反対票を投じた例がある。ワシントンが拒否権を行使してガザでの戦闘停止を要求する決議を阻止したのはこれで3度目だ。アルジェリアが起草したこの決議案に賛成したのは安全保障理事会の13カ国で、イギリスは棄権した。反対したのはアメリカだけである。イスラエルによる過剰防衛を容認する一方で、ウクライナ戦争ではロシアによるウクライナへの「侵略」を猛然と攻撃する。イスラエルによるパレスチナでの武力行使は「侵略」ではないのか。

通常イメージされている帝国主義は、征服や略奪といった暴力による他国

への侵略による植民地支配だ。さすがに、こんな露骨な帝国主義をいまでも展開しているのはロシア連邦くらいと思うかもしれないが、アメリカも同じ穴の貉だし、イスラエルもそうだ。

　帝国主義の国々はその影響力の拡大をめぐって猛烈な競争を展開している。国連の場においては、同年3月22日、今度はアメリカがガザ地区での「即時かつ持続的な停戦」を国求める決議案を提案したが、失敗に終わる。「イスラエルとハマスの戦争を終結させるのに十分なものではなかった」と、中ロは拒否権行使の理由を説明した。25日になって安保理は、ラマダン期間中のガザ地区における即時停戦を求める決議を賛成14、棄権1で採択した。決議案は停戦に加えて、「すべての人質の即時かつ無条件の解放」と「人道支援提供に対するすべての障壁の撤廃」を求めたもので、拘束力はもつが、事実上、イスラエルが要求に従わなくても何の制裁もない。アメリカは拒否権の発動を思いとどまったが、決議案がハマスを非難していないことを理由に棄権した。事実上、イスラエルへの強制力がないからこそ、こうした「ダブルスタンダード」の姿勢を示したにすぎない。4月1日には、非営利の非政府組織、「ワールド・セントラル・キッチン」の職員ら7人がイスラエルの攻撃で死亡する事件が起きた。バイデン大統領は「憤慨し、心を痛めている」とのべたものの、ネタニヤフ首相と公然と対立することを避けている（NYTを参照）。その証拠に、4月18日、アメリカは安保理がパレスチナを正式加盟国として承認するのを阻止した。最終投票は賛成12、反対1で、イギリスとスイスの2カ国が棄権した。

　日本では、ほとんど報道されないが、すでにボリビアは2023年10月31日、イスラエルによるガザ地区への攻撃を理由にイスラエルとの外交関係を断絶したと発表した。翌月には、ベリーズもイスラエルとの関係を絶った。2024年5月1日、コロンビアのグスタボ・ペトロ大統領は、イスラエルによるガザでの行動を理由に、イスラエルとの国交を断絶するとのべた。インドネシアの次期大統領プラボウォ・スビアントも、イスラム教徒のパレスチナ人の命よりウクライナの人々の命を大切にするような、欧米のダブルスタンダードを非難する意見を The Economist に公表している。だが、こうした反発は欧米の主要マスメディアが無視することで人々に知られていない。

アメリカ帝国の経済政策
　ここではまず、こうした旧来の帝国主義の勝利者たるヘゲモニー国家アメ

リカがどのようにその権力基盤を整えたかについて論じたい。

　まず、ヘゲモニー国家アメリカの衰退がすでに顕在化していた 1981 年 1 月に大統領に就任したレーガンは帝国主義的な政策を推進する。とくに、レーガン政権は 2 期目の 1985 年 9 月、アメリカの競争相手による不公正な貿易慣行に対する取締りを強化する、新政権の貿易政策を発表した。レーガンは 1983 年に産業競争力に関する大統領のための委員会を設け、対策を協議させていたが、その報告（Global Competition: The New Reality）が 1985 年春、ジョン・ヤングによって公表される。そこでは、過去 20 年間にアメリカの競争力が低下していると指摘され、その対策と解決策として、①技術的優位性の確保、②アメリカ企業の資本コストの削減、③人材の育成、④国際貿易の重視 ―― という四つがあげられている。また、アメリカの競争力の低下に関して、ヤングは報告書において、特許法の見直しが必要であり、知的財産権の保護は不十分で、現行の制度ではアメリカは新しい技術（テクノロジー）の優位性を適切に維持できないとした。

知的財産権保護を名目とするアメリカの専横

　これを受けて、同年 7 月に通商代表となったクレイトン・ヤイターに対して、レーガンは違法な輸出補助金、アメリカでの市場価格以下のダンピング、アメリカ製品への市場閉鎖を行う国々に対抗するよう指示したほか、特許や商標の保護を無視してアメリカの知的財産を盗む国々と協議を開始するよう命じるのである。

　この流れは、1981 年からはじまっていた、1883 年成立の工業所有権の保護に関するパリ条約（特許、工業意匠、その他）の見直しの流れと合流する。パリ条約は特許などの工業所有権を世界的に統一して保護する条約として成立したが、工業所有権の国際的な統一保護は結局、先進国に有利で発展途上国にとっては不利であるとの発展途上国の不満が蓄積していた。このため、パリ条約を改正するための検討が世界知的財産権機関（WIPO）でスタートしたのだ。1974 年に国連の専門機関となった WIPO は各国の知的財産ルールの収束を促進し、発展途上国がより高度な知的財産法を制定する際の能力開発を担う国際機関として地歩を固めたが、結局、知的財産の使用者であり輸入者である発展途上国の加盟増加で先進国の思惑は進まなかった。

　そこで考え出されたのが知的財産に関する協定を、コンプライアンス（法令遵守）確保のためのシステムをもつ枠組みである GATT に組み込むこと

だった。これを推進したのが製薬メーカー、ファイザーの幹部だ。彼らは知的財産に対する貿易ベースの多国間交渉アプローチという考えを広めるようになる。さらに、エドモンド・プラット最高経営責任者（CEO）は、1974 年に米通商法に基づいて議会によって創設された貿易交渉諮問委員会（Advisory Committee on Trade Negotiations , ACTN）のメンバー（1979 年）や会長（1981 年）に就任し、貿易問題に関する大統領の主要政策アドバイザーとして、米通商代表部（USTR）代表に直接アクセスできる立場を利用した。

　ACTN には、プラットのほか、IBM やデュポンの CEO も名を連ねていた。プラットの指揮の下、知的財産に関するタスクフォースが設置された。IBM の会長であり、ACTN の主要メンバーでもあったジョン・オペルがこのタスクフォースの責任者となる。プラットの 6 年間にわたる会長職の間、ACTN は 1981 年から 85 年まで USTR 代表を務めたウィリアム・E・ブロック 3 世、1985 年から 89 年まで USTR 代表を務めたヤイターと緊密に協力し、アメリカのサービス、投資、IP（知的財産）貿易アジェンダを形成するのに貢献したのである。

　こうして、知的財産権の保護の違反に対する制裁措置を期待して、1986 年からはじまった多国間交渉、ウルグアイ・ラウンドで「知的財産権の貿易関連の側面に関する協定」（TRIPS）締結に臨むことにした。といっても、実際に TRIPS が最終的に合意されて発効したのは 1995 年 1 月 1 日だから、そう簡単に合意に至ったわけではない（この部分は拙著『知られざる地政学』〈上巻〉に詳しい）。

　いずれにしても、TRIPS を知的財産権の保護の盾とすることで、アメリカは最先端のテクノロジーを世界中に普及させつつ、利益をあげる仕組みを完成させる。これは、この制度を遵守しない国や企業への厳しい制裁を科すという強制手段によって遵守させるという帝国主義的色彩の濃いものだった。

アメリカによる資本自由化の推進

　他方で、アメリカは資本規制の自由化を進める。拙著『ウクライナ 2.0』で説明したように、1970 年代のアメリカでは、インフレ下の失業率の上昇や経済成長率の鈍化から、ケインズ主義的な国家による経済への介入に対する疑問が広がっていた。一方で、変動相場制への移行により、国内産業が息を吹き返すことにつながったことから、国内の産業資本家もより自由主義的な経済運営に理解を示すようになった。こうして対外経済政策においては、

新自由主義の唱導者と政府の政策の自律性を維持しようとする勢力が協力して資本の自由な移動を促進しようとするようになったのである。

1976年、イギリス政府はポンド売りの投機にさらされた。ケインズ主義的な労働党の政策への疑問から、ポンド売りが加速された。これに対して、与党であった労働党はイギリスの緊縮財政への転換を融資条件とするIMFの包括的支援策を受け入れざるをえなくなった。緊縮財政を受け入れたことで、ケインズ主義的な政府による経済への介入が難しくなり、ケインズ主義が終焉を迎えたことが明白となったわけである。

1978〜79年には、今度はアメリカでもドル売りの危機に直面した。これは、米政府の経済政策に対する不信任を突きつけたものだった。1973〜75年の世界的な不況から脱する目的で、米政府は日本と西独に協力を求め、世界経済を牽引するために日米独で財政拡大策をとるよう迫った。この政策を嫌った投資家がドル売りに出た。その結果、1978年11月、カーター大統領は財政赤字の削減や金利引き上げを含む反インフレ策を公表するに至る。さらに、カーターは1979年8月にニューヨーク連邦準備銀行の副総裁だったポール・ボルカーを中央銀行である連邦準備理事会（Federal Reserve Board, FRB）の総裁に任命、ボルカーは同年10月、通貨供給量を引き締める政策を公表し、自国のみの利益のためにドルという自国通貨を利用するようになる。

この背景には、ユーロドル市場という米金融当局の規制外の市場の急成長によって、資本規制をめぐる国際協調が難しくなったことがある。1981年までにユーロドル市場の規模はアメリカの通貨供給量M3の約10％にまで増大する。1974年には4％にすぎなかったから、その急増ぶりがわかるだろう。もちろん、これはFRBによる通貨供給量の制御が難しくなったことも意味していた。それでも、変動相場制への移行が世界経済を支配していたアメリカ経済に有利に働いたという事実により自由を求める政策への傾斜を強めることになったと考えられる。

アメリカは1974年に資本規制を廃止していた。1960年代初期から中期にかけて、米当局は資本流出を削減し、アメリカの国際収支を強化するため、①米居住者による外国の株式、債券、その他の株式および債券の購入に適用される利子平衡税（IET）の導入、②アメリカの金融機関、銀行、ノンバンクによる外国人への融資に上限を設けた自発的対外信用制限（VFCR）プログラム、③アメリカの非金融企業から海外関連会社への資金供給を規制した対外直接投資（FDI）プログラム —— を適用してきた。しかし、規制は

1974年1月29日に終了した。1973年2月にドルの切り下げを発表して以降、アメリカの国際収支状況の改善、為替市場におけるドルの強い傾向などから、資本自由化に舵を切ったのだ。ヘゲモニー国家としてのアメリカの凋落がはじまったのである。

　1979年には、イギリスが40年にもわたって継続してきた資本規制を撤廃した。この政策は1984〜85年になって、オーストラリアやニュージーランドでも踏襲された。フランスの場合、1984年、ミッテラン政権下で、金融改革が実施されるに至った。デンマークとオランダでは、それぞれ1984年と1986年に、資本規制の大部分を廃止する。西独も1980年代半ばに、金融制度の自由化や規制撤廃に乗り出す。1989〜90年になると、スウェーデン、ノルウェー、フィンランドといったスカンジナビアの諸国も戦後の資本規制を完全に撤廃する意思を表明するまでに至る。日本でも1984年5月29日、大蔵省は「金融の自由化及び円の国際化についての現状と展望」と「日米円ドル・レート、金融・資本市場問題特別会合報告書」を公表し、金融や資本取引の自由化に向けたスケジュールを示した。

　経済協力開発機構（OECD）は1961年にすでに、「資本移動自由化規約」（Code of Liberalization of Capital Movements）を作成し、資本の自由な移動の実現をめざした。1989年5月には、同規約を短期の金融取引を含むすべての資本移動に適用するよう拡張する。資本の自由な移動がOECD加盟国のレベルでも実現するようになったわけだ。さらに資本自由化は、先進国だけでなく、発展途上国や、社会主義から資本主義への移行をめざす諸国でも推進されるようになったことにも注意しなければならない。もはや世界経済が資本の自由な移動を前提に運営されるまでになっているといっても過言ではない。そして、資本自由化は巨大な資本をもつアメリカ系の投資家（企業・個人）にとって利潤を得る場を世界中に広げたことを意味している。しかも、この資本自由化は国際決済通貨としてのドルを中心にしたものであったから、資本自由化に逆行する動きには、一次制裁ばかりか二次制裁の脅迫で、第三国を含む多くの国々を平伏させることができるようになったのである。

　序章の最初に指摘したように、ここで説明した経済面以外にも、アメリカは北大西洋条約機構（NATO）を通じた集団安全保障体制を構築する一方で、後述するように、日本、フィリピン、タイ、オーストラリア、アルゼンチン、ブラジルなどと相互安全保障協定を結んでいる。それがヘゲモニー国家アメリカの支配に大いに貢献してきたことは間違いない。

3　帝国主義のいま

　いまの帝国主義の実態を教えてくれる例がある。2024年4月5日、アルメニアのニコル・パシニャン首相、アンソニー・ブリンケン米国務長官、欧州委員会のウルズラ・フォン・デア・ライエン委員長が参加し、3者会談がブリュッセルで開催された。会談後の記者会見で、欧米側はアルメニアの民主改革の前向きな傾向を強調し、長期的な発展に貢献する用意があることを表明する。EU委員長は、EUがアルメニア経済に投資し、2027年までの4年間で2億7000万ユーロの助成金をアルメニアの社会経済発展のために提供する用意があるとした一方、アメリカは、アルメニアの行政・経済分野に6500万ドルを投資する意向であるとした。アメリカはアルメニアと核エネルギー開発、投資誘致、サイバーセキュリティ問題での協力拡大について協力する予定だ。

　これが意味しているのは、ロシアと政治的に仲たがいしたアルメニアを、EUやアメリカ側に取り込むために、欧米が「投資」をちらつかせるという戦略である。まずは、経済で取り込もうとするのだ。

アルメニアの苦境

　アルメニアが陥っている苦境を理解するには補助線が必要かもしれない。もともとソ連を構成する国だったアルメニアは、ソ連崩壊後もロシア側にくみし、集団安全保障条約機構というロシア主導の安全保障体制にも加わっていた。しかし、隣国アゼルバイジャンとの間にかかえていたナゴルノ・カラバフ地域の紛争が2020年9月に激化して以降、徐々にアルメニアとロシアとの関係が変化するのである。同年11月、ロシアの仲介で停戦協定が締結されたが、アルメニアはコントロール下にあった同地域以西のアルメニアと挟まれた地域や同南部も放棄せざるをえなくなる。ロシアの平和維持部隊の配備も決められた。

　だが、停戦体制は脆弱で、2022年以降、アゼルバイジャンとアルメニアの国境で衝突が再開される。2023年9月9日になって、アゼルバイジャン政府はナゴルノ・カラバフとアゼルバイジャンの他の地域を結ぶ別の道路の開通と引き換えに、ナゴルノ・カラバフとアルメニアを結ぶ唯一の道路であ

るラチン回廊再開に合意する。だが、同日カラバフの飛び地で行われた選挙と、4人の警察官を含む6人のアゼルバイジャン人が死亡した地雷爆発に対応することを口実に、9月19日、アゼルバイジャンはナゴルノ・カラバフに対して武力攻撃を開始。20日13時に停戦し、武装解除することがこの地域のアルメニア人分離主義者とアゼルバイジャン側との間で決定される。

　未承認国家ナゴルノ・カラバフ共和国のサムベル・シャフラマニャン大統領は9月28日、共和国の清算に関する法令に署名する。2024年1月1日までに「すべての国家機関およびその部門配下の組織」を解散させ、同共和国（アルメニア語で離脱国家を意味する「アルツァフ共和国」）は消滅することになった（首都ステパナケルトはハンケンディに改称）。こうして、ナゴルノ・カラバフのアルメニア人全住民（約12万人）が立ち退かざるをえなくなり、9月29日までにアルメニア人9.3万人がアルメニアに到着するに至る。つまり、アルメニアはアゼルバイジャン内にあったナゴルノ・カラバフ地域を完全に失った。

　アルメニアからみると、ロシアに助けを求めたにもかかわらず、無視された結果、アゼルバイジャンに敗北せざるをえなかったということになる。そのため、パシニャンは、集団安全保障条約（CSTO）やNIS内での会合を拒否してきたが、2023年12月になって2日間の日程でロシアを訪問し、26日にサンクトペテルブルクで開催された独立国家共同体（NIS）非公式首脳会議でアゼルバイジャンのイリハム・アリエフ大統領と握手を交わした。双方は平和条約締結に向けた作業をつづけているとされるが、アルメニアにすれば、ロシアの弱腰のせいで、アゼルバイジャンに「領土」を奪われたとの思いが強い。だからこそ、ロシアとの関係を見直し、欧米諸国に急接近しようとしていることになる。

　逆に、アメリカおよびEUからみると、アルメニアをロシア圏から引き離すことで、自らの権益範囲を拡大することができる。そのためには、まず、経済的な関係を強化し、やがて安全保障といった分野まで拡大することで、軍事的にも政治的にも取り込もうとするのだ。

アメリカが中国でやったこと

　たとえば、アメリカは中国に対しても同じようなことを仕掛けたこともある。自由・民主主義を優先する思想を信奉していたビル・クリントン大統領は、中国の世界貿易機関（WTO）への加盟を実現させることで、中国の民主

化促進につながることを夢にみていた。当時、故ヘンリー・キッシンジャーらが主張していたのは、グローバリゼーションによって多くのアメリカ国民が職を失い、あらゆる重要な点で社会的連帯が弱まったとしても、中国をアメリカのようにすれば、長期的にはそれだけの価値があるということだった。

そのために、アメリカが行ったのは「腐敗」を利用することだった。ピーター・シュワイツァー著 Secret Empires: How the American Political Class Hides Corruption and Enriches Family and Friends のつぎの指摘は重要である。「J.P. モルガンのような一部の金融会社は、取引を開始するために、中国政府高官の子弟を雇うことを習慣化しはじめた。彼らは政府高官の子供であるため、「プリンセリング」（Princeling）と呼ばれることもある。J.P. モルガンは最終的に、「プリンセリング」慣行に関与したとして、米国当局から海外腐敗行為防止法（FCPA）違反で訴えられた。」

FCPA は、アメリカ企業が外国公務員の子弟を雇用したり、特別な取引をしたりすることを禁じている。J.P. モルガンのような姑息なビジネスが横行してきたからこそ、こうした「汚い」戦略が「腐敗」とみなされるようになったわけである。

ついでに書いておくと、バイデン大統領の息子ハンターは、逆に、自分の父親が副大統領であったことを利用して、中国企業と癒着し、大きな利益を得た。こうした行為も腐敗そのものにみえるが、こちらの行為は FCPA では禁止されていない。具体的には、ボストンを拠点とする財務アドバイザリー会社ソーントン・グループは中国との取引拡大をねらっており、「ソーントン・グループの会長兼共同設立者であるジム・バルジャーが、2014 年 1 月、ハンター・バイデンとバルジャー、そしてローズモント・セネカの共同設立者であるデヴォン・アーチャーとの面会を提案するアソシエイトのマイク・レナードからのメールを転送した」ことが知られている（「ニューヨーク・ポスト」を参照）。彼らは中国に渡り、ソーントン・グループの中国語版ウェブサイトには、「ソーントン・グループは、アメリカのパートナーであるローズモント・セネカのハンター・バイデン会長を温かく歓迎した」と紹介されている。会談の目的は、「商業協力の可能性と機会を探る」ことだった。

もちろん、ソ連崩壊後にも、アメリカ政府もアメリカ企業も、ソ連の後継国、ロシア連邦の民営化を支援し、その過程で、ロシアの民主化促進につなげようとした。しかし、結局、ソ連時代に張り巡らされてきた治安機関（チェーカー）のネットワークを突き崩すことに失敗し、オリガルヒ（政治家と結託

した寡頭資本家）と政治指導者の結託のもとに権威主義的な国家を誕生させてしまったのである。

ハンバーガーチェーン・マクドナルドはアメリカの先兵か

「あらゆる西洋の象徴」（iconic symbol of all things Western）と呼ばれるマクドナルドは 2024 年 4 月、イスラエルとハマスの戦争をめぐるボイコットや抗議行動が中東でのビジネスに打撃を与えていると警告した数週間後、イスラエルにある 225 のフランチャイズ店すべてを買い戻すと発表した（NYT や Telegraph を参照）。これは、2023 年 10 月 7 日のハマス主導の攻撃後、アロンヤル・リミテッドが経営するイスラエルのフランチャイズ店がイスラエル兵に数千食の食事を寄付しはじめたことに対して、パレスチナ支援組織である BDS（ボイコット、権利放棄、制裁）運動が、マクドナルドがイスラエル軍を「公然と支援」しているとして、同ファストフード・チェーンを避けるよう消費者にボイコットを呼びかけたことに起因している。この結果、近隣諸国のボイコットを引き起こし、ヨルダン、オマーン、サウジアラビア、トルコ、アラブ首長国連邦（UAE）のマクドナルド・フランチャイズはイスラエルのフランチャイズから距離を置く声明を発表するに至る。

今回の買収によって、マクドナルドは、225 店をイスラエル資本から切り離し、米本社の直轄として事態の鎮静化をはかろうとしている。読者に銘記してほしいのは、対ロ制裁として民間企業のロシア撤退を促すキャンペーンが大々的に報じられたのに、イスラエルへの制裁やイスラエル企業へのボイコット運動については、西側の主要マスメディアではほとんど報道されていない点だ。マスメディアは明らかに偏向しているのである。

国家と企業は違うものであっても、企業はある国に所属することで、その所有権を保証してもらっている。思い出してほしいのは、イギリスの東インド会社が 1600 年、エリザベス女王から 15 年を期限として特許状を得て、joint-stock company として設立されたことである。その後、ピューリタン革命開始後、1657 年、クロムウェルの改組によって総会の民主化が実現し、さらに王政復古下のチャールズ 2 世によって、1662 年、全社員の有限責任制が許容された。一方、マサチューセッツ湾会社は 1629 年、ピューリタン商人の一団が当時のチャールズ一世からマサチューセッツ湾付近を開発する特許を買い取って、創設された。その特許状のなかでは、総裁は副総裁・理事とともに会社の株主総会で選出され、役員会を構成して会社の運営にあた

ることになっていた。このように、そもそも、国家から切り離される作業を経て、近代的な会社組織は誕生したのである。その際、国家が法律を通じて、会社を規制するという仕組みも生まれた。

　こう考えると、第四章で詳述するように、帝国主義国は国家と企業との関係において、異なる帝国主義的ふるまいをとってきたことがわかる。

第1章

ウクライナ戦争と
アメリカ帝国主義

1　ウクライナ物語

　歴史は物語（ナラティブ）の積み重ねによってかたちづくられている。その物語に気づかなければ、平板な年表の羅列にすぎなくなる。まるで、日本の学生が感じているような無味乾燥とした退屈な出来事になってしまう。

　だが、たくさんの物語を知れば、物語同士のつながりが浮かび上がり、全体としての歴史が一貫性や整合性を保ちながら浮かび上がってくる。そんな話をウクライナに関連づけながら、ここで提示してみよう。最初に、ウクライナ戦争をアメリカの帝国主義ないし新帝国主義という視点から説明してみたい。

　その出発点は、2001年9月11日の同時多発テロ以降により積極的に展開されるようになった「民主主義の輸出」に代表されるアメリカによる自由・民主主義の伝播のための介入主義にある（「民主主義の輸出」については第六章を参照）。ソ連の構成共和国の一つであったウクライナ時代には、アメリカはナショナリズムの煽動による独立運動の支援というかたちで、ウクライナ、グルジア（ジョージア）、中央アジア五カ国などに介入してきた。ただ、このまま話をつづけると長くなりすぎる。そこでここでは、ウクライナ戦争勃発の一因である2014年2月のクーデター前後の話からはじめたい。

　なお、ウクライナについては、2022年に『プーチン3.0』、『ウクライナ3.0』、『復讐としてのウクライナ戦争』を刊行した。ウクライナ戦争を深く理解するには、この「ウクライナ戦争3部作」を読んでもらいたい。比較的わかりやすいのは2023年に上梓した『ウクライナ戦争をどうみるか』かもしれない。2014年に上梓した『ウクライナ・ゲート』、2015年刊行の『ウクライナ2.0』もある。より深く考察したい方はこれらも参考にしてほしい。

アメリカの富豪のウクライナへの関与

　ソ連崩壊は、アメリカに住む富豪にとって絶好のビジネスチャンスをもたらした。国有資産の民営化に際して、ソ連構成国から独立した有力者を支援して安価で各国内の資産を所有できるようになったからである。わかりやすくいえば、独立したての混乱に乗じて資産を買い叩き、莫大な利益を得るチャンスが複数ころがっていたのだ。

　とくに、ロシア革命や第二次世界大戦の混乱からアメリカに逃れたユダヤ人にとって、ロシアやウクライナなどへの「投資」は自分のルーツへの帰還を意味するものでもあった。この「投資」は、米政府による保護と、対象国、たとえばウクライナという国家およびそこに住む一部の有力者との太いパイプを前提に行われる必要があった。なぜかといえば、ソ連崩壊にともなって誕生したウクライナもロシアも、ソヴィエト共産党の支配を支えていた治安機関（「チェーカー」と総称される）がソ連崩壊で衰退・崩壊した結果、ビジネスの安全を保証してくれる後ろ盾、すなわち「屋根」となったからである。

　どうなったかというと、新たに生まれた各国でソ連時代の国有財産の「窃盗」がはじまる。組織犯罪グループ（マフィア）はもちろん、ソ連国家保安委員会（KGB）の後継機関の元幹部などは相互に連携を深め、それまでソ連国家が所有してきた石油・ガスなどのさまざまの資産を奪取する動きが広がる。ウクライナの場合、KGBから分離したウクライナ保安局にかかわるネットワークがこの「窃盗」に大いにかかわっていた。支配権を握る政治家と癒着してビジネスで儲ける、いわゆる「オリガルヒ」（政治家と結託した寡頭資本家）も台頭する。政治家、マフィア、治安機関らが秩序を維持する「屋根」となり、そのもとでオリガルヒがカネを儲けてその一部を「屋根」に還流するのだ。この流れに巨額の資金をもつアメリカの富豪も目をつけ、「勝ち組」との共謀関係を構築して「窃盗」に加わるようになる。

オバマ大統領が署名した「2014年ウクライナ自由支援法」

　ウクライナの場合、2004年から2005年にかけての「オレンジ革命」で、米政府が直接・間接に支援したヴィクトル・ユーシェンコが大統領になった。しかし、70年以上つづいた社会主義体制の「市場経済化」は簡単には進まず、ウクライナは混乱する。その結果、親ロシア派とされるヴィクトル・ヤヌコヴィッチが2010年2月、大統領に就任する。公正な選挙が行われたかどうかは疑問だが、それでも民主的に選ばれた大統領であったことは間違いない。にもかかわらず、彼を再びアメリカの支援を受けたナショナリストらが武力で掃討する事件が2014年2月に起きる。米政府はウクライナ西部で仕事に就けず虐げられていた若者をけしかけてヤヌコヴィッチ大統領をクーデターで倒したのだ。このクーデターこそ、アメリカが暴力によって既存の政権を打倒するという、アメリカの帝国主義そのものを顕現するものであった。

　アメリカはその後、親米のペトロ・ポロシェンコ大統領誕生に尽力する。

それだけではない。ポロシェンコ政権に米帝国主義にとって都合のいい制度の整備を促すだけでなく、米大統領の対ロ制裁の権限を拡大し、ロシア以外の第三国の企業などに対しても制裁できるようにした。

その法律は2014年12月18日に、バラク・オバマ大統領が署名した「2014年ウクライナ自由支援法」(Ukraine Freedom Support Act of 2014) である。興味深いのは、ウクライナの自由を支援するという名目でありながら、その規定の多くがロシアの国防およびエネルギー部門に関する制裁 (第四条)、ロシアおよびその他の外国金融機関に対する制裁 (第五条) である点だ。しかも、国防部門では、大統領による制裁が認められるものとして、制裁対象のロシア政府またはロシア国民が所有または支配していると大統領が判断した企業で、シリアやその他の特定国に移転される防衛品を故意に製造または販売したり、国際的に承認されたその国の政府の同意なしにシリアやその他の特定国に防衛品を移転・仲介・またはその他の方法で援助したりする企業の活動を、故意に支援・後援・または資金的・物質的・技術的支援、あるいは物品もしくはサービスの提供、または支援すると判断した者、と定められている。エネルギー部門では、大統領は、外国人がロシアの特別な原油プロジェクトに故意に多額の投資を行っていると判断した場合、その外国人に対して制裁を科すことができる。

このように、「二次制裁」を科すという脅しによって、ロシアだけでなく第三国からのウクライナの「自由」を確保しようとしているのだ。これこそ、「自由」と「民主主義」を標榜しながら、脅迫するというアメリカの帝国主義の特徴をよく示している。

ウクライナを収奪するための門戸開放

ウクライナ自由支援法は第七条「ウクライナに対する非軍事支援の拡大」において、アメリカ帝国主義に都合のいい規定を盛り込んでいる。ウクライナ経済へのアメリカ資本の進出のために門戸開放を迫っているのだ。たとえば、ウクライナのエネルギー輸入依存の削減のための中長期計画を策定するとしたうえで、中長期計画には、必要に応じて、①コーポレート・ガバナンス(企業統治)の改善と国有石油・ガス部門企業の垂直分離(アンバンドリング)、②天然ガス田からの生産量および再生可能エネルギーを含む他の供給源からの生産量の増加、③透明かつ競争的な新規石油・ガス鉱区のライセンス供与、④石油・ガス上流インフラの近代化、⑤エネルギー効率の改善 —— といっ

た戦略を含めるべきであるとされている。とくに、①は、アメリカの投資家がウクライナに投資する際の株主権の尊重につながるだけでなく、垂直分離後の株式取得によるウクライナ資産の購入に道を拓くものであり、アメリカの投資家にとって好都合といえる。ほかにも、世界銀行グループによる支援とそうしたプロジェクトへの民間投資を刺激することが規定されている。

　こうした経済面からのウクライナの切り崩しだけでなく、アメリカは中央情報局（CIA）による諜報網の構築にも尽力した。要するに、ウクライナ国内に張り巡らされてきたソ連時代の KGB の遺伝子を引き継いでいるウクライナ保安局を再建したり、ロシアの連邦保安局（FSB）によるウクライナ国内での諜報活動に対抗したりするために、CIA はウクライナ国内で支援活動に取り組んだのだ。「2015 年以来、CIA はウクライナのソヴィエト組織をモスクワに対抗する強力な同盟国に変貌させるために数千万ドルを費やしてきたと当局者は語った」と WP は報道している。具体的には、ロシア国境沿いの 12 の秘密基地を含むスパイ基地ネットワークが CIA の支援によってウクライナ国内に過去 8 年間に建設されたのだ（2024 年 2 月 25 日付の NYT を参照）。

アメリカ帝国主義の内情：バイデン父子物語

　2014 年 2 月クーデター後の暫定政権やその後の親米ポロシェンコ政権の登場は、そのもとでアメリカ帝国主義が何をしたかを示す実例となっている。当時、アメリカ政府を代表してウクライナ問題を担当していたのがジョー・バイデン副大統領であった。権力の交代が権益配分に直結するため、オリガルヒは政治家と癒着しつつ、自らの権益を拡大すべく腐心する時代がつづいたから、ウクライナに住むオリガルヒはバイデンを「屋根」とすべくねらいを定める。ここで説明したようなソ連崩壊後に独立した国々の国情を理解していれば、権力者を「屋根」とすべくすり寄る動きに冷静沈着に対処すべきであったのだが、バイデン父子はウクライナのかかえる「罠」にかかってしまう。いやむしろ、父子は「屋根」になることで利益があがることを熟知していたのかもしれない。

オリガルヒ、ズロチェフスキーによる罠

　その構図を示そう。まず、バイデンの次男、ロバート・ハンター・バイデンが取締役となって守ろうとした会社、石油ガス会社のブリスマ・ホールディングスの創設者、ミコラ・ズロチェフスキーがオリガルヒの一人であったと

いう話からはじめたい。彼はプーチンの信頼が篤いヴィクトル・メドヴェドチュークに接近し、その主導していた社会民主党「統合」から 2002 年に国会議員に当選する。同年（2006 年説もある）に創設されたのがブリスマだ。その後、ヤヌコヴィッチに乗り換えて成功する。ズロチェフスキーはヤヌコヴィッチ大統領のもとで環境・天然資源相に任命される。そのポストは石油やガスの鉱区開発権を与える権限を与えられていたから、彼はやりたい放題の挙に出る。すでに認めていたライセンスを取り消し、ブリスマが奪い取るなどして 2010 年前後にブリスマは「ネフチガスドブチャ」（石油ガス採掘）につぐ民間ガス採掘会社に成長する（ウクライナには 2018 年末でも 1.1 兆㎥ものガス埋蔵量があった［BP Statistical Review of World Energy 2019］）。2011 年にブリスマの所有権はキプロス所属の Brociti Investments に移され、事実上、イーホル・コロモイスキー（ゼレンスキーを大統領に押し上げた影の人物）の支配下に入った。

　ところが、クーデターによって後ろ盾のヤヌコヴィッチを失い、ポロシェンコ勢力が台頭すると、ズロチェフスキーは一計を案じる。それがポロシェンコ大統領を背後で支えるアメリカのバイデン父子を「屋根」とすることだった。そのために、ブリスマの取締役にハンターを招聘し、父の「虎の威」を利用しようとしたわけだ。つまり、2014 年のヤヌコヴィッチ政権の崩壊後のポロシェンコ政権において、その後ろで糸を引いていたのが米政府であったことをズロチェフスキーは熟知していた。

　ハンターは 2014 年 5 月、ブリスマの取締役に就任する。「5 年間で月 6 万 5000 ドルほど」の報酬を得ていたとハンター自身が語っている。このとき、ズロチェフスキーが「屋根」と期待したポーランドのアレクサンデル・クワシニエフスキ元大統領は、すでに同社の取締役であった。ズロチェフスキーは「屋根」にカネを渡すため、ヘルソンの石油積み替え施設を売却した。ロシア人ジャーナリスト、ユーリヤ・ラティニナの記事によれば、100 万ユーロがポーランドのクワシニエフスキ元大統領の口座に、340 万 4712.82 ドルがハンター・バイデンの利益を代表するローズモント・セネカ社の口座に送金された。こうしてウクライナのオリガルヒはアメリカの帝国主義を実践する政治指導者にカネで「屋根」を求めたのである。なお、米司法省は 2024 年 2 月、バイデンとその息子ハンターがブリスマからそれぞれ 500 万ドルの賄賂を受け取ったという話を裏づける 17 の録音テープがあると主張してきた情報提供者アレクサンダー・スミルノフをでっち上げで起訴した。しかし、

ここで説明したように、少なくともハンターがズロチェフスキーから資金提供を受けていたことは事実である。

　実は前述したネフチガスドブチャはポロシェンコらによって 1999 年に設立された会社であり、ポロシェンコが野党に転じると、会社はポロシェンコから取り上げられ、2005 年までにネストル・シュフリチ、メドヴェドチュークらの共同経営となった。その後、2013 年、いったんはヤヌコヴィッチに近いリナト・アフメトフが同株を支配する。しかし、ブリスマと同じように、ヤヌコヴィッチの後ろ盾を失うと、アフメトフは同社から撤退する。これが意味するのは、国有資産の民営化による市場経済化を進める過程で、国家と資本が深く結びついた勢力、オリガルヒがビジネスを牛耳るチャンスをもっていたということだ。このとき、ウクライナ大統領がだれになっても、安定的な後ろ盾になってくれると頼りにされたのがアメリカであり、その政治指導者であった。その見返りに、カネが入るだけでなく、ウクライナの民営化を強力に後押しすることで、アメリカの富豪らにもビジネスチャンスを提供できた。それは、アメリカ国内での選挙支援に直結している。

中国で味を占めた息子ハンター

　こんなオリガルヒと、内外の政治家をめぐる駆け引きがウクライナでの腐敗蔓延の背景にあることはいわば「常識」だ。他方で、アメリカには「大統領ファミリー」をめぐって痛い前例がある。ジミー・カーター大統領の弟、ビリーは 1979 年ころ、リビア政府から少なくとも 22 万ドルの融資を受け、上院で公聴会が開かれる騒ぎに発展した例がある。ほかにも、ヒラリー・クリントンの兄弟、ヒューとアンソニーは 1999 年にジョージアでヘーゼルナッツ事業に 1 億 1800 万ドルを投資しはじめた。その協力者は当時、同国のエドゥアルド・シェワルナゼ大統領の政敵であったため、米国務省などが兄弟を説得して取引を止めさせたという出来事もある。国家と資本が結びつき、国家による「屋根」の提供を見込んで、贈収賄が横行するのである。

　こうした事情から、バイデン父子はウクライナにおいてもっと慎重に行動すべきであったことは間違いない。ただ、息子ハンターは中国でウクライナと同じやり口でカネ儲けをした経験をもっていた。2008 年 9 月、弁護士のハンターはコンサルティング会社、セネカ・グローバル・アドヴァイザーズを設立する。父の副大統領就任後 5 カ月して、2009 年 6 月、ハンターはローズモント・セネカ・パートナーズ投資ファンドの共同創設者となる。そのな

かには、デヴォン・アーチャー（当時のジョン・ケリー国務長官家の友人）も
いた。アーチャーは 2013 年 11 月、中国の民間ファンド、Bohai Capital を管
理する台湾のジョナサン・リーとともに新しい BHR Partners を設立し、こ
のファンドの理事会メンバーにハンターもなる。この理事就任で巨額の報酬
を受け取る。2013 年 12 月、父が北京で習近平総書記に会う出張に同行した
ハンターはホテルで父にリーを紹介したとされている。なお、アーチャーは、
イェール大学の同級生で、食品会社の後継者であり、ケリーの連れ子である
クリストファー・ハインツを通じてハンターと知り合った。ハインツはアー
チャーとハンターがブリスマの取締役会に加わった時点でビジネス関係を終
わらせた。ハインツはウクライナの腐敗や、2 人の取締役会の地位がローズ
モント・セネカの顧客への体裁に悪影響を与えるかもしれないことに懸念を
抱いていたと説明している。

バイデン、ウクライナの検事総長を辞めさせる

　話はこれで終わらない。2016 年 4 月、2015 年 2 月から検事総長を務めて
きたヴィクトル・ショーキンが解任された。この解任をめぐって、当時のバ
イデン副大統領が 2016 年 3 月 22 日、「ウクライナの指導者が（ショーキンを）
解任しなければ、アメリカの融資保証 10 億ドルを差し控えると脅した」と
されている（「ハンター・バイデン、ブリスマ、汚職：米政府の政策への影響と
懸念事項」と題された米上院の二つの委員会による合同報告書の 9 頁にこの情報
の出所が示されている）。この脅迫の後、ウクライナ議会はショーキンを解職
した。
　これに関連して、2019 年 7 月 25 日、当時大統領だったトランプがウクラ
イナのゼレンスキー大統領に電話し、「もう一つは、バイデンの息子につい
て、バイデンが起訴を止めたという話があり、多くの人がそのことを知りた
がっているので、司法長官とできることなら何でもしてほしい。バイデンが
検察を止めたと自慢して回ったので、もしあなたがそれを調べることができ
れば......」などと話していたことがわかっている。トランプは当時、ハンター
と、彼に取締役の地位を与えたウクライナのエネルギー企業ブリスマ・ホー
ルディングとの関係について起訴しようとしていたのをバイデンが止めさせ
たのではないかとの疑っていたようなのだ。前記の報告書には、オバマ政権
が、ハンター・バイデンのブリスマ社取締役としての地位に問題があること
を知っていたことを明らかにし、それが「問題であり」、ウクライナに関す

る政策の効率的な実行を阻害するものであるとみなしていたと書いている。しかし、報告書は、2016 年にショーキンがブリスマとそのオーナーであるズロチェフスキーに対して活発かつ継続的な捜査を行っていたことは認めたが、ショーキン解任はそれとは別の話であったとの立場をとっている。

　前述のトランプの発言は誤解に基づいている。バイデンがショーキンを解任しろと迫ったのは、ショーキンは「お決まりのようにブリスマに何かを渡すよう圧力をかけた」からであるという説がある（ユーリヤ・ラティニナの記事を参照）。ゆえに、バイデンはショーキンのことを「あのクソガキ、あいつはクビになったんだ」（Well, son of a bitch, he got fired）と表現している（「ジョー・バイデンの 2020 年ウクライナ悪夢」を参照）。

　いずれにしても、アメリカの副大統領が自分の担当する国の検事総長人事に干渉したという事件は、いかにウクライナがアメリカの掌の上に置かれていたかを示す事例と言えるだろう。まさに、アメリカ帝国主義の実態がわかる。それだけではない。実は、この干渉についてはもっとうがった見方がある。それについては、拙著『ウクライナ3.0』のコラム 7（68 〜 69 頁）に書いておいたので参照してほしい。

ウクライナの政権を親米にするねらい

　こんな過去の話を紹介したのは、アメリカがクーデターを支援してまでして、ウクライナに親米政権を樹立した理由を考えるためだ。アメリカの富豪のなかには、「ポグロム」というユダヤ人迫害をロシアやウクライナで受けたユダヤ人の子孫が数多くいる。彼らにとって、ロシアの弱体化は積年の恨みを晴らすための復讐なのかもしれない。

　だが、より実利的なねらいもある。前述したように、親米政権樹立によって、ソ連体制下で国有だった資産を民間に払い下げる（民営化）の過程で、アメリカ資本はウクライナの資産を割安で購入し、大儲けにつなげることが可能となる。親米政権がウクライナに樹立できれば、その指導者と結託してその「屋根」の庇護下で、カネ儲けに専念できるのだ。

先兵は「民主主義の輸出」

　第六章で詳述するように、アメリカの外交戦略は「民主主義の輸出」を先兵として活用することであった。伊藤貫は、『自壊するアメリカ帝国：日本よ、独立せよ』（文春新書）のなかで、19 〜 20 世紀のアメリカ外交は、「アメリ

カは例外」との思い込みのなかで、アメリカの「民主主義」と「経済原理」を他国に押しつけ、その基準で判断し裁くといった態度を伝統的に継続してきたと指摘している。民主化や市場経済化を促すことを御旗に掲げて、親米政権を樹立し、その政治指導者を「屋根」として、当事国で大儲けするという戦略だ。これこそ、アメリカ流の帝国主義であり、その別名が新自由主義なのである。大切なのは、言葉の言い換えによる隠蔽に気づくことだ（本書ではほかにも、「ウクライナ支援」、「投資」、「ヘゲモニー」、「制裁」、「物化」、「宣教師的」といった言葉に注目する）。この伊藤の指摘は、「1898 年から 1933 年まで、海兵隊はラテンアメリカ諸国に約 30 回派遣され、34 年間も占領した国もあった。アメリカはしばしば、民主化促進という名目で介入を隠蔽した」という記述に対応している。

　数十年前から各国への「民主主義の輸出」を担ったのは、全米民主主義基金（National Endowment for Democracy, NED）と翻訳されることの多い非政府組織である。NED は、世界中の民主主義制度の成長と強化を目的とする民間の非営利財団であり、毎年 2000 件以上の助成金を拠出し、100 カ国以上で民主的な目標を掲げて活動する海外の非政府グループのプロジェクトを支援している（2024 年 2 月 5 日サイトを閲覧）。アメリカ議会から毎年資金配分を得ており、いわばアメリカ帝国主義の先兵の役割を果たしている。

　そんな NED だから、NED はウクライナへの民主主義の輸出にも 1989 年ころから積極的に関与した。2013 年 9 月 26 日付の「ワシントン・ポスト」（WP）には、当時のトップ、カール・ガーシュマンが意見を投稿し、「ウクライナの欧州への参加という選択こそプーチンが代表しているロシアの帝国主義というイデオロギーを葬り去ることを加速化するだろう」とのべている。同基金は中南米などでアメリカが行った、反米政権転覆のための反共工作の代わりに、1980 年代前半に設立されたもので、民主主義の支援といえば聞こえはいいが、間接的な政権転覆をやってのける組織とみても差し支えない。NED には政府資金が拠出されており、昔の反共工作機関と似て非なるものとみなしてもいい。

　だからこそ、NED はウクライナにおける 2014 年 2 月に起きたクーデターに深く関与していたと考えられる。その証拠に、NED の活動の実態、つまり、クーデター工作さえしかねないことに気づいたロシア政府は 2015 年になって、NED を「望ましからざる非政府系機関」の第一号に認定し、ロシア国内でのその活動を禁止した。

ロシアとの戦争に備えたウクライナ

　2014年2月のクーデターによって、親米のポロシェンコ大統領が登場した。しかし、同政権はすぐに腐敗に塗れ、アメリカの望むアメリカ資本によるウクライナ支配を難しくさせた。他方で、アメリカはウクライナの過激なナショナリストによるロシア系住民への暴力を抑え込むことができず、結局、ロシアによるクリミア半島の併合を許してしまった。そればかりか、ウクライナ東部での分離独立運動の継続を許し、ウクライナ全体の親米化に失敗する。そのため、アメリカの一部の政治的指導者 (たとえばジョン・マケイン上院議員) は、アメリカによる継続的なウクライナへの武器供与を要求し、それが時間稼ぎによるウクライナの軍事的強化につながるのである。

　ウクライナ東部やクリミアをロシアから奪還するために武力行使も厭わない勢力がアメリカに存在したのは事実である。ゆえに、「時間稼ぎ」をして、ロシアとの戦争に備える動きがあったのだ。この点については、ドイツの首相だったアンゲラ・メルケルが2022年12月7日、ドイツの『ツァイト』誌に掲載されたインタビューのなかで明らかにしている (この点は拙著『ウクライナ戦争をどうみるか』に詳述した)。米国務省の2023年12月27日付の発表では、2022年2月24日のロシアによる全面侵攻を開始して以来、2023年12月現在までに、「アメリカは約442億ドル、2014年のロシアの最初のウクライナ侵攻以来470億ドル以上の軍事援助を提供してきた」という。つまり、2014〜21年ころの間に28億ドルもの軍事援助をしてきたのである。

　ウクライナ戦争がはじまると、それは彼らにとって絶好のチャンスであった。ロシアを安全保障上の脅威、「悪の枢軸」として位置づけることで、欧州各国に国防費の増加に向かわせて、アメリカの軍需産業を大いに潤すことができるからだ。同時に、「ウクライナ支援」と称して、ウクライナ軍への武器供与の過程でもアメリカの軍産複合体を儲けさせることが可能となる。さらに、「ウクライナ復興」を理由に、ウクライナのインフラストラクチャーへの投資を通じて、ここでもアメリカ企業の利益が見込める。もちろん、ウクライナはアメリカ資本丸抱えの状況に陥り、アメリカ資本はアメリカ政府とともに事実上、ウクライナを掌中に収めることができる。これこそが、アメリカの帝国主義なのだ。

緒戦でのロシアの「敗北」

ロシアのプーチンはこうしたアメリカのやり口を熟知していた。だからこそ、ウクライナに対して「非軍事化」と「非ナチ化」を理由に「特別軍事作戦」を開始するにあたり、短期決戦によるゼレンスキー政権の打倒と親ロシア政権の樹立をねらっていた。しかし、緒戦は失敗し、明らかにロシアの「敗北」となる。失態のかなりの責任は連邦保安局（FSB）と呼ばれる、ソ連時代から「チェーカー」として有名な治安機関の後継機関の一つにある。本来、FSBがウクライナ領内で短期間にゼレンスキー政権を打倒し、親ロシア暫定政権を樹立する計画だった。その計画をFSB主導で実行に移し、軍が支援する予定であった。だが、その計画の一部がウクライナ側に漏れた結果、計画は破綻した。その顛末については割愛する（関心のある読者は拙著『ウクライナ戦争をどうみるか』を参照してほしい）。

ここで論じたいのは、ウクライナ戦争の緒戦に「勝利」したにもかかわらず、なぜウクライナが戦争をつづけたのかだ。戦争継続を促したのは米英であった。2国ともに好戦的な帝国主義国であり、戦争が長引くことで大儲けできる富豪や政治指導者がいる国であるといえよう。

問題は、ウクライナ側の「勝利」であったにもかかわらず、なぜ停戦および和平交渉が進まなかったのかという点にある。このとき、停戦ないし和平を成立させていれば、戦争はウクライナ勝利で完結したはずだ。だが、ウクライナはこの選択をしなかった。

2023年11月24日になって、ロシアとの交渉でウクライナ代表団を率いたウクライナ議会の与党「国民の奉仕者」派のダヴィド・アラハミヤ党首がロシアとの和平交渉の裏側を1+1TVチャンネルのインタビューで語った。さらに、2024年4月、『フォーリン・アフェアーズ』のサイトにおいて、2022年2月24日にはじまったウクライナへのロシアによる全面侵攻開始から4日後にスタートした2国間との複数回にわたる和平会談の内容が明らかにされた（ほぼ同じ内容をドイツの「ヴェルト」も報道）。双方は2022年3月末までに、ベラルーシとトルコで行われた一連の直接会談とテレビ会議によって、いわゆる「イスタンブール・コミュニケ」が作成された後、条約文の作成に取りかかり、合意に向けて大きく前進する。だが、同年5月、交渉は決裂した。「ウクライナ戦争を終わらせることができた会談」というサイトのタイトルが物語っているように、本当はウクライナ戦争を早期に終結さ

せることが可能だったのだ。それでは、なぜ和平交渉はまとまらなかったの
か。そこには、戦争終結よりも安全保障秩序を優先させた米英政府の大きな
過ちがある。米政府に配慮しながら書かれた報道だから、必ずしも中立的に
書かれた記事ではないが、その内容を論じるだけの価値はあると判断し、こ
こに紹介することにしたい。

和平会談の推移

　最初の和平会談は 2022 年 2 月 28 日、ベラルーシとウクライナの国境から
50 キロほど離れたアレクサンドル・ルカシェンコ大統領の広々とした別荘
ではじまった。ウクライナの代表団は、ゼレンスキーの政党の議会指導者で
ある、前述したアラハミヤを団長とし、オレクシイ・レズニコフ国防相、マ
イハイロ・ポドリャク大統領顧問、その他の高官らが参加した（肩書は当時）。
ロシアの代表団は、ウラジーミル・メディンスキー大統領上級顧問が率いた。
　最初の会談でロシア側は厳しい条件を提示し、事実上ウクライナの降伏を
要求した。これはもちろん受け入れられなかった。だが、戦場でのロシアの
立場が悪化しつづけるにつれ、交渉のテーブルでのロシアの主張も厳しくな
くなった。そこで 3 月 3 日と 3 月 7 日、ポーランドと国境を接するベラルー
シのカミヤヌキで第二回と第三回の協議が行われた。ウクライナの代表団は、
即時停戦と、民間人が安全に紛争地域から撤退できる人道的回廊の設置とい
う独自の要求を提示した。「ロシア側とウクライナ側が初めて草案を検討し
たのは、第三回協議のときだったようだ」と、記事は書いている。メディン
スキーによれば、これはロシアの草案であり、メディンスキーの代表団がモ
スクワから持ち込んだもので、おそらくウクライナの中立的地位に対するモ
スクワの主張が反映されたものだった。その後、直接の会談は 3 週間近く途
絶えることになる。ただ、代表団は Zoom を介して会談をつづけたという。

合意された共同コミュニケ

　2022 年 3 月、すべての戦線で激しい戦闘がつづいた。同月中旬、ロシア
軍のキーウ方面への攻撃は行き詰まり、多くの死傷者を出す。両代表団はビ
デオ会議で協議をつづけ、29 日になって、イスタンブールで直接会談する。
会談後、双方は共同コミュニケに合意したと発表した。
　その内容は、イスタンブールでの両者の記者会見で大まかに説明されただ
けで、全文は公表されなかった。「ウクライナの安全保障に関する条約の主

要条項」と題されたコミュニケ草案の全文を入手した『フォーリン・アフェアーズ』には、「ウクライナ側がコミュニケを大筋で起草し、ロシア側はこれを条約の骨子とすることを暫定的に受け入れたという」と記されている。

　コミュニケで想定されている条約は、ウクライナが永世中立、非核国家であることを宣言するものであった。「ウクライナは、軍事同盟に参加したり、外国の軍事基地や軍隊の駐留を認めたりする意図を放棄する」として、コミュニケには、条約を保証する国の候補として、国連安全保障理事会の常任理事国（ロシアを含む）、カナダ、ドイツ、イスラエル、イタリア、ポーランド、トルコが挙げられていた。

　ウクライナが攻撃を受け、支援を要請した場合、すべての保証国は、ウクライナとの協議や保証国同士の協議の後、ウクライナの安全回復のために支援を提供する義務を負うとのべているという。「驚くべきことに、これらの義務は、NATOの第5条（飛行禁止区域の設定、武器の提供、保証国の軍事力による直接介入）よりもはるかに正確に明記されていた」と『フォーリン・アフェアーズ』は指摘している。

　さらに、提案された枠組みではウクライナは永世中立国となるが、ウクライナのEU加盟への道は開かれており、保証国（ロシアを含む）は明確に「ウクライナのEU加盟を促進する意思を確認する」と記されていたという。この内容には、『フォーリン・アフェアーズ』の記事が指摘するように、プーチンの譲歩があったと思われる。3月初旬には、プーチンの電撃作戦が失敗したことは明らかだったから、「おそらくプーチンは、長年の懸案であった「ウクライナがNATOへの加盟を断念し、自国領土にNATO軍を決して駐留させない」という要求をのむことができれば、損切りするつもりだったのだろう」、と記事はのべている。

　「コミュニケにはもうひとつ、振り返ってみれば驚くべき条項が含まれている」とも書かれている。それは、今後10年から15年の間に、クリミアをめぐる紛争を平和的に解決することを求めるというものだ。2014年にロシアがクリミアを併合して以来、ロシアはクリミアの地位について議論することに同意してこなかったことを考えると、ここでもロシア側が譲歩した形跡がある。

虐殺発覚後も交渉を継続
　会談終了直後の3月29日、ロシア代表団のメディンスキー代表は、①ウ

クライナの中立条約に関する話し合いが現実的な段階に入りつつある、②この条約には多くの保証人が存在する可能性があり、その複雑さを考慮すれば、プーチンとゼレンスキーが当面のうちに首脳会談で調印する可能性がある —— と説明した。

　一方、ロシアはウクライナを占領する努力を放棄し、北方戦線全体から軍を撤退させることになった。ロシアのアレクサンダー・フォミン国防副大臣は3月29日、イスタンブールでこの決定を発表し、「相互信頼を築くため」と称した。だが、この撤退はロシアの失敗を糊塗するものであり、「その失敗を、和平交渉を円滑に進めるための潔い外交的措置であるかのように装った」ものにすぎない。「この撤退は、ロシア軍がキーウ郊外のブチャとイルピンで行った残虐行為の陰惨な発見の舞台となった」と、記事は伝えている。4月4日、ゼレンスキー大統領はブチャを訪れた。翌日、彼はビデオを通じて国連安全保障理事会で演説し、ロシア軍がブチャで戦争犯罪をしたと非難した。

　『フォーリン・アフェアーズ』の記事も「驚くべきこと」と指摘するように、ロシア軍によるブチャでの犯罪が明るみに出た後も、交渉は4月につづけられた。記事は、4月12日と15日の協定(交渉官間で交わされた最後の草案)のバージョンを比較し、その時点では重要な安全保障問題についての合意が得られていなかったことを明らかにしている。

　原案では、ウクライナが攻撃された場合、保証国（ロシアを含む）はウクライナに軍事支援を行うかどうかを独自に決定するとされていたが、4月15日の原案では、「合意された決定に基づいて」行われるという要件が追加された。戦争の終結と平和条約の調印後にウクライナが保有できる軍隊の規模や軍備の数についても意見が対立した。4月15日の時点で、ウクライナ側は25万人の平時の軍隊を望んでいたが、ロシア側は最大でも8万5000人で、2022年の侵攻前のウクライナの常備軍よりかなり少ない数を主張した。ウクライナ側は800輌の戦車を望んだが、ロシア側は342輌しか認めなかった。ミサイルの射程距離の差は顕著で、ウクライナ側は280キロ、ロシア側はわずか40キロだった。

　こうした実質的な意見の相違にもかかわらず、4月15日の草案では、条約は2週間以内に調印されることになっていた。「確かに、その日付はずれたかもしれないが、両チームが迅速に動くことを計画していたことを示している」というのが『フォーリン・アフェアーズ』の見解だ。

交渉決裂の理由

　しかし、交渉は2022年5月中旬に中断した。プーチンは、西側諸国が戦争を終わらせることよりもロシアを弱体化させることに関心があったため、介入し、交渉を中断させたと主張している。彼は、当時の英首相、ボリス・ジョンソンが「アングロサクソン世界」を代表して、ウクライナ人に「勝利が達成され、ロシアが戦略的敗北を喫するまでロシアと戦わなければならない」というメッセージを伝えたとした。

　この主張は、3月30日、ジョンソンが「（プーチンの）軍隊が一人残らずウクライナから撤退するまで、制裁を強化し続けるべきだ」とのべ、4月9日、キーウを訪問したことに対応している。そこで、ジョンソンは戦争継続を求めたのである。この事実は、和平会談でウクライナ側の代表を務めたアラハミヤが「私たちがイスタンブールから戻ったとき、ボリス・ジョンソンがキーウにやってきて、「我々は（ロシア側とは）何もサインしない。戦い続けよう」とのべた」という発言によって裏づけられている。

　ただし、アメリカの外交を論じる有力誌である『フォーリン・アフェアーズ』は歯切れが悪い。「それでも、西側諸国がウクライナにロシアとの交渉から手を引かせたという主張には根拠がない」と書いているのだが、その理由が判然としないのだ。ただ、①ブチャとイルピンでのロシアの残虐行為に憤慨していた、②自分たちは戦争に勝てるというウクライナ人の新たな自信――といったものがゼレンスキーの和平拒否へと傾かせたと主張している。どうやら、「悪いのはゼレンスキー自身だ」という書きぶりである。

　それでも、「協議が失敗した最後の理由」として、「交渉担当者が戦争終結という馬よりも、戦後の安全保障秩序という馬車を優先させたことだ」と指摘している。双方は、紛争管理と紛争緩和（人道的回廊の設置、停戦、軍隊の撤退）という本質的な問題をスキップし、その代わりに、何十年にもわたって地政学的緊張の源となってきた安全保障上の紛争を解決する長期的な平和条約のようなものをつくろうとしたことが、「野心的すぎた」というのだ。「交渉担当者」には、ロシアとウクライナしか含まれていないのかもしれないが、交渉の裏で蠢いていた米英幹部を含めて、戦争終結を軽視していたといいたいのだろう。これを率直に換言すると、バイデン大統領は強硬派のヴィクトリア・ヌーランド国務省次官（当時）などの主張に促されて、ロシアの長期的弱体化のためにウクライナ戦争を継続するようにゼレンスキーに働きかけ、

戦争終結という馬を無視するようにさせたということになる。

　いずれにしても、『フォーリン・アフェアーズ』は、2022 年 5 月までにウクライナ戦争を停止するチャンスがあったことを明確に示している。それは、その停戦を促さなかった、あるいは、停戦するなとそそのかした、バイデンやジョンソンの責任の大きさを物語っている。戦争が 2 年以上もつづくことで、数十万人もの死傷者が増えたことは確実だ。その責任の一端をバイデンやジョンソンが負っていると断言できる。

2　バイデン物語

　つぎに、ウクライナ物語の主人公ジョー・バイデン大統領についての話をしよう。アメリカ帝国主義の申し子のような人物だからである。

ウクライナ戦争とガザ戦争

　ウクライナ戦争とガザ戦争へのバイデンの姿勢について考えたい。2023 年 10 月 7 日にはじまったパレスチナの武装勢力ハマスによるイスラエルへの攻撃やユダヤ人の誘拐は、イスラエルの猛反発を引き起こした。ハマス殲滅を目的とするパレスチナ人居住区への容赦のない攻撃が連日つづき、明らかな人権侵害や過剰防衛がベンヤミン・ネタニヤフ・イスラエル首相の指導下で行われている。イスラエル右派のなかには、これを機に戦線をレバノンに拠点を置くシーア派イスラム組織、ヒズボラにまで拡大しようとする動きまである。

　一方、米英の戦闘機と軍艦は、2024 年 1 月 12 日の現地時間午前 2 時半ごろから、50 以上の爆弾とミサイルでイエメン・フーシ派（アンサール・アラー運動）の拠点を攻撃した。イランの支援を受けるフーシ派は、ガザにおけるハマスに対するイスラエルの戦争に苛立ち、紅海の重要な商業航路でのドローンやミサイルによる攻撃を行い、イスラエルに軍事作戦を停止させようとしてきた。NYT によれば、バイデンは、1 月 9 日にミサイルとドローンによる攻撃がアメリカの貨物船とその周囲の海軍艦船に向けられたことから、手を下さざるを得ないと感じ、空爆を決意した。だが、この空爆はバイデン

が議会との協議抜きに、あるいは、民主党有力議員との相談なしに実行したものであり、いかにバイデンが好戦的であるかを印象づけている。

2023年12月、トルコのレジェップ・タイイップ・エルドアン大統領はイスラエルのガザ攻撃をナチスによるユダヤ人の扱いになぞらえ、イスラエルを支持する西側諸国は彼が戦争犯罪と呼ぶものに加担しているとした。さらに、「彼らはかつてヒトラーの悪口を言っていた。ヒトラーと何が違うのか？彼らは私たちにヒトラーを懐かしむように仕向けている。ネタニヤフ首相のやっていることは、ヒトラーのやったことに劣るのだろうか？そうではない」とのべた、とロイター電は報じている。2024年4月には、「この時代のヒトラーであるネタニヤフ首相とその助力者たちは、責任と正義から逃れることはできないだろう」とのべた（KOHA.netを参照）。5月2日、トルコ商務省はイスラエルとの貿易を全面的に停止すると発表した。トルコ政府は4月9日、イスラエルへの数十種類の製品、とくに建設や軍事目的に使用される製品の販売を停止すると発表したが、それを一歩進める。この措置は、エルドアンといえども、国内のイスラム主義者をなだめる必要性があることを示している。

2024年2月に入って、バイデンはヨルダンでの米兵3人の殺害への報復として、長距離爆撃機を含む航空機を使用し、シリアとイラクにある85以上の標的を攻撃した。攻撃は断続的に継続される見通しで、アメリカはガザ戦争で過剰防衛をしつづけるイスラエルの問題を棚上げにしたまま、イスラエルに抵抗する勢力を武力で弾圧している。

ここで、ガザ戦争と、2022年2月24日にロシア軍によるウクライナへの全面侵攻で勃発したウクライナ戦争を比べてみよう。侵略行為だけに注目すると、悪いのはハマスであり、ロシアということになる。この悪に対抗するイスラエルやウクライナは正義であり、ヘゲモニー国家でありつづけようとしているアメリカは両国を支援している。

勧善懲悪という単純な物語であれば、この白黒の図式で済むかもしれない。だが、どうみても、イスラエルの攻撃は過剰であり、こんな国を援助するアメリカという国の姿勢に疑問が浮かばないほうがおかしいほどだ。他方で、大国ロシアに侵略されたウクライナへのアメリカの支援は、少なくともアメリカの影響下にある欧州諸国や日本では当然視されてきた。だが、アメリカは「ウクライナ支援」の美名のもとに武器供与をつづけ、ウクライナ戦争の長期化やむなしという姿勢をとっている。戦争終結への道筋がみえないなか

で、なぜ戦争を継続する必要があるのだろうか。死傷者が増加し、国土が荒廃するだけではないか。後述するように、バイデンはウクライナ戦争の長期化を大統領選に利用しようとしている。つまり、アメリカは善であり、その指導のもとで善なる国々が善なる国ウクライナを支援し、悪なる国ロシアを罰するのは当然という、勧善懲悪的な説明では、現実をうまく解説できない。たしかにロシアも悪いが、アメリカもまた相当に悪い。

選挙モードに入ったバイデンを主人公とする物語

バイデンはすでに選挙モードに入っている。2024 年 11 月 5 日の大統領選での勝利を目標に、その実現にプラスになる政策を最優先としているのだ。大統領選勝利のためにあらゆる手段を尽くすという構えに、バイデンはすでに入っているのである。

選挙で勝つためには、選挙資金として寄付金を集め、選挙運動を有利に展開しなければならない。多額の寄付をしてくれる富豪の意向を尊重することはバイデンにとってきわめて重要だ。その際、アメリカの富豪のなかには、たくさんのユダヤ系アメリカ人がいることを思い出す必要がある。ユダヤ人虐殺としてヨーロッパで繰り返されてきた「ポグロム」といった事態から逃れてアメリカに渡ったユダヤ人が多数存在する。あるいは、ナチスによる迫害から避難するためにアメリカへと移民した人も多い。彼らのなかには、ユダヤ教からキリスト教に改宗し、アメリカ人として生きている人も数多くいる。

シオニストを自認するバイデン

ここで、ユダヤ系アメリカ人の支持を得て多額の寄付を集めることが、バイデンの長い政治活動の根幹を支えてきたという話をしておきたい。

アイルランド系カトリックのバイデン大統領は、イスラエル訪問中にネタニヤフ首相とその戦争内閣と会談した際、「私は、シオニストであるためにユダヤ人である必要はないと思う。そして、私はシオニストである」（I don't believe you have to be a Jew to be a Zionist, and I am a Zionist.）とのべた、と 2023 年 10 月 21 日付のロイター電が伝えている。シオニストとは、19 世紀末にヨーロッパのユダヤ人のなかに高まってきたユダヤ人国家建設運動（シオニズム）を支持する者であり、親ユダヤ、親イスラエルの考えをもった人を意味している。

おそらくバイデンは自らをシオニストと公言することで、ユダヤ系アメリカ人の支持を得て、彼らとの太いパイプを築こうとしてきたのだ。事実、『オープン・シークレット』のデータベースによれば、バイデンは上院での36年間、親イスラエル団体から史上最大の献金、420万ドルを受け取っている、と先のロイター電は書いている。まさに、バイデンはユダヤ系の富豪とカネで結びついてきたし、いまでもそうだ。たとえば、資金力のあるユダヤ人ロビイスト・グループ、「アメリカ・イスラエル公共問題委員会」（AIPAC、エイパック）は、バイデンにとって無視できない存在だ。

　だからこそ、バイデンがガザ戦争においてイスラエルを支援するのは当然なのだ。ただし、テレビの映像をみて、イスラエル軍の過剰な攻撃に心を痛める民主党支持者も多いから、彼らを納得させるために、バイデン政権はイスラエル側への一時停戦や一般のパレスチナ住民への配慮を呼びかけることも忘れない。しかし、その陰で、アメリカ政府は12月9日、緊急性が高いとの判断を理由にして、武器売却に必要な議会の手続きを省いてイスラエルに戦車搭載の弾薬（1億600万ドル以上に相当する約1万4000発）を売却することを承認したと発表した（同日付の「ポリティコ」を参照）。同月29日にも、米防総省は、アントニー・ブリンケン国務長官がイスラエルに155ミリ砲弾などの武器売却を承認したと発表した。同じく、議会手続きを無視したもので、売却額は推定1億4750万ドルにのぼる。WPが2024年3月6日付の記事で報じたところによると、「ガザ戦争が10月7日にはじまって以来、米国はイスラエルに対して100以上の軍事売却をひそかに承認し、納入してきた」という。数千発にのぼる精密誘導弾、小口径爆弾、バンカーバスターなどの殺傷能力のある支援物資について、米政府高官が極秘ブリーフィングで米議会議員に語ったものだ。

　忘れてならないのは、イスラエルへの武器支援が2016年秋、オバマ政権によってイスラエルとの間で結ばれた、10年間で380億ドルの武器供与を約束する大規模な軍事協定に基づいている点だ。イスラエルの安全保障へのアメリカのコミットメントは「質的軍事的優位性」（Qualitative Military Edge, QME）によって守られてきたのである。両国は何十年もの間、民主党政権と共和党政権にまたがる緊密な軍事関係を築いてきたのだ。イスラエルは、戦闘機、ヘリコプター、防空ミサイル、ガザに投下された無誘導爆弾や誘導爆弾など、重要な装備の多くをアメリカから購入している。米国政府は、イスラエルが他の中東諸国に対して戦力の優位性、つまりGMEを維持できるよ

う支援することを法律で義務づけている。

　もう一つ興味深いのは、2023年10月、武器移転を扱う国務省政治軍事局で議会・広報部長を務めていたジョシュ・ポールが辞任したことだ。彼は、パレスチナの市民の死を助長するような仕事をつづけることは耐えられないといった、と報道されている。ウクライナへの武器供与については、その中身が精査されているのに対して、イスラエルへの武器供与に際しては、イスラエル側の要求がほぼ実現されているのである。

　バイデン政権が隠密裏にイスラエルを支援してきたのは、金蔓（づる）のユダヤ系アメリカ人の支持こそ最優先事項だからとられた措置ではないか。さらに、3月29日付のWPは、「バイデン政権はここ数日、数十万人のパレスチナ市民の生命を脅かしかねないガザ南部での軍事攻撃に対するワシントンの懸念にもかかわらず、イスラエルへの数十億ドルの爆弾と戦闘機の移転を静かに許可した」と報じている。

　余談だが、19世紀半ばにジョン・ネルソン・ダービーとプリマス・ブレザレンによって体系化され、広められた「ディスペンセーション主義」（Dispensationalism）という解釈がプロテスタントに広がり、この主張がイスラエル支持につながっていることも書いておきたい。この解釈は「アメリカの福音主義のなかで人気がある」ため、アメリカ人のなかにイスラエル支持者が多いとみられている。福音主義は「聖書の言葉を絶対的な真理と受け止め、一字一句を大事にする」という主張で、その信者はキリスト教福音派（エバンジェリカルズ）と呼ばれている。ディスペンセーション主義も聖書の記述を尊重する。贖いの歴史を七つのディスペンセーション（神の定め、神の摂理による秩序）に分割することに重点を置いているために、この名前がある。

　森本あんり国際基督教大学教授の説明では、ディスペンセーション主義は、「神の計画の中で時代が七つに分かれていて、最後の楽園の時代の前にはユダヤ人が聖地、つまりイスラエルにかえらなくてはいけない。ユダヤ人が聖地にかえらないと、終末が訪れないという考え」ということになる。「これは旧約聖書の「神がアブラハムの子孫（＝ユダヤ人）に与えた土地」という箇所からの解釈で、1948年のイスラエル建国と「シオニズム」はその成就」と考えられているという。こんな解釈を信じている人々が多いアメリカでは、ユダヤ系か否かとは別に、イスラエル支持者が多いのである。

　バイデンの外交政策は、ユダヤ系富豪の利害を優先しながら、イスラエル贔屓の宗教的解釈の広がりも利用して親イスラエル政策を継続しているわけ

だ。同時に、マスメディアを通じた情報操作によって、大多数の国民を親イスラエル寄りになるよう誘導している。この外交政策は帝国主義的である。一部の富豪や資本家の利益追求を是認したうえで、彼らの利益のためであれば暴力の行使も厭わない。むしろ、彼らに損失をおよぼすような勢力に対しては、徹底的に武力を含めた対抗措置をとることを当然視してはばからない。

ユダヤ系アメリカ人の絶大な発言権

ここで脱線して、ユダヤ系アメリカ人の発言権の大きさについて説明しておこう。ユダヤ系への配慮から、大学キャンパス内の言論の自由が風前の灯火となっているという話だ。

三つのエリート大学の学長が2023年12月5日の議会公聴会で、「ユダヤ人の大量虐殺を呼びかける」ことが校則違反になるかどうかという質問に答えるのに苦慮した。学長の一人であるペンシルベニア大学のM・エリザベス・マギルは、「スピーチが行為に発展すれば、ハラスメントになりうる」と答えた。質問者のエリス・ステファニック下院議員（共和党）は、ユダヤ人の大量虐殺を呼びかけることは「いじめや嫌がらせ」にあたるのかと質問した。マギルはまず、ハラスメントと認定されるには、その行為が「指示され、深刻で、または蔓延している」必要があるといった（12月10日付WPを参照）。

ほぼ同じ質問をされたハーバード大学のクローディン・ゲイ学長は、そのような言動は「ハーバードの価値観と相反する」ものであり、「言論が行為におよべば、それは私たちのポリシーに違反する」とのべた。マサチューセッツ工科大学のサリー・コーンブルース学長は、ユダヤ人の大量虐殺を呼びかけることは校則に違反するとした。

マギルは同月6日の夕方、自分の証言について謝罪した。だが、ペンシルベニア大学では、パレスチナ文学会議の開催をめぐって寄付者との大学との間で一悶着あったばかりであった。同会議は開催されたが、ハマスによるイスラエル攻撃を機に、アポロ・グローバル・マネジメントのマーク・ローワン代表を筆頭とする大学の大口後援者たちは、攻撃を非難する声明を出すのに時間を要したマギル女史の対応の遅さに激怒していた。こうしたわだかまりもあって、ローワンは寄付者に寄付を引き揚げるよう呼びかけた。大口寄付者のなかには、化粧品業界の大富豪ロナルド・S・ローダー（2007年より世界ユダヤ人会議会長）や、ジョン・ハンツマン・ジュニア元ユタ州知事とその家族もいた。大学の管理委員会は当初、ローワンの解任要求を無視して

マギルを支持していたが、マギルの議会証言は圧倒的な反響を呼び、同月 7 日の朝までに、1 万 1000 人以上が彼女の指導に反対する請願書に署名した（12 月 9 日付 NYT を参照）。9 日になってマギルは学長を辞任した。

　その後、ローワンは「前進」と題した 4 ページの電子メールを大学の評議員たちに送り、より保守的なキャンパスへの青写真と受け取られかねない要望を突きつけた。2024 年 1 月 29 日付の NYT によれば、「ペンシルベニア大学への攻撃はフロリダ州のロン・デサンティス知事のような知事たちによってはじめられた、米高等教育を抜本的に見直そうとする保守的な努力の一環」であり、「ペンシルベニア大学は、億万長者、ロビー団体、政治家たちによって組織された、高等教育に対する全国的な攻撃の拠点」となってしまった。富豪という部外者が大学のアカデミズムを踏みにじろうとしているのだ。

ハーバード大学学長も辞任

　ハーバード大学では、ユダヤ系の富豪、ウィリアム（ビル）・アックマン（「フォーブス」によると資産 43 億ドル）がハマスによるイスラエル攻撃のあった 10 月 7 日以降、前述のゲイ学長への批判を強めた。大学側がハマスの攻撃を強硬に非難するのが遅すぎたとし、ユダヤ人学生に対する脅迫的な暴力行為に関しても毅然たる大学側の姿勢を求めていた。投資家として知られるアックマンは、100 万人近いフォロワーをもち、ハーバード大学への著名な寄付者のなかで、事実上ただ一人、同大学の敵対者とされる。このため、ゲイ解任を求めるアックマンに対して、同大理事会のメンバーは 11 日に夜通し審議した後、最終的に同大学初の黒人学長であるゲイ博士を解任しないことを 12 日に発表した。NYT によれば、アックマンの推定資産は 38 億ドルで、彼はハーバード大学に長年にわたって数千万ドルを寄付している（The Economist によると、5000 万ドル）。ただし、9 桁の寄付を数多く獲得している同校のトップドナーにはランクされていない。彼の最大の寄付は 2014 年で、経済学部の拡張と三つの教授職の寄付のために、前夫人とともに 2500 万ドルの寄付を発表した。

　だが、ゲイ学長は 2024 年 1 月 2 日辞任した。直接の引き金となったのは、過去数週間に渡ってゲイ博士に対するキャンペーンを主導してきた保守的なオンライン・ジャーナルである『ワシントン・フリー・ビーコン』に 1 月 1 日に掲載された六つの盗作疑惑のリストによって新たな盗作疑惑が流布されたからだった。ただ、NYT は「ハーバード大学の一部の寄付者からの支持

を失ったことが、2日の辞任に重要な役割を果たしたと思われる」と指摘している。前述した The Economist は、「アックマン氏によれば、10月7日以降、大学から10億ドル相当の寄付が差し止められたという」と書いている。

寄付金は非営利団体として運営され、独自の理事会をもつが、そのメンバーはゲイを学長に選んだのと同じハーバード・コーポレーションによって任命される。なお、同コーポレーションのシニアフェローに就任し、理事会の指導的立場にあるのは、ペニー・プリツカーである（彼女の物語は後述する）。アックマンの話が事実であれば、プリツカーはあわてただろうし、「ゲイ斬り」も仕方ない措置だったに違いない。それほど、親イスラエル勢力と思われる富豪の発言力が大きいのだ。

ついでに、マスメディアにおいて、イスラエル問題が影響力をもつことについて興味深い物語を紹介しておきたい。2024年1月8日付のNYTは、「ハーバードの敵対者の妻に関する Business Insider の記事がオーナーの精査を受ける このニュースサイトのドイツのオーナーであるアクセル・シュプリンガー社は、MIT の元教授ネリ・オックスマン氏の盗作疑惑に関する記事を見直す予定だ。編集者はこの記事を擁護している」なる記事を報じた。先に紹介したアックマンは、その妻、オックスマンへの攻撃に対して怒りの投稿をした。反シオニストが攻撃したとして、「自分の妻や家族が攻撃されたら、メディア会社のオーナーとその妻や家族を攻撃することで対応するだろう」と書いている。

この苦情に対して、Business Insider を所有する巨大メディア、アクセル・シュプリンガーは7日、声明を発表し、記事掲載に至るまでの「プロセスを見直す」とした。同社はドイツ最大の新聞・雑誌・出版コングロマリットであり、政治情報を扱う「ポリティコ」も所有する。NYT によれば、「アクセル・シュプリンガーは、アメリカの超党派のメディア企業としては珍しく、公然とイスラエルを支援している」。ドイツのアクセル・シュプリンガー社の社員は、アメリカの同社施設にはいないが、イスラエルの生存権などを肯定するミッション・ステートメントに署名しなければならない。2021年、同社CEO のマティアス・デプフナーが反ユダヤ主義に反対する声明としてイスラエルの国旗を掲揚することを義務づけ、国旗に文句がある者は会社を去るように言った後、同社のオフィスの前にイスラエルの国旗が一週間掲揚されたという。

この物語は、ユダヤ系の富豪が大きな影響力をもっていることを教えてく

れている。

ペニー・プリッカー物語

　もう一つ、脱線しておきたい。ペニー・プリッカーについて語りたいのだ。ユダヤ系アメリカ人の発言権の強さだけでなく、バイデン政権の一翼を担っているユダヤ系アメリカ人について知ってほしいからである。

　2013 〜 17 年までバラク・オバマ政権下で国商務長官を務め、2023 年 9 月からは、ウクライナ経済復興担当米特別代表の職に就いているペニー・プリッカーはシカゴ生まれである。裕福で影響力のあるユダヤ系ビジネス一家であるプリッカー家の一員だ。ペニーには二人の弟がおり、J・B・プリッカー（1965 年生まれ）は現イリノイ州知事だ。

　2008 年と 2012 年には、ヴァレリー・ジャレット（数々の汚職スキャンダルで悪名高いシカゴ市長リチャード・デイリーの次席補佐官を務め、その後、オバマ夫妻に食い込み、オバマが大統領に選出されると、2009 年から 2017 年までオバマ米大統領の上級顧問、大統領補佐官［公共関与・政府間問題担当］を務めた。2021 年からオバマ財団の最高経営責任者）とともに、ペニーはオバマのイリノイ州での大統領選キャンペーンの資金調達を管理した。さらに、プリッカー夫妻はシカゴ・オリンピックのプロジェクトに関与し、有利な契約の分け前を得ていた（2016 年夏季オリンピックの開催権を争ったシカゴは第一回投票で落選し、多額の資金を無駄遣いした）。ペニー・プリッカーはハイアット・チェーンの後継者として、労働組合との衝突で有名になった。ロシア語の情報によると、彼女は商務長官時代、先祖が商店主であったキーウ地方のボルシエ・プリッキー村を訪れた。彼女の親戚は 1800 年代後半に皇帝に迫害され、アメリカに移住した。その結果、プリッカー家がロシアにどんな恨みをいだいたかはわからない。ロシアへの復讐心が代々受け継がれてきたかも不明だが、彼女がロシアの弱体化に率先して賛成してきたことだけは確実だろう。

　ゲイ学長を支持してきたことから、ペニーはゲイ続投にも賛成した。当初、ゲイ続投に疑問符を投げかけたのは、ハーバードの財務担当で比較的新しいメンバーであるティモシー・バラケット理事だった（NYT を参照）。彼は投資会社 TRB Advisors L.P. 会長兼 CEO だが、2010 年に TRB 設立以前は、世界的な投資運用会社であるアティカス・キャピタルの創業者兼会長兼 CEO を務めた。同社の共同創設者はロスチャイルド家のメンバーのナサニエル・フィリップ・ロスチャイルドだ。バラケットは同じ富豪のポール・フィネガ

ン理事（プライベート・エクイティ・ファームであるマディソン・ディアボーン・パートナーズの共同設立者）を陣営に加えることに成功する。こうして、富豪の理事や寄付者の間でゲイへの不信が高まる。ユダヤ系アメリカ人同士の内輪もめはその結束を弱め、彼ら全体のもつ影響力を削ぐことにつながりかねないことから、ペニーもゲイ辞任を受け入れたものと思われる。

　2024年1月になって、ハーバード・コーポレーションに影響力を行使できる同大監督委員会の委員に立候補しているサム・レッシンを、マーク・ザッカーバーグが支援していることが明らかになった。レッシンはシリコンバレーの投資家でザッカーバーグの元同級生であり、フェイスブックの初期幹部であった。レッシンはイスラエル・ガザ戦争中に学内で高まった反ユダヤ主義への対応を怠った前学長を非難している。「裕福な寄付者が学校を形成するためにその影響力を行使することを望むようになっていることを示している」と、WPは報じている。

　まさに、金持ちの意向がアカデミズムの世界でも優先されようとしているのだ。それは、アカデミズムにおいても帝国主義的な金持ち優遇が広がりつつあると言い換えることができるだろう。しかも、そうした金持ち優遇はリベラルデモクラシーの本家、民主党内の亀裂を深めている。2024年4月18日、コロンビア大学では、ミヌーシュ・シャフィク学長がニューヨーク市警に校内での野営を取り締まらせ、100人以上の学生を逮捕させた。イスラエルによるパレスチナ人への過剰防衛に抗議に対して、大学側は反シオニズム運動と決めつけ、強硬姿勢を示そうとしている。大学は金持ち側につくことで、急場を凌ごうとしている。

　同大は1968年4月、同キャンパスで起きた人種問題とベトナム戦争反対の闘争の場でもあった（The Economistを参照）。この年のキャンパスでの抗議運動は、8月にシカゴで開催された民主党全国大会で焦点となる。結局、民主党は反戦政策を否決し、リンドン・ジョンソン大統領候補の副大統領候補として、ミネソタ州のリベラル派で、戦争推進の汚名を着せられたヒューバート・ハンフリーを指名した。これに抗議する650人以上のデモ参加者が逮捕され、多数の警官が負傷した。

　今後、「オヴェーション効果」（劇場の観客の場合、前方の何人かが立ち上がると、他の観客も立ち上がりはじめ、それが観客席全体に連鎖するような現象）によって、同じような逮捕騒ぎが全米に広がるかもしれない（NYTを参照）。コロンビア大学はニューヨークの全国メディアに近く、アイビーリーグに属

する大学であるため、観客席の最前列にいるのと同じような目立つ立場にあり、同キャンパスで行われた親パレスチナ派の抗議行動は、他の場所で行われるよりも広く注目を集めるからだ。なお、国務省副長官になれずに同省を去った、リベラルデモクラシー支持のタカ派（ネオコン）ヴィクトリア・ヌーランドがコロンビア大学国際公共問題大学院で教鞭をとるというのは、皮肉な巡り合わせかもしれない。

　民主党内はリベラルデモクラシー支持で一枚岩ではない。そのインチキはイスラエルによる過剰防衛によって顕在化しつつあるのだ。

3　大統領再選のための戦争長期化

　バイデン物語をつづけよう。バイデン大統領はウクライナを支援しつづけることで、アメリカ主導の北大西洋条約機構（NATO）の代理としてウクライナにロシアとの戦争を継続するよう促す選択をした。徹底的にロシアを弱体化させる好機とみたのだろう。だが、それは多くの人命を奪うことを意味している。ウクライナにある港湾、病院、学校、住宅といったインフラストラクチャーを破壊し、復興に要する資金を天文学的に膨らませる。ウクライナ政府、世界銀行グループ、欧州委員会、国連が 2024 年 2 月に発表した最新の共同被害・ニーズ調査（RDNA3）によると、2023 年末現在、直接被害額は約 1520 億ドルに達し、経済の流れや生産への混乱、戦争に伴う追加コスト（瓦礫処理など）は、合わせて 4990 億ドルを超える経済損失となった。2023 年末時点での復旧・復興ニーズは、10 年間でほぼ 4860 億ドルと見積もられている。

　バイデン大統領はまず、2022 年 11 月 8 日に実施される予定だった中間選挙での巻き返しをねらって、ロシアによるウクライナ侵攻を政治利用しようとした。侵略された哀れなウクライナを支援する「正義」をアピールする一方で、非道な独裁者プーチンを大統領の地位から引きずり下ろすために対ロ制裁を強化する姿勢をとることで、アメリカ国民の支持を確固たるものにしようとしたのだ。こうした効果に加えて、中絶をめぐる反共和党への傾斜という女性票もあって、民主党は中間選挙で大敗北を免れ、善戦した。

ミリー参謀本部議長を無視したバイデン

　実は、中間選挙後の 11 月 9 日、マーク・ミリー統合参謀本部議長（当時）はニューヨークのエコノミック・クラブで講演した。「外交交渉の時期なのか、交渉のテーブルに着く前に他に何が必要なのか」と尋ねられた彼は、「まあ、何か交渉材料が必要だと思う。それが重要なことのひとつだ。だが、軍事的な勝利はおそらく本当の意味で、軍事的な手段では達成できないという相互認識も必要だと思う。ゆえに、他の手段に頼る必要がある」とのべた。同月 16 日の記者会見では、ミリーは再び交渉の機が熟したことを示唆した。彼は、ウクライナがハリコフとヘルソンからロシア軍を追い出すという英雄的な成功を収めたにもかかわらず、「だが、ヘルソンとハリコフは、物理的にも地理的にも、ウクライナ全体と比べると比較的小さな都市であり、軍事的にロシア軍をウクライナから追い出すのは非常に困難な作業だ。また、ロシア軍が完全に崩壊しない限り、数週間以内に実現することはないだろう」とした。

　さらに、「つまり、ウクライナが軍事的に勝利する確率は、ロシア軍をウクライナ全土から追い出し、彼らがクリミアと定義している地域も含めると、軍事的にすぐに実現する確率は高くない」と率直に認めたうえで、「政治的には、ロシアが撤退するという政治的解決策はあり得る。あなたは強者の立場から交渉したいのでしょう。ロシアはいま、追い詰められている」とのべた。「ロシア軍は非常に苦しんでいる。指導者たちは本当にひどく傷ついている」とつづけ、「ロシア軍は本当に苦しんでいる」と繰り返したのであった。そのうえで、「だから、あなたは自分が強く、敵が弱いときに交渉したいと思うだろう。そして、政治的な解決策もあり得るだろう。私が言いたいのは …… その可能性があるということだけだ。それだけだ」とまで踏み込んだ発言をしたのである。

　だが、バイデン大統領はこのミリーの停戦交渉に向けた前向きなメッセージをまったく無視した。ウクライナの「反攻」に期待した「ウクライナ支援」が継続されたのだ。2023 年 8 月の段階で、「ウクライナ戦争が 1 年半前に始まって以来、ウクライナ軍とロシア軍の死傷者総数は 50 万人に迫っている、と米政府当局者が語った」と NYT は報じている。ロシア軍の死傷者は 30 万人（死者 12 万人、負傷者 17 〜 18 万人）に近づいているという。ウクライナの戦死者数はすでに、米軍がベトナムに駐留していた約 20 年間に死亡した米軍兵士の数（およそ 5 万 8000 人）を上回り、2001 年から 2021 年までのア

フガニスタン戦争全体で死亡したアフガニスタン治安部隊の数（約6万9000人）にほぼ匹敵する。2022年のロシア侵攻以来、ウクライナでは560人以上の子どもを含む1万人以上の市民が殺害され、その約半数が過去3カ月間に前線のはるか後方で発生していると国連ウクライナ人権監視団は2023年11月21日に発表した。

　端的に記せば、アメリカの帝国主義はウクライナやロシアの人々の人命を軽視している。アメリカの国民、彼らの生命・財産の保護が最優先事項であって、それ以外はどうでもいいと思っているのかもしれない。

「ウクライナ支援」の内実

　多くの読者は「ウクライナ支援」という美名に騙されているかもしれないという話をしておきたい。ウクライナ支援といっても、本当はいろいろある。ウクライナ支援の足跡を調査しているドイツの世界経済研究所は、ウクライナ支援を「軍事」、「人道」、「金融」の三つのタイプに分けて、各国別にそれぞれの実績を**図Ⅰ-1**のように示している。ほかにも、アメリカの戦略国際問題研究所のように、四つのカテゴリー（軍事援助、人道支援、ウクライナ政

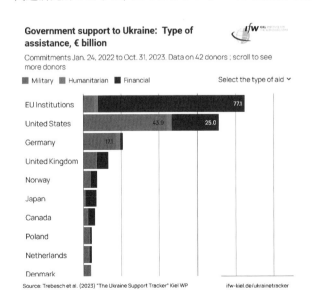

図Ⅰ-1　各国によるウクライナへのタイプ別支援実績
（2022年1月24日から2023年10月31日まで）
（出所）https://www.ifw-kiel.de/topics/war-against-ukraine/ukraine-support-tracker/

府への経済支援、ウクライナに関連するアメリカ政府の業務と国内費用）に分けるという分類もある。

　米戦略国際問題研究センターのマーク・カンシアン上級顧問は、2023年10月3日、「「ウクライナへの援助」のほとんどは米国内で使われている」という記事を公表した。それによると、これまで議会が承認した1130億ドルの配分のうち、「約680億ドル（60％）が米国内で使われ、軍とアメリカ産業に利益をもたらしている」と指摘されている（**図Ⅰ-2**）。これは、下図の青、オレンジ、斜線の三つの部分を合わせたものということになる（「備考」を参照）。バイデン政権は、自らの政府機関への資金提供、米軍への資金提供の大部分、軍備の補填とウクライナの装備購入の大部分、人道支援の一部について、ウクライナへの「支援」や「援助」という名目で行っており、その資金はアメリカ内にとどまる。このため、カンシアンは、「ウクライナ援助」（Aid to Ukraine）という言葉は「誤用（misnomer）である」と指摘している。

　なお、アメリカによるウクライナへの軍事援助は、議会が計上した四つの

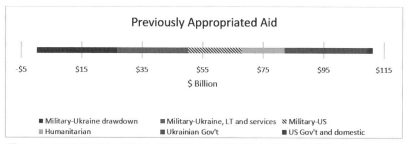

図Ⅰ-2　アメリカ議会承認済みのウクライナ支援の配分（単位：10億ドル）
（出所）https://breakingdefense.com/2023/10/most-aid-to-ukraine-is-spent-in-the-us-a-total-shutdown-would-be-irresponsible/

〔備考〕青（最左）とオレンジ（左から二番目）はウクライナへの軍事援助で、青は対外援助法に基づいて大統領が軍事援助を提供するために大統領権限を行使してなされる物品などのウクライナへの移転（ドローダウン）を指し、オレンジは大規模訓練や役務の提供を示す。青色斜線（「軍事－アメリカ」）は、国防総省が受け取る東欧での軍事活動の強化や軍需品生産の加速のための資金で、大半は米陸軍に支払われ、米海軍と米空軍に支払われる金額は少ない。黄色（斜線の右隣）は人道援助、水色（右から二番目）はウクライナ政府が通常の政府活動を継続するための資金、緑色（「米政府と国内」）（最右）は核不拡散活動など、戦争関連活動向けに米政府の他の部署が受け取る資金を示している。

パッケージで認められてきた。2022年3月は130億ドル、5月が400億ドル、9月が140億ドル、12月が450億ドルである（合計は四捨五入の関係で1120億ドル）。

米軍装備の提供

アメリカには、国防総省が保有する防衛品や役務を外国や国際機関に迅速に提供するために、対外援助法（FAA）第五〇六条（a）（1）に基づいて、軍事援助を提供するために大統領引き出し権限（Presidential Drawdown Authority, PDA）を行使して国務長官に「ドローダウン」にあたらせる制度がある。前頁の図でいえば、青色とオレンジ色で示された部分を意味している。2023年11月20日付の情報によると、「2021年8月以降、国防総省から44件の防衛品と役務の引き下げを指示した」。同年10月2日付のWSJによれば、2022年2月24日以降、アメリカがウクライナに軍事援助として割り当てた437億ドルの残りとして52億ドルの財源を残していたという。PDAの下で、アメリカは186台のブラッドレーBMP、31輌のエイブラムス戦車、45輌のT-72B戦車（チェコから購入）、300台のM113装甲兵員輸送車と250輌のM1117装甲車、500輌のMRAP装甲車、2000台のハンヴィー車両、270台の榴弾砲やその他の兵器を、議会の承認なしに385億ドルの範囲内で供与したことになる。

これらはウクライナ政府に資金を渡すものではない。現物を供与するのである。問題は、その物品と役務の評価にかかっている。在庫評価を低く見積もれば、たくさんの軍事装備品をウクライナに送ることができる。このため、2023年8月14日、国防総省は以前に認可されたPDA権限を利用したいくつかのパッケージの最初のものを発表し、同省がその執行を定期的に監督していた際、ウクライナに承認された以前のPDAの武器や装備を誤って過大評価していたことが判明したと言い出す。国防総省はその後、適切な会計方法を用いて見直しを行い、ウクライナの緊急の安全保障上の必要性を満たすために、議会が承認した武器・装備の提供権限で使用できる62億ドルを回復した。こんな「打ち出の小づち」のようなことが現に行われているのだ。

しかも、2024年1月11日に明らかにされた米国防総省の報告書によると、2023年6月2日現在、アメリカがウクライナに送った指定防衛品の総額16億9900万ドルのうち、「10億500万ドル以上のシリアル番号の棚卸しが滞ったままである」という。「10億ドル以上の肩撃ちミサイル、神風ドローン、

暗視ゴーグルが、アメリカ当局によって適切に追跡されていない」と結論づけている（NYT を参照）。

ウクライナ安全保障支援イニシアチブ（USAI）

ほかにも、「ウクライナ安全保障支援イニシアチブ」（USAI）を通じて軍事支援が行われている。これは、国防総省主導でウクライナ軍の防衛能力の向上を目的として、ウクライナがアメリカの防衛産業と契約を結び、たとえば M142 高機動ロケット砲システム（HIMARS）や歩兵携行式多目的ミサイル（ジャベリン）などの武器や弾薬を購入することを可能にするものだ。「イニシアチブ基金」（2022 年 8 月、30 億ドルでスタート）から支払いが行われる。この場合、契約後、品目の製造が行われるため、在庫があるわけではない。このため、ウクライナに契約された軍備品が届くのは 2 〜 3 年後になることもある。

USAI は、後方支援、ウクライナ軍への給与や俸給、外国製装備品の購入、ウクライナへの情報支援にも資金を提供している。これらは即座に戦場に影響を与えるもので、資金はほぼなくなり、6 億ドルしか残っていない（前述のカンシアンの記事を参照）。ただ、カンシアンは USAI が図のどこに配分されているかについてのべていない。

2024 年 1 月 3 日に更新された「ウクライナへのアメリカ安全保障支援」によれば、USAI プログラム（2022 年度から 23 年度にかけて 186 億ドル、さらに国防総省の発表では 24 年度の継続予算で 3 億ドルが使用可能）のもとで、産業界に発注がなされてきた。

なお、「人道支援」は米際開発庁（USAID）を経由し、多くの救援非政府組織（NGO）に流れる。食糧援助は農務省のさまざまなプログラムを通じて行われる。多額の資金が、アメリカにやってきたウクライナ難民の定住を助けている。「ウクライナ政府支援」は、もっとも純粋な意味での「ウクライナ支援」だ。戦争によってウクライナ政府は徴税能力を失い、それによって通常の政府サービスを提供する能力も失われている。この失われた税収を補うのが外部資金、すなわち「ウクライナ支援」であり、そうすることで、ウクライナの社会崩壊を防ぎ、最低限のサービスを維持することで、労働者や軍人は家族の生存ではなく、戦争に集中することができるというわけだ。米議会はこのような支援として 273 億ドルを成立させ、政権はそのほとんどを拠出済みだとしている。

WP の言い分

　このカンシアンの記事を紹介しながら、2023 年 11 月 29 日付の「WP」は奇怪な見方を紹介している。まず、「少なくとも 31 の州と 71 の都市で、ウクライナ向けの主要兵器システムをアメリカ人労働者が製造している 117 の製造ラインを確認した」と書き、カンシアンの主張を裏づけている。

　ほかにも、アメリカは、NATO 同盟国に対して、米製やソ連時代の古い兵器システムをウクライナに寄贈するインセンティブを与え、それに代わるより新しく近代的な米製システムの販売を許可している事実を指摘している。ヨーロッパ諸国に古くなった武器をウクライナに供与させ、アメリカから新型の武器をヨーロッパ諸国に輸出して、米国内の軍需産業を潤うようにさせているというわけだ。

　たとえば、ポーランドは旧式のソ連製とドイツ製の戦車 250 輌をウクライナに送り、オハイオ州リマの工場で生産される M1A2 エイブラムスの後継戦車 250 輌を購入する 47 億 5000 万ドルの契約を 2022 年 4 月に結んだ。ポーランドはその後、14 億ドルの追加契約を結んだ。同国はまた、ソ連製の Mi-24 攻撃ヘリコプターをウクライナに送り、その後、アリゾナ州メサで製造されるアパッチ・ヘリコプター 96 機を購入する 120 億ドルの契約を結んだ。

　WP の記事が奇妙なのは、この記事の結論部分で、以下のようにのべている点である。

　「ウクライナへの軍事援助は、アメリカ全土の製造業を活性化させ、国内で良質な雇用を創出し、国防のための兵器生産能力を回復させている。ウクライナ支援は、アメリカの国家安全保障にとって正しいことだ。また、アメリカの労働者にとっても正しい。」

　どうやら、下院の混乱でなかなかウクライナ支援を含む補正予算が成立しないため、「ウクライナ支援」が実は「アメリカ内への投資」である事実を明確化し、何とか「ウクライナ支援」の補正予算を成立させようとしているようだ。2023 年 11 月 27 日付の The Economist によれば、バイデン大統領は 1060 億ドルの補正予算を要求しており、そのうちの 610 億ドル（正確には 614 億ドルか）はウクライナ向けで、残りはイスラエルやその他の国家安全保障優先事項向けだ。共和党はウクライナへの援助を、メキシコとの国境を越える移民を抑制するための厳しい措置と結びつけている。関係者によれば、

両者の溝はまだ深い。ゆえに、「ウクライナ支援」＝「国内への投資」であると喧伝しているのである。実際、610億ドルのうち、「現在の戦場を対象としているのは約半分だけで、残りは欧米の大規模な援助なしにウクライナが安全な未来を築くための支援に向けられる」ことを政権当局者は、議員との対話のなかで強調していると、WPは報じている。

なお、2024年1月26日、バイデンは突然、不法入国者が圧倒的なレベルにまで急増した場合、南部国境を「閉鎖」すると宣言した。これが意味しているのは、ウクライナやイスラエルへの支援を実現するためであれば、厳しい移民抑制策もやむをえないということだ。もちろん、大統領選を控えたバイデンは、支援停止か移民抑制かを天秤にかけて、支持者をより減らさない方法として後者を選んだことになる。だが、それは世界全体の利益を考慮したものではまったくない。金蔓のユダヤ系富豪を手放さないためだ。

バイデンも「投資」発言

バイデン大統領自身、「投資」という言葉を使っている。EU米首脳会議の前夜に当たる2023年10月20日、バイデン大統領はアメリカ国民に向けた演説で、「明日（10月21日）にイスラエルやウクライナを含む重要なパートナーを支援するための緊急予算要求を議会に提出する」とのべた直後に、「これは、何世代にもわたってアメリカの安全保障に配当金をもたらす賢明な投資であり、アメリカ軍を危険から遠ざけ、我々の子供や孫たちのために、より安全で平和で豊かな世界を築く助けとなる」と語った。さらに、翌月18日付の「WP」において、彼は、「今日のウクライナへのコミットメントは、我々自身の安全保障への投資（investment）なのだ」と明確にのべている。

ほかにも、国防総省はそのサイトに同月3日に公表した「バイデン政権、ウクライナへの新たな安全保障支援を発表」のなかで、「ウクライナへの安全保障支援は、わが国の安全保障に対する賢明な投資（smart investment）である」とはっきりと書いている。どうして「ウクライナ支援」が「賢明な投資」なのかというと、実は、「ウクライナ支援」といっても、実際にウクライナ政府に渡される資金はアメリカの場合、ごくわずかだからだ。

このようにみてくると、バイデン政権が「ウクライナ支援」をつづけたがっている本当の理由が理解できる。率直に記せば、「ウクライナ戦争をつづけることで、アメリカの軍需産業への投資をウクライナ支援の名目で増やし、アメリカ内の雇用を増やし、バイデン再選につなげようとしている」の

である。ここには、ウクライナの自由と民主主義を守るとか、ウクライナ市民の生命や人権を守るといった発想は微塵も感じられない。これがバイデン物語の主人公、ジョー・バイデンの本性なのだ。このウクライナへの「投資」という発想は根深く、2024 年 2 月 22 日、ヴィクトリア・ヌーランド国務省次官（当時）は、「私たちが提供する支援のほとんどは、実際に米国経済と防衛産業基盤に還元され、米国の雇用と経済成長を創出しながら、自国の重要な防衛インフラの近代化と規模拡大に役立っている。実際、最初の 750 億ドルは、全米の少なくとも 40 の州で高賃金の雇用を創出した」とのべた。2023 年 10 月の情報では、成立したウクライナへのアメリカの支援分 1130 億ドルのうち約 680 億ドル（60%）が米国内で使われ、軍と米国産業に利益をもたらしているという（具体的な選挙区との関係については WP を参考にしてほしい）。ただし、2024 年 2 月 7 日付の NYT の報道では、戦争研究所によると、ロシアが本格的な侵攻を開始して以来、欧州連合（EU）は合計で約 1485 億ドルの支援を提供し、アメリカが計上した総額 1130 億ドルを上回っており、うち 750 億ドルは人道的、財政的、軍事的支援のためにウクライナに直接割り当てられたもので、さらに 380 億ドルは安全保障支援関連の資金で、主に米国内で費やされた。

　2024 年 4 月 20 日、米下院は総額 953 億ドルの大規模な支援策を可決した。そのなかには、ウクライナへの 608 億ドル、イスラエルとガザを含む紛争地域の民間人への人道支援に 264 億ドル、台湾とインド太平洋地域への 81 億ドルが含まれている。ウクライナへの援助は 311 対 112 で賛成多数となり、共和党の 112 人が反対票を投じた。24 日に上院でも可決され、バイデン大統領が署名し、成立した。

　ウクライナ関連法案では、政府が老齢年金を維持するための資金が提供されていたが、成立した法案では年金支援のための直接支払いは禁止されている。実際、法案はバイデンにウクライナとの経済支援返済の合意を交渉するよう求めているが、債務の 50% は 2024 年 11 月 15 日以降に議会通告によって免除され、残りの 50% は 2026 年 1 月 1 日以降に免除される可能性がある。

　驚くのは、20 日、ロイド・オースティン国防長官が声明を発表し、「本法案はまた、米国の将来に対する重要な投資でもある」と明言している点だ。「防衛産業基盤に直接流入する約 500 億ドルを提供することで、この法案は、米国の長期的な安全保障を強化すると同時に、30 以上の州で良質な米国人の雇用を創出する」というのである。現実に、追加支援が正式に決まると、26

日に、同長官は「アメリカはウクライナに60億ドルを供与し、アメリカの防衛企業から直接軍用品を購入させる」と言明した（NYTを参照）。4月25日付のWPは、「570億ドル近く［総額953億ドルの約60％］が米国から出ることはない。その代わり、これらの資金は数十の州にある兵器メーカーに投資されている［国防総省によれば、これまでに11州を除く全州のメーカーがウクライナ関連の武器契約を結んでいる］。」としている。

　バイデン再選につながる国内雇用のため、戦争支援にカネを出すというのは、「カネで票を買い、ウクライナで命を奪う」ということではないのか。これこそ、アメリカ軍国主義をよく表している。

反攻作戦の失敗は自明

　ゼレンスキー大統領も和平を望んでいない。まず、彼はあえて自ら和平への道を断った。2022年9月30日、ウクライナ国家安全保障・国防評議会の決定「プーチン大統領との交渉が不可能であることを表明すること」を含む決定を同日、ゼレンスキー大統領は大統領令で承認したのである。この段階で、彼は自ら和平交渉への道筋を断ったのだ。

　他方、バイデン大統領は負ける公算の大きかった反攻作戦にこだわった。だからこそ、2022年11月段階でのミリーの提案を無視したのだろう。反攻作戦がダメでも、とにかく戦争を長引かせれば、米国内への「投資」を継続し、その労働者の雇用を増やすことができるからである。

　2023年9月3日付で、シカゴ大学のジョン・ミアシャイマーは、「負けるべくして負ける　ウクライナの2023年反攻」という長文の論考を公開した。彼は私と同じく、2014年2月にクーデターがあったことを認め、そこにアメリカ政府が関与していたことを明確に指摘している優れた政治学者だ（「2014年2月22日、アメリカが支援し、親ロシア派の指導者を倒したウクライナのクーデターは、モスクワと欧米の間に大きな危機を招いた」[John J. Mearsheimer, *The Great Delusion: Liberal Dreams and International Realities,* Yale University Press, 2018, p. 142]と書いている）。この日の出来事をクーデターであったと的確に指摘しているのは日本では私くらいだろう（拙著『ウクライナ・ゲート』、2014年）。

　なぜ反攻が「負けるべくして負ける」といえるかというと、過去の電撃戦と呼ばれる戦いの方法の比較分析から導かれる結論だからである。詳しい説明はミアシャイマーの分析記事を参考にしてほしい。強調したいのは、「ウ

クライナ軍で電撃戦を成功させる任務を負った主要部隊は、訓練が不十分で、とくに機甲戦に関する戦闘経験が不足していた」点だ。開戦以来イギリスが訓練してきた 2 万人のウクライナ兵のうち、わずか 11 ％しか軍事経験がなかった点に注目してほしい。「新兵を 4 〜 6 週間の訓練で非常に有能な兵士に変身させることなど単純に不可能」であり、最初から負けはみえていたと考えられる。だからこそ、2023 年 7 月 23 日付の「ウォール・ストリート・ジャーナル」は、「ウクライナの武器と訓練不足がロシアとの戦いで膠着状態に陥るリスク　アメリカとキーウは不足を知っていたが、それでもキーウは攻撃を開始した」という記事を公表したのである。バイデンとゼレンスキーという人間の本質がわかってもらえただろうか。

本物の「投資」

　他方で、本物の「投資」にかかわる面もある。一つは、「軍事開発投資」の実験場としてウクライナ戦争の場が利用されている点に留意しなければならない。第五章第三節で紹介するように、AI を利用した自律型兵器を開発する「プロジェクト・メイヴン」の格好の実験の場としてウクライナが利用されているのだ。

　もう一つは、将来、和平実現後、ウクライナの復興のために多額の資金が投ぜられることを見越して、いまのうちに準備を進める動きがある。もちろん、多額の「投資」に関与することで、大儲けができるからだ。

　2022 年 11 月、世界最大級の投資・運用会社であるブラックロックはウクライナ経済省との間で覚書を交わし、ウクライナ再建のための公共投資および民間投資の促進で協力することに合意する。同年末には、ブラックロックのラリー・フィンク CEO はゼレンスキー大統領との間で、ウクライナ復興への投資を調整することで合意した。2023 年 2 月になると、米投資銀行、J・P・モルガンは、ゼレンスキー大統領と、破壊されたインフラを再建するための新たな投資ファンドに民間資本を呼び込むことを視野に入れた覚書を交した。同年 6 月には、「ブラックロックと J・P・モルガン・チェース（J・P・モルガンの親会社で銀行持ち株会社）、ウクライナと復興銀行設立で提携」と報道されるに至っている。虎視眈々と、カネ儲けの話が進んでいるのだ。つまり、アメリカの一部の投資家や富豪は、戦争をつづけることで儲けているし、戦争を停止しても儲けるための算段をつけている。そうした彼らの目論見に沿うかたちでバイデン政権があるといえる。

コソボでアメリカがやったこと

ここで、1999 年にアメリカと NATO の同盟国がセルビアから引き離したコソボを思い出す必要がある。2008 年、コソボ共和国として独立が宣言される。これを主導したアメリカはコソボで何をしてきたのだろうか。2024 年 2 月、「ポリティコ」で公表された記事「アメリカがコソボを破滅させた方法とウクライナにとっての意味」が参考になる。アメリカ帝国のひどさがよく理解できるようになるだろう。

コソボはベルギーの 3 分の 1 ほどの小さな国で、人口は約 180 万人にすぎない。GDP は約 100 億ドルで、アメリカ最小のヴァーモント州の 4 分の 1 以下だ。記事は、「アメリカはコソボに多額の資金を投じたが、よくみると、ワシントンの優先順位は、コソボが発展するために本当に必要なものを提供することよりも、アメリカの短期的なビジネスの利益によって決定されたことがわかる」と指摘している。

たとえば、建設会社ベクテルは高速道路建設を手掛けた。アメリカはまず、当時貧困率が約 60％だったコソボが本当に道路を必要としていることを納得させなければならなかった。クリントン政権下で国家安全保障会議委員を務め、その後ロビイストに転身したマーク・タブラリデスは、当時のクリストファー・デル米国大使の助けを借りて、ベクテルのためにプリシュティナの旧友に建設を働きかけた。世界銀行と国際通貨基金（IMF）の双方から、同プロジェクトの経済性に関して重大な懸念が示されたにもかかわらず、コソボ政府は推進を決定し、2010 年にベクテル・エンカ（トルコ企業のエンカとの合弁）と約 7 億ユーロを見込んで契約を結んだ。結果として、ベクテル・エンカは、全長 102 キロ、総工費 4 億ユーロのプロジェクトを 77 キロに縮小し、2012 年に総工費約 10 億ユーロで完成させた。

しかし、2024 年 1 月、プロジェクトが承認されたときに在任していたパル・レカジ前インフラ大臣は、ベクテル・コンソーシアムに 5300 万ユーロを過大に支払ったとして、職権濫用の罪で有罪判決を受け、禁固 3 年の判決を言い渡された。この事件では、彼の同僚 3 人も有罪判決を受けた。ベクテルはあくどい商売を展開していたのだ。

未遂事件も紹介しよう。クリントン政権の国務長官だったマデレーン・オルブライトは自分の投資会社オルブライト・キャピタル・マネジメントを保有していた。同社は 2013 年に予定されていた、国営通信事業者 PTK の民

営化に注目した。同社の 75％売却に関心を示したのである。彼女はすぐに、数億ユーロの値がつくと予想される入札の最有力候補に浮上する。オルブライトの関与を批判する人々は、彼女が当時コソボで唯一の民間携帯電話会社の株式をすでに所有しており、PTK 事業の買収は重要な部門に対する影響力を彼女の手に集中させすぎると訴えた。オルブライトは当初反抗的だったが、NYT 紙の一面を飾った記事によって、彼女のコソボへの関与をめぐる潜在的な利益相反が注目されたため、結局入札を取り下げた。その後、プロセスは崩壊した。これがアメリカの帝国主義の実態なのだ。

　忘れてならないのは、コソボ独立に反対するセルビア側でもアメリカ帝国主義がうごめいていた事実である。2024 年 3 月 17 日付の NYT によれば、大統領選に出馬する 2 年前の 2013 年、トランプはセルビア政府の高官に、1999 年に NATO の爆撃を受けたベオグラードのユーゴスラビア国防省旧本部跡地に高級ホテルを建てたいと伝えた。トランプ政権が誕生すると、バルカン半島の特使に任命されたリチャード・グレネルがセルビアとアメリカが共同で国防省跡地の再建に取り組むという関連計画を推し進めたのだという。ただし、同プロジェクトは、トランプが新たな外国とのビジネス上の取引はしないと誓ったことでその具体化は頓挫していた。だが、2024 年 3 月になって、トランプの女婿、ジャレッド・クシュナーと彼のビジネス・パートナーによる同地の再開発計画が進められていることが明らかになり、近いうちに契約をまとめる見込みであると報じられたのである。合意概要草案には、クシュナーの投資会社に同地の 99 年間の賃貸権を無償で与え、高級ホテルと集合住宅、博物館を建設する権利を与えるという規定が含まれている。

　クシュナーの問題は深刻だ。なぜなら彼は義父のトランプとの関係を利用して、私腹を肥やしている疑いが濃厚だからである。2024 年 4 月 9 日付の NYT によれば、彼の投資ファンド、アフィニティ・パートナーズは 30 億ドルの資金を集め、これまでに 10 件、総額 12 億ドルの投資を行っており、その多くは海外に拠点を置く企業への投資である。30 億ドルのほぼ全額は、彼がトランプ・ホワイトハウスのシニア・アドバイザーを務めていたときにともに働いていた海外の投資家から調達しているもので、サウジアラビア、カタール、アラブ首長国連邦の政府系ファンドや、台湾の電子機器メーカー、フォックスコンの創業者であるテリー・ゴウからも資金を得ている。2024 年 3 月下旬に証券取引委員会に提出された書類によると、投資家がクシュナーに預けた資金の 99％は外国からのものだという。

アメリカの場合、キッシンジャーやオルブライトのような元国務長官が政府を離れてロビイストになったり、コンサルティング会社をはじめたりするケースがある。しかし、NYTは、「政府高官が職を辞して投資会社を設立し、その投資会社が政府高官の在職中に協力していた外国政府から数十億ドルを即座に受け取るという前例はない」との見方を示している。さらに、前述したセルビア以外にも、クシュナーはアルバニアにおいて、別の高級ホテルを建設するために政府所有の島を借りる可能性について交渉しているという。アルバニア政府は敏感な海洋地域や野生生物保護区に五つ星の観光施設を建設しやすくする連邦法の改正に動いているとも書いている。

　このように、アメリカの政治家やその家族のなかには、政治的利権を利用して私腹を肥やそうとする人物がいる。彼らは国家の利害と自己利益との利益相反の可能性がありながら、何の規制を受けないまま、「腐敗」に手を染めている可能性が高い。

　ウクライナでも同じ手口が繰り返されるだろう。国家と結びついた資本（企業家）がウクライナ戦争の継続によっても、休戦後の復興過程においても、カネ儲けできる仕組みが用意されつつある。その結果として、アメリカによるウクライナに対する政治・経済的支配は確実に強まる。これこそ、リベラルデモクラシーに基づくアメリカ外交の裏側なのだ。

和平への遠い道のり

　2024年1月12日、リシ・スナク英首相はキーウを訪問し、ゼレンスキー大統領との間で、「イギリス・北アイルランド連合王国とウクライナの安全保障協力に関する協定」に署名した。前年7月、リトアニアの首都ヴィリニュスで開催された、NATOサミットで合意したコミュニケおよび、同サミットに合わせて開かれた主要7カ国（G7）の「ウクライナ支援共同宣言」をもとに、イギリスがウクライナのNATO加盟実現までの間、同国のウクライナの安全保障を約束する内容が合意された。有効期間は10年だが、延長可能とされている。

　イギリスは具体的に、①領海および自由経済水域を含む、ウクライナの国際的に承認された国境内における領土保全の保護と回復、国民経済の再建、および国民の保護のためのウクライナへの包括的支援の提供、②ロシアによる軍事的エスカレーションや新たな侵略の防止・抑止、および、それに対する対抗措置、③ウクライナの将来的な欧州大西洋機関への統合への支援

—— を約束している。

　その後、ドイツおよびフランスも 2024 年 2 月 16 日、ウクライナとの間で安全保障協力に関する 2 国間協定に署名した。いずれも有効期間は 10 年だ。同年 2 月 23 日には、デンマークも「安全保障協力と長期支援に関する合意」を締結する。24 日には、カナダとイタリアも同種の合意を結んだ。26 日には、ノルウェーとの協議が開始された。3 月 1 日には、ゼレンスキー大統領とオランダのマーク・ルッテ首相が同種の安全保障協力に関する協定に調印した。4 月 3 日、ゼレンスキー大統領とフィンランドのアレクサンダー・シュトゥッブ大統領は、「安全保障協力と長期支援に関する協定」に署名した。同月 11 日、ゼレンスキー大統領とラトビアのエドガルス・リンケーヴィッチ大統領は、安全保障と長期支援の分野における協力に関する協定に署名した。

　2024 年 1 月 26 日付の WP によれば、アメリカは、ウクライナにおける前年の反攻作戦の失敗の反省を生かし、領土の奪還に重点を置かず、その代わりにウクライナがロシアの新たな侵攻を食い止めるのを支援することに重点を置きつつ、長期的な目標である戦闘力と経済の強化に向かう新戦略計画をまとめようとしている。短期的な軍事作戦への支援を保証するだけでなく、ロシアの侵略を抑止できるウクライナの軍事力を将来的に構築する戦略を練っているのだ。ウクライナとアメリカの 2 国間協定は、米議会がウクライナへの約 600 億ドルの援助を承認した後、7 月の NATO 首脳会議の前に調印される見込みである。

　いずれにしても、アメリカ政府とその大企業がスクラムを組んで、「ウクライナ支援」という美名の陰で金儲けに邁進しているに違いない。それだけではない。戦争を継続することで、世界中の人々に安全保障の必要性を心理的に訴えかけて、軍事費増強に結びつけようとしている。いま必要なのは、ランド研究所のサミュエル・チャラップが『フォーリン・アフェアーズ』で主張するつぎの記述に耳を傾けることだろう。

　「アメリカとその同盟国は、紛争を終局へと導く努力をはじめるべきである。話し合いは必要だろうが、平和条約は問題外であるため、もっとも妥当な結末は休戦協定である。休戦協定とは、政治的な紛争に対処しない、基本的には永続的な停戦協定であり、紛争を終わらせることはできないが、流血を止めることはできるだろう。」

　不勉強な日本のマスメディアは 2023 年 12 月段階でも、「ウクライナ支援」を説いている（日本経済新聞が 2023 年 12 月 17 日に公表した社説「EU はウク

ライナ支援で結束を強めよ」や同月 19 日付の毎日新聞社説「縮むウクライナ支援
団結の力が試されている」という社説がその典型だ）。こんな社説を書く人々が
日本をミスリードしている。「ウクライナ支援」なるもので、アメリカの軍
需企業を儲けさせると同時に、多数の死傷者を出すことになぜ日本国民の税
金を投じるのか。むしろ、「ウクライナ支援」を止めることで、ウクライナ
戦争の休戦協定締結を急ぐべきではないのか。そのためには、「ウクライナ
支援の停止」、「即時休戦協定の必要」を訴えるべきなのだ。そうすることが
アメリカの帝国主義の悪夢を打ち砕くための最低限の行動なのである。

第2章

エネルギー争奪からみた
アメリカ帝国主義

1 ガソリンの単位ガロンに込められた唯我独尊

　第2章では、帝国主義間のエネルギー争奪戦という観点から、アメリカの帝国主義を分析する。注意喚起しておくと、アメリカだけが帝国主義的なふるまいをしているわけではない。中国もロシアも、あるいはEUや日本も帝国主義的だ。これらの国々は帝国主義の競争状態にある。

　2024年はじめの時点で、世界中でもっと安くガソリンを手に入れられる国はどこか。それはイランらしい。各国別ガソリン価格の調査によると、一リットル当たり0.029ドルだ。ついで、リビア、ベネズエラ、アルジェリア、クウェート、アンゴラと産油国がつづく。アメリカは33位の0.911ドルである。日本は1.242ドル。G20加盟国のガソリン価格を比較した図Ⅱ-1によると、産油国のサウジアラビアが最安値、二番目にロシアが安いことがわかる。先進国では、アメリカが廉価なガソリンを販売している。わかってほしいのは、アメリカは自国で石油が採掘されていることもあって、廉価なガソリン価格をいまでも保っているということだ。いわば、ヘゲモニー国家として、重要なエネルギー資源を有利な条件で利用していることになる。

　拙著『知られざる地政学』〈上〉「第5章　覇権国アメリカの煽動とエスタブリッシュメントの正体」で紹介したように、アメリカの石油王ロックフェラー家（ドイツ系アメリカ人）は富豪として、ヘゲモニー国家を利用し、アメリカの外交政策にも（濃淡はあるにしても）影響をおよぼしつづけている。

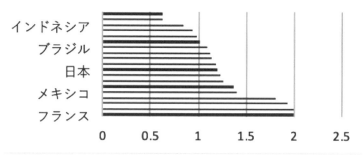

図Ⅱ-1　G20各国のガソリン平均価格（2023年6月, 単位：リットル／ドル）
（出所）https://www.statista.com/statistics/1406584/g20-gasoline-average-price-by-country/

　ここでは紙幅の関係から、スタンダート・オイルにはじまる隆盛といったロックフェラー家の歴史は割愛する。再選をねらうジョー・バイデン政権が大統領選に勝利するためにどのような石油・ガス戦略をとろうとしているかに絞って考察したい。

アメリカの唯我独尊を批判する

　ただ、その前に、アメリカのガソリンスタンドで表示されているガロン当たりの価格という問題について書いておきたい。体積を計量する度量衡として、オンス、ジル（ギル）、パイント、クォート、ガロンなどを、長さの単位として、インチ、フィート、ヤードなどを使うのは、「インペリアル・システム」と呼ばれる度量衡基準である。イギリスの植民地であったアメリカでは、「初期インペリアル」と呼ばれるシステムが導入されていたが、本国のイギリスは 1824 年の度量衡法で標準化をはかった。アメリカは独立後、初期インペリアルをベースにアメリカ標準を定めたが、イギリスとの間に微妙なズレがある。

　インペリアル・システムに対して、18 世紀にフランスで世界共通の統一単位の確立を目指して制定された「メトリック・システム」（メートル法）がある。1971 年にフランス議会で決議されたもので、地球の北極点から赤道までの距離の「1000 万分の 1」を 1 メートルに、1 立方デシメートルの水の質量を 1 キログラム、1 デシメートルの液量を 1 リットルとそれぞれ定めた。こちらは 10 進法でわかりやすいが、インペリアルはめちゃくちゃだ。1 フィートは 12 インチであり、1 ヤードは 3 フィート、1 ガロンは 4 クォート、1 オンスは 16 ドラム、1 ポンドは 16 オンスといった具合である。

　2024 年時点でメートル法を使っていないのは、アメリカ、ミャンマー、リベリアだけである（「インペリアルを使用する国 2024」を参照）。イギリスは公式にはメートル法だが、多くの場合、いまだにインペリアル単位を使っている。おそらくヘゲモニー国家であったイギリスはその影響力が弱まるにつれて、インペリアル法の継続使用が困難になったのに対して、ヘゲモニー国家の座から引きずり降ろされつつあるアメリカは、唯我独尊ともいえる不便な度量衡をいまでも使いつづけているのだ。

ちょっとした変化

　アメリカにも変化の兆しがある。2023 年 1 月 1 日、1893 年からの「アメ

リカの古い測量フット」（old U.S. survey foot）が廃止されたのだ。商務省のなかでアメリカの度量衡を定める権限を持つ国立標準技術研究所によれば、新しい度量衡を受け入れるかどうかは別として、1959 年に制定され、一部の州の測量士を除いて、ほぼすべての人が使用している、より新しく、より短く、わずかに正確な「国際フット」（international foot）だけになる。二つには、1 マイルあたり約 100 分の 1 フィート（0.12672 インチ）の違いがある。今日、GPS のようなグローバルな航法衛星システムのおかげで、すべての測定はマスター・グローバル座標系の一部となっている。したがって、国際フットへの一本化は標準化と精度への長い道のりの小さな一歩といえる。

　2020 年 8 月 18 日付の NYT によれば、1866 年には、連邦議会がメートル法の使用を全米で合法化し、メートルの長さを 39.37 インチに設定した。1875 年、アメリカはメートル条約の原加盟国 17 カ国の一つとなり、世界全体でメートル法の標準を確立することをめざした。1893 年、アメリカはインペリアル測地系と決別し、国家測地系調査所の前身である米沿岸測地系調査所のトーマス・メンデンホール所長（当時）の命により、正式にメートル法を採用したという。「インペリアル式に聞こえる寸法は、実際にはメートル単位から派生したものである」と、NYT は指摘している。36 インチを 3 フィートで割ると 1 フィート、つまり 12 インチになる。これを 1 メートルのインチ数で割ると 39.37 という数字になる。

　1959 年になると、アメリカは国際標準に合わせるためにフィートという単位を再定義し、旧フットとは 100 万分の 2 の差である一メートルの 0.3048 とした。この新しい尺度は国際フットと呼ばれるようになった。だが、ほとんどの州では、州の座標系に古いアメリカ測量フットの使用を義務づけられていたこともあり、長く 2 本立ての測量単位がつづいてきたのだ。

メートル転換の失敗
　ついでに、メートル法への転換が失敗した歴史についてもふれておこう。実は、ジェラルド・フォード大統領は 1975 年 12 月 23 日、1975 年メトリック（メートル）変換法に署名し、ついにアメリカがメートル法に変換することを連邦政府として公式に承認した。同法は、メートル法への自主的な転換を調整するため、17 人のメンバーからなる米メートル委員会（USMB）を設立したのだが、USMB は 1982 年にロナルド・レーガン大統領によって廃止され、現在は存在しない。そう、メートル法への移行に失敗したのである。

　この政策は、法の強制力によってではなく、社会の各部門の自主的かつ協調的な決定によって、メートル法への転換が進めようとしたものだった。そのため、アメリカの法律では、メートル法と慣習法たるインペリアル法のどちらの使用も認められていた。同法は後に1988年のオムニバス通商競争力法、1996年の建設省節約法、2004年のエネルギー省ハイエンド・コンピューティング活性化法によって改正され、主に連邦施設の建設におけるメートル法の使用を含め、連邦政府機関に対し、可能な限りメートル法に転換するよう指示した。にもかかわらず、メートル法は広がらなかったのである。

　アメリカは当時、ヘゲモニー国家として隆盛していた。しかし、そんな国でありながら、フォード大統領は貿易の円滑化に役立つメートル法への転換を促そうとした。現職の大統領としてはじめて訪日したフォードはすでに「繊維戦争」と呼ばれる貿易摩擦に直面していた。どうやら経済的ヘゲモニーの陰りをいち早く察知した措置がこのメトリック変換法であったとみなすことができる。実は、1991年7月25日、日米自動車摩擦などに悩まされていたジョージ・H・W・ブッシュ大統領も大統領令12770号を発出し、合衆国政府行政府の各省庁に対し、「合衆国貿易および通商のために好ましい度量衡制度として」メートル法を使用するため、「その権限の範囲内であらゆる適切な措置をとる」よう指示したことがある。どうやら、少なくとも経済的ヘゲモニーの陰りと度量衡制度は関係をもっているようにみえる。ただ、アメリカはあくまで連邦国家であり、強制力を働かせなければ、度量衡の変更は不可能だった。

　現在は各州の分断が強まっている。少なくともアメリカの経済的ヘゲモニーはフォード政権やブッシュ父政権時代よりも格段に弱まっているが、安全保障という不可思議な理由を錦の御旗として掲げることで、アメリカは「制裁」という恫喝による支配をつづけている。いまもアメリカは、安全保障上の理由から、中国につながるサプライチェーンの分離など、さまざまな要求をヨーロッパや日本などに突きつけている。アメリカの過去のやり口を熟知していれば、こんなアメリカを糾弾しなければならないことに気づくだろう。

2 石油をめぐるアメリカの戦略

　アメリカの石油や天然ガスにかかわる戦略について説明したい。まず、石油について解説し、天然ガスについては第三節で取り上げる。

アメリカのエネルギー戦略

　歴史的にみると、米政府は鉄道、自動車、航空機へと広がる交通手段の変化によって、それらを支える燃料が石炭から石油に移行しつつあり、石炭中心のイギリスに比べて石油中心のアメリカがその経済発展において優位にあったことをよく理解していた。ゆえに、米政府は同じ炭化水素のなかでも、石油をとくに重視する戦略をとってきたのである。

　炭化水素は、工業化、モータリゼーション、戦争の機械化にも不可欠な要素であった。さらに、石油は石炭に比べて運搬しやすいという特徴をもつ。加えて、シリンダーなどの機関内でガソリンなどを燃焼させてその燃焼ガスに仕事をさせる「内燃機関」は、石炭を燃やして走る鉄道の線路に縛られない自由な移動を可能にした。それだけではない。石炭は燃焼させて水を蒸気に転換して動力源とした。これでは、高い出力を得るのが難しい。内燃機関はガソリンや重油などを内燃機関（エンジン）で燃やすことで高い出力を得られるから、さまざまな軍備の動力源として利用するのに適していたということができる。

　なお、2021年12月8日、バイデン大統領は「連邦政府の持続可能性を通じたクリーンエネルギー産業と雇用の促進に関する大統領令」（14057号）を出す。「アメリカ最大の土地所有者、エネルギー消費者、雇用主である連邦政府は、電力、自動車、建物、その他の事業の建設、購入、管理方法をクリーンで持続可能なものに変えることによって、民間部門の投資を促進し、経済とアメリカの産業を拡大することができる」として、政府が率先して「ネット・ゼロ・エミッション」化に取り組むよう命じたものだ。ただ、「省庁の長は、戦闘支援、戦闘業務支援、軍事戦術もしくは救援活動、またはそのための訓練に使用される車両、船舶、航空機、または道路以外の設備、または関連する地上支援設備を含む宇宙飛行車輌を、本命令の規定から除外することができる」と規定されている。出力の高い内燃機関を利用した軍備を電気モーター

によって代替することは難しいのだ。

　ほかにも、石油は速度の向上をもたらす。たとえば、蒸気船の最高速度を向上させるには、より大型の石炭エンジンを製造するしかなかったが、一定以上のエンジンの拡大は、給炭用の人手をますます必要とするため、現実的ではなかった。「石炭と乗組員のための船内スペースの問題だけでなく、石炭のくべ手として働く意欲のある男性を見つけることは、低賃金で不快で危険な条件下での労働を伴うため、非常に困難だった」と、ローズマリー・ケラニックはその著書 Black Gold and Blackmail: Oil and Great Power Politics (Cornell University Press, 2020) のなかで指摘している。もちろん、石油はそれを燃料とする航空戦力を可能にし、戦闘機は貨物輸送も担えるようになる。

　第二次世界大戦後に勃興した石油化学産業が合成ゴムの世界的な主要供給源となったという果実ももたらした。石油化学製品から開発された肥料の普及を通じて「緑の革命」の先陣を切ることもできた。

アメリカの石油戦略

　地政学の研究者アナンド・トプラニが 2021 年に公表した「炭化水素と覇権主義」という興味深いタイトルの論文では、「アメリカのヘゲモニーは1948 年以降にほぼ消滅した、単なる自給自足以上のものに依存していた」と指摘したうえで、アメリカ国内の大規模な産業は、市場と新たな供給源の両方を求めて海外に拡大する余力を生み、それが「アメリカの外交官たちに、ラテンアメリカにおけるアメリカの優位性と、かつてはアメリカにとってわずかな関心しかなかった地域（ペルシャ湾など）の萌芽的な石油生産者に対する影響力を強固なものにする動機を与えた」と記されている。

　アメリカ政府は石油資源の重要性に気づき、潜在的なライバルの石油へのアクセスを制限する必要性をよく知っていた。ゆえに、1941 年、米政府はアメリカにある日本の口座を凍結し、正式な禁輸措置をとらなくても日本の石油へのアクセスを事実上遮断することができたのだ。

　第二次世界大戦以降の世界の貿易体制を、基軸通貨ドルと財・サービスとの交換取引とすることで、石油の国際取引においてもドル決済がなされるようになる。しかも、ドルの価値を維持するために国際通貨基金（IMF）を設けて、ドルの基軸通貨としての役割を保証するための国際協力体制（ブレトンウッズ体制）も構築される。こうして、1971 年のドルの兌換停止や、1971 年から 1973 年にかけてのブレトンウッズ体制の崩壊後も、外国の中央銀行

や民間銀行は準備金としてドルを保有しつづけた。石油取引にドルが使われることがアメリカの通貨ドルの信用を高める効果を果たしていたのである。

　石油は石炭と異なり、その採掘地は比較的少数の地域に偏在している。このため、アメリカは国内油田に加えて、海外から安定的に石油を輸入できる体制を築こうとする。アメリカに近い北米とメキシコ湾とカリブ海については比較的問題は少なかったが、中東については、1980年1月にカーター大統領が発表した一般教書演説のなかで、「アメリカは、ペルシャ湾における国益を守るため、必要であれば軍事力を行使する」とのべた。これがいわゆる「カーター・ドクトリン」だ。ペルシャ湾地域への覇権拡大を模索し、1979年12月にアフガニスタンに軍事介入したソ連への牽制を意味していた。もちろん、それ以前にも、①1952年に自由将校団をひきいて王政を倒し、エジプト共和国を樹立するエジプト革命を成功させたガマール・アブドゥル＝ナセル、②米資本と結んで石油資源の開発などを進め、その利益を独占する開発独裁の体制をつづけていたパフレヴィー2世を1979年に打倒したイスラム教シーア派の最高指導者ホメイニ師 —— などへの対応といった混乱があった。

　本書では、こうした石油争奪の実態分析は割愛する。もっと新しい事態について説明したいからである。ここでは、前述したケラニックが本のなかで指摘している、つぎのような理解があれば十分だろう。「冷戦時代、石油が豊富なアメリカでさえ、ソ連がペルシャ湾を制圧して西側諸国への輸出を遮断し、NATOがヨーロッパでの通常戦争に勝てなくなることを懸念していた。ソ連を抑止するため、アメリカはイランやサウジアラビアのような友好的な中東産油国に安全保障を提供するという、同盟に基づく間接的なアプローチをとった」というのがそれである。

シェール革命

　原油価格の変動はたとえばソ連崩壊の重大な要因になったり、アメリカの覇権の復活の要因になったりしている。ロシアの場合、ソ連崩壊の主因が原油価格の低迷であったことは間違いないだろう。食料品の輸入を賄うために重要な役割を果たしてきた原油輸出による外貨収入が先細りとなったことがソ連の国力を削ぐ結果をもたらしたのである。ソ連の後継国家、ロシア連邦になってからも、原油輸出による外貨収入は石油輸出税などを通じた国家財政の主要な歳入源泉の一つなっていることから、原油価格の動向がロシアに

影響はいまでも重大である。天然ガスについても、欧州向けガスの輸出価格が石油製品の価格に連動して決められてきたため、石油価格の下落はガス輸出価格の低下、ひいては税収の減少につながり、ロシア政府の政策決定に影響をおよぼすことになる。

　これに対して、いわゆる「シェール革命」（「シェール」［Shale］と呼ばれる種類の岩石層に含まれている石油や天然ガスを水圧破砕と水平掘削の技術開発によって掘削できるようになった）によって、アメリカの原油確認埋蔵量は2017年末で500億バレルにのぼり、2007年末の305億バレルから1.6倍も増えた。その結果、アメリカは2015年12月、原油輸出の禁止を解禁する法案を制定するに至る。こうして、アメリカは原油輸入のために中東産原油への過度の依存からの脱却という課題から解き放たれたことになる。加えて、シェールガスの増加で、これを液化天然ガス（LNG）化して輸出することも可能になった。原油とLNGの輸出によって、エネルギー資源を「武器」に新たな外交を展開することができるようになったのである。

　この変化こそ、世界全体の地政学上のバランスに大きな変化をあたえる契機になっている。シェール革命は、アメリカによる原油輸入の急減、原油輸出の逓増という現象を引き起こしている。これは、アメリカの貿易収支の改善をもたらしているのだが、中国にとっては原油輸入先の多様化につながり、しかもより安い原油調達を可能にしている。詳しくみてみると、シェールオイルは軽質低硫の良質原油なため、まず、東南アジアからの軽質低硫原油の輸入が減らされた。シェールオイルが代替したのだ。中質原油も減り、反面、重質高硫黄原油の輸入は増加した。国内製油所は精製プラントの効率を引き上げるため、原油常圧蒸留装置（CDU）の能力改善が必要になる。具体的には、CDUの機器の構成・配置・構造・機能などの調整に迫られる。もちろん、シェールオイルをそのまま輸出することも可能だが、そのためには海外の製油所が精製効率の高いプラントを用意しなければならなくなる。

シェールオイル

　2010年以降、いわゆる「アラブの春」の到来が中東や北アフリカに混乱をもたらした際、あるいは、2015年にイエメンで内戦が勃発し、サウジアラビアとイランの介入でアラビア半島の情勢が悪化したし、2019年9月、サウジアラビア国営石油会社、サウジアラムコの石油インフラが攻撃されたときでさえ、シェールオイルの供給は原油市場の安定化に役立った。2023

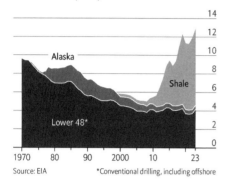

図Ⅱ-2　アメリカにおけるシェールオイルとアラスカおよび 48 州での在来型石油生産量の推移（単位：100 万バレル／日）
（出所）https://www.economist.com/special-report/2024/03/11/why-oil-supply-shocks-are-not-like-the-1970s-any-more

　年 1 月 16 日付の WSJ には、「シェールオイルの急成長は、燃料価格を低く抑えることで世界経済に大きな刺激を与え、自国の有権者への経済的打撃を恐れることなく、イランやベネズエラの石油資源の豊富なライバルに対抗するためにワシントンの手を自由にした」と書かれている。アメリカの石油生産量の増加により、アメリカは原油輸出国となり、石油製品の純輸出国となり、石油輸入を世界の政情不安定な地域に依存しなくなったのは事実だろう。**図Ⅱ－2** はアメリカにおけるシェールオイルの生産増加ぶりをよく示している。

　しかし、前述したトプラニは、「「シェール革命」による米国内石油生産の復活は、アメリカの地政学的支配の新時代を予感させると考えるかもしれないが、それは未来が過去を模倣すると仮定した近視眼的な視点である」と指摘している。なぜなら、実際にはシェールオイルの採掘コストは比較的高く、安定的なシェールオイルの増産は難しいからだ。

　それは、時間の経過とともに生産量が減少する程度を示す油田の逓減率が高いことに原因がある。趙玉亮著「米シェールオイルの現状および今後の注目点」によれば、アメリカのシェールオイルの 2 大産地の 3 年後の逓減率はそれぞれ 85％と 79％であり、「すなわち 3 年後の生産量は生産開始年の 2 割程度にしかならない」というのである。在来型油田の逓減率は 5 〜 6％にす

ぎないことを考慮すると、シェールオイルを増産しつづけるためには新規投資を継続することが不可欠となる。だが、そのためには、石油市場での価格が高水準を維持することや低金利が前提となる。こうした前提が崩れると、シェールオイルの生産は急激に減少しかねない。たとえば、2023 年 6 月の国際エネルギー機関（IEA）「石油市場報告」によれば、アメリカのシェール補修の伸びが半減するため、「2024 年には増加幅が 190 万 b/d から 120 万 b/d に縮小すると予想される」という。

シェールオイルをめぐる暗闘

　国別原油生産量のシェアの推移を示した図Ⅱ -3 からわかるように、2018 年にアメリカの原油生産量はロシアやサウジアラビアを追い越し、世界第一位の産油国となる。シェールオイルが石油市場全体におよぼした影響力の大きさが想像できるだろう。ロシアは 2016 年の段階でサウジアラビアを中心とする石油輸出国機構（OPEC）と提携し、活況を呈するアメリカのシェール生産量を相殺しようとした。「OPEC プラス」の誕生だ。その戦略は原油価格を低く抑えることで、生産コストの割高なシェールオイルの生産が採算に合わないように誘導することで、シェールオイル産業を叩き潰そうというものだった。

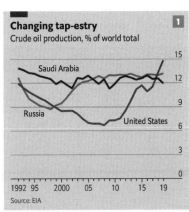

The Economist

図Ⅱ -3　各国別原油生産量の世界全体に占める割合（％）の推移
（出所）https://www.economist.com/briefing/2020/04/08/an-unprecedented-plunge-in-oil-demand-will-turn-the-industry-upside-down

図Ⅱ-4の原油価格の推移が示すように、シェールオイルの供給増加は原油価格の下落を引き起こしていた。ロシアはこの下落を加速させることでシェールオイルを窮地に追い込もうとしたわけだ（シェールオイルの場合、その生産量を増減することが難しい）。だが、原油価格の低迷は原油輸出国の収入減少を招くから、サウジを中心とするOPECの利害と、ロシア主導のOPECプラス（アゼルバイジャン、バーレーン、カザフスタン、マレーシア、メキシコ、オマーンなどが参加）の利害、あるいはOPEC内部やOPECプラス内部の利害は必ずしも一致しない。

　サウジアラビアの場合、2015年に父サルマンが第七代国王に即位し、首相を兼ねると、サルマンが発した勅令により、ムハンマド・ビン・サルマンは国防大臣などのポストに就き、さらに、廃止された最高経済評議会の後継機関となる経済開発評議会の議長に就任し、軍事に加えて経済政策でも実権を得ていた。彼は皇太子としての実権を固め、2016年4月には「サウジ・ビジョン2030」を発表する。経済の非炭化水素部門の発展を前提とするこのビジョンの実現には、莫大な財政資金が必要となるため、採掘コストの低いサウジとしても、あまりに低価格の原油価格には耐えられない事情があった。

　こうしたなかで、2020年にCOVID-19によるパンデミックで世界経済が縮小に向かうと、大きな混乱が起きる。すでに、2019年のシェールオイルの倒産件数は、2018年に比べて50％も急増しているなかで、2020年に入って、

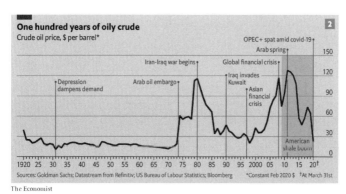

The Economist

図Ⅱ-4　原油価格の推移（＄/b）
（出所）https://www.economist.com/briefing/2020/04/08/an-unprecedented-plunge-in-oil-demand-will-turn-the-industry-upside-down

さらなる原油価格の下落が起きたのだ。

　シェールオイルの脆弱性は 2020 年の石油価格の大暴落で顕在化した。年初、北米の原油指標、WTI 先物価格は 60 ドル弱ではじまったが、COVID-19 によるパンデミックが世界経済に与えた打撃から、3 月から 4 月にかけて大暴落した。6 月以降は 40 ドル前後となり、シェールオイル関連会社の倒産が相次いだのである。

　2020 年 4 月、大統領選を控えていたトランプ大統領は 3 月の暴落後、サウジとロシアに原油価格を引き上げ、アメリカの石油部門を救済するように懇願せざるをえなくなる。実は、2020 年春には、OPEC プラスに加盟していないカナダ、ブラジル、ノルウェーなどの石油大国は、アメリカとともに減産をつづける姿勢を示していた。だが、3 月、ロシアがサウジや他の OPEC 生産国が推進する削減を拒否したことから価格暴落がはじまる。これに対し、サウジは日量 300 万バレルの増産を行い、市場に溢れさせるとのべ、「捨て身」の行動に出る。需要が減少するなかで、こんなことをすれば、当然、原油価格は急落した。だからこそ、トランプの説得工作が必要となったのである。

　同月、トランプは、アメリカの石油会社の原油を買い取り、政府の戦略備蓄に保管することで、さらに石油会社を支援しようと、7700 万バレルの買い取りを議会に提案する。しかし、民主党が支配する下院は 30 億ドルの拠出を否決した。こうしてトランプは自ら積極的に懇願せざるをえなくなる。

　2020 年 4 月 12 日付の NYT によれば、OPEC、ロシア、OPEC プラスとして知られる他の連合生産者による計画として、同年 5 月と 6 月に日量 970 万バレル、世界の生産量の 10% 近くの削減が合意された。合意は、トランプ大統領、サウジのムハンマド・ビン・サルマン皇太子、ロシアのプーチン大統領が「一週間以上にわたって電話で話し合った結果だった」と NYT は書いている。交渉が複雑化したのは、4 月 9 日に合意された暫定協定をメキシコが拒否したときことによる。結局、最終合意された削減量は、このときの削減量よりも若干少なくなった。ともかく、この合意の成立で、「中東やアフリカの苦境にある経済や、1000 万人の労働者を直接・間接的に雇用している米企業を含む世界の石油企業にいくらかの救済をもたらすだろう」と NYT は指摘した。

　The Economist の報道によれば、2020 年 4 月の時点では、ロシアは「1 バレル 42 ドルの原油で財政を均衡させることができる」とみられていた。合意後、原油価格は 40$/b 前後に回復したから、ロシアは一息つけたし、米国

内のシェールオイル投資を支えることもできた。問題はサウジだった。サウジの操業コストは 1 バレル 3.20 ドルと低く、アメリカの約 3 分の 1 であるとみられている。しかし、サウジ経済を石油から多角化するための経済改革、「ビジョン 2030」は進行中であり、予算調達のために 1 バレル 84 ドルの価格を必要としていた。サウジはこれ以後、自国生産量の抑制によって財政を圧迫されることになる。

バイデン政権の石油戦略

　サウジへの「恩義」を感じていたトランプが大統領選で敗北し、バイデン政権が誕生したことで、アメリカとサウジ、さらにロシアとの石油をめぐる関係が複雑化する。トランプは 2020 年 9 月 15 日、イスラエルとアラブ首長国連邦（UAE）とバーレーンの二つのアラブ諸国との正式な関係を樹立する協定の調印式をホワイトハウスで主宰した。サウジは間に合わなかったが、1979 年のエジプトに続き、1994 年にヨルダンがイスラエルとの関係を正常化させて以来、この合意は三番目と四番目のアラブ諸国を実現させた。具体的には、アメリカ、イスラエル、UAE、バーレーンの 4 カ国は、イスラエルとその周辺の土地に根づいている三つのアブラハム宗教にちなんで名づけられた「アブラハム協定」に署名し、その後、二つのアラブ諸国はイスラエルと 2 国間協定を結んだ。同年 10 月にスーダン、同年 12 月にモロッコも国交を正常化した。

　だが、こうした歴史的変化にもかかわらず、2021 年 1 月に大統領に就任したバイデン大統領の対サウジ政策は冷たいものだった。バイデン政権は、2018 年 10 月のサウジの反体制派、ジャマル・カショギがイスタンブールのサウジ領事館内で殺害され、それを承認したのがムハンマド・ビン・サルマン皇太子であるとする CIA 報告書を公開し、サウジへの武器供与などを見直す動きをみせる。

　サウジとの関係が悪化するなかで、バイデン政権の目立った石油政策といえば、露骨な市場介入主義である。不思議なことに、この「反市場主義」を批判するマスメディアは日欧米にきわめて少ない。まず、バイデン政権は戦略石油備蓄（Strategic Petroleum Reserve, SPR）の放出によって市場価格への介入を実施している。米政府は 2021 年 11 月、戦略石油備蓄から 5000 万バレルを二つの方法（① 3200 万バレルは今後数カ月間の交換で、いずれ戦略石油備蓄に戻る石油を放出する、② 1800 万バレルは、議会が以前に許可した石油の売

却を今後数カ月に前倒しする）で放出すると発表した。結局、バイデン政権は2022 年に過去最高の 2 億 2100 万バレルを売却した。

　もう一つのバイデン政権の政策は、米政権が SPR に補充する原油を購入し、「安定した増産需要があることを産業界に確信させる」ために、1 バレルあたり約 67 〜 72 ドルの価格帯を指定し、事実上原油価格に下限を設けようとしていることがあげられる。こちらは、シェールオイルへの投資を下支えするための政策だ。

　バイデンにとって深刻なのは「シェール革命の終焉」だろう。2023 年 1月 16 日付の FT は「アメリカのシェール革命の終焉が世界にもたらすもの」という記事を公表した。高コストと労働力不足で、国内の投資家はシェールオイル開発のための油田への再投資ではなく、投資家への利益還元を求めており、「原油価格が長期平均をはるかに上回る 1 バレル 80 ドル台になっても、シェール生産者たちは資本投下を恐れている」というのだ。そのうえ、「新しい油井から採掘される原油の量は減っている」から、投資に慎重になる。

　こうした国内のシェールオイル事業者の厳しい状況から、「シェール革命の終焉」が指摘されるまでになっているのだ。記事では、「シェールオイル事業者たちは、ホワイトハウスからの再三の石油供給の要請にもかかわらず、資本抑制を堅持した」と指摘されている。今後、アメリカのシェールオイルの生産量は頭打ちとなる可能性が高い。そうであるならば、いまのうちから中長期的な石油確保戦略が必要となる。だが、バイデン政権の対応は場当たり的で先行きが不透明だ。

　バイデン政権は 2023 年 3 月 13 日、環境と気候に影響をおよぼす可能性が高いという理由で広く反対されているにもかかわらず、アラスカの巨大石油掘削プロジェクト「ウィロー」を正式に承認した。掘削プロジェクトは、北極圏の北約 200 マイルに位置する石油保護区の内部で行なわれる。80 億〜 100 億ドル規模のウィロー・プロジェクトは石油大手コノコフィリップスが主導しており、30 年間で 6 億バレル以上の原油を生産する可能性がある。NYT には、この原油をすべて燃やすと、約 2 億 8000 万トン近い二酸化炭素が大気中に放出されることになると書かれている。これは、「年 200 万台近くの自動車を道路に追加するのと同じことである」としている。バイデンは環境保護よりも、シェールオイルの逓減に備えようとしていることになる。

対ロ制裁の「嘘」

　バイデン政権は 2022 年 2 月のロシアによるウクライナへの全面侵攻に対する対ロ制裁として、2022 年 3 月 8 日以降、バイデン大統領の宣言により、米国はロシアの石油・ガスなどのエネルギー資源の輸入を停止した。同年 5 月 30 日、欧州委員会は第六次制裁措置の対象にロシアから加盟国に搬入される原油および石油製品を加えることで合意する。ただし、パイプライン(PL)搬入原油については一時的に例外とする。その後、ロシア原産の原油および石油製品の海上輸送を支援するサービスの世界的禁止が決まり、原油および石油製品が G7 メンバーおよびその他の参加国からなる実施連合によって設定される価格上限以下で購入する場合にのみ当該サービスの提供を許容することになる。その結果、12 月 2 日、G7、EU、オーストラリアはロシアの石油価格の上限を 1 バレルあたり 60 ドルとし、12 月 5 日から導入した。2023 年 2 月 5 日から石油製品への上限価格が導入された。

　この経過をみると、アメリカはロシアの外貨収入源である石油輸出に打撃を与えることで、ロシア経済に損失を与えようとしているようにみえる。だが、この制裁はロシアがインドや中国などに輸出できなくなった石油を輸出することで事実上、大きな打撃をおよぼしてはいない。政治的には、ロシアに厳しい姿勢をとっているようにみえても、実際には、「生ぬるい」対応しかしていないのだ。

　たとえば、**図Ⅱ-5** に示したように、インドは 2022 〜 23 年に大量の原油をロシアから輸入するようになる。2023 年にインドの石油消費量の 90% 近くは海外から調達された。うち約 34% はロシアからの輸入だ。ロシア産原油の割引率は、2023 年初めの 20% から 12 月には 5% 程度へと、時間の経過とともに縮小しているが、それでもインドの石油輸入に大きな節約をもたらしている。「インドの石油省は、インドとロシアの貿易がなければ、世界の原油価格は 1 バレルあたり 30 〜 40 ドルも高騰していただろうと主張している」と The Economist は書いている。アメリカはインドにロシア産原油を購入するなと脅すことができたのにそうしていない。それだけアメリカの影響力が弱まっているとも考えられるし、そもそもこの制度が政治的なアピールにすぎなかったのではないかとさえ思えてくる。

　他方で、中国も 2023 年に 1 億トン以上のロシア産原油を輸入した。ただし、

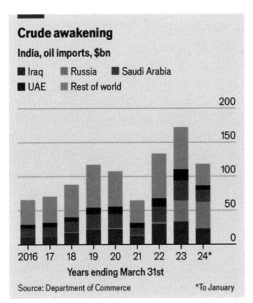

図Ⅱ-5　インドの石油輸入の構成国別推移（単位：１０億ドル）
（出所）https://www.economist.com/asia/2024/04/11/how-indias-imports-of-russian-oil-have-lubricated-global-markets
〔備考〕2024 年：下からイラク、ロシア、サウジアラビア、UAE、その他。

　これは戦前の年間購入量を大きく上回るものではない。重要なことは、「も
し中国がロシア産原油の輸入を止め、代わりに他国から購入すれば、間違い
なく国際原油価格を押し上げ、世界経済に大きな圧力をかけることになる」
と想像することである。つまり、アメリカは対ロ制裁を厳しく行っているそ
ぶりはみせたいが、本当は原油価格の高騰で世界経済、とくに米国内の経済
が打撃を受けることを恐れているのだ。
　とくに、2024 年 11 月の大統領選を控えているため、バイデン政権は国内
のガソリン価格上昇を恐れている。このため、不可解な事態が起きている。
それは、ウクライナ軍の無人機によるロシア内の製油所攻撃に対して、米政
府が停止するよう求めていることだ。2024 年 4 月 15 日付の WP によれば、
ウクライナの長距離攻撃は、2024 年 1 月以来 12 以上の製油所を襲い、ロシ
アの石油精製能力の少なくとも 10％を停止させた。実は、カマラ・ハリス
副大統領は 2 月のミュンヘン安全保障会議でゼレンスキーと個人的に会談し
た際、ロシアの石油精製所を攻撃することは、世界のエネルギー価格を上昇

させ、ウクライナ国内でのより攻撃的なロシアの報復を招くと伝えた。その数週間後、3月にキーウを訪問したジェイク・サリバン国家安全保障顧問をはじめ、米国防省や情報機関の高官はこの警告を強化した。

製油所攻撃へのアメリカのこうした反対は、ウクライナの政府高官を怒らせた。彼らは、攻撃がロシアの侵略の代償を高めるために必要だと考えきたし、その姿勢は変わっていない。NYT によれば、2024 年 3 月 12 日と 13 日、ウクライナの無人偵察機はロシアの製油所 4 カ所を攻撃した。さらに、4 月 2 日にはウクライナから約 1300 キロ離れたロシア第三の製油所を攻撃するなど、ロシアのさまざまな施設を攻撃し、戦略を倍加させた。ウクライナはアメリカ側の警告を公然と無視したのだ。この結果、ロシアのディーゼルやガソリンなどの精製燃料の生産能力は低下、「世界第 3 位の産油国をガソリンの輸入国に変えた」と The Economist は書いている。

The Economist によると、ウクライナはすでに航続距離 3000 キロの無人機を開発済みであり、シベリアまで届く。石油インフラを狙うのは停止したようだが、一時的なものにすぎないという見方もある。現に、ウクライナの無人偵察機が 5 月 1 日夜、ロシアのリャザン、ヴォロネジ両州の製油所を攻撃したとの情報がある。

近視眼的なバイデン政権の対応：対サウジアラビア

2022 年 2 月 24 日からはじまったウクライナ戦争によって、原油価格が 1 バレル 130 ドル以上まで高騰したことで、バイデン政権は対サウジアラビア政策を見直さざるをえなくなる。原油価格の高騰は産油国にとっては喜ばしい事態かもしれないが、アメリカのように大量消費国でもある場合、原油上昇はガソリンなどの石油製品の価格上昇を招き、国内経済に悪影響をおよぼす。とくに、ガソリン価格の上昇はバイデン政権の無策への批判に直結し、2022 年 11 月の中間選挙への打撃が懸念されるようになる。ゆえに、バイデンはサウジに対してすり寄らざるをえなくなる。2022 年 7 月、バイデンはしぶしぶリヤドを訪問する。だが、その成果はわずかであり、むしろサルマン皇太子と会談したこと自体が人権擁護派から厳しく批判された。

このサウジと米国の関係悪化は 2022 年 10 月 5 日に表面化した。ロシアとサウジアラビアを中心とする産油国連合が同日、日量 200 万バレルの石油生産を削減すると発表したためだ。パンデミックがはじまって以来、石油生産目標を削減するのは今回が初めてとなる。しかも、11 月の中間選挙を目前

にした発表であり、OPEC プラスは、減産は 11 月に発効するとした。この発表によって、原油価格は上昇した。それは、国内のガソリン価格の上昇につながり、選挙に悪影響をおよぼす懸念を高めた。結局、11 月 8 日の中間選挙では、反中絶キャンペーンのおかげで大敗を免れることに成功する。

　バイデン政権の対サウジ政策が行き詰まるなかで、中国は 2023 年 3 月 10 日、中国政府の仲介のもとで、中東における主要な軍事的・政治的敵対関係にあったイランとサウジが 2016 年 1 月に断絶した国交を回復することに合意したと北京で発表する。両国は 2 カ月以内に互いの首都に大使館を開設する。この発表は、イランの最高国家安全保障会議書記アリ・シャムハニ少将、サウジの国家安全保障顧問ムサイード・アル・アイバン、中国共産党中央委員会外事弁公室主任の王毅が署名した 3 カ国共同声明でなされた。これは、中東地域における中国外交の勝利であり、石油資源の重要性をよく認識している中国が中東地域への影響力の拡大に確実に乗り出していることを印象づける結果となった。

　逆に、国内のシェールオイル生産量の増加で、相対的に重要性の薄れた中東地域でのアメリカのヘゲモニー確保については、2024 年 4 月現在、依然として不透明な状況にある。アメリカは近年、①イスラエルをアラブ諸国に近づけることで同盟国ブロックを強化する、②イランを最終的に孤立させる――という二つを基本戦略としてきた。しかし、2023 年 3 月のイランとサウジの国交回復で、②の戦略は失敗したことになる。さらに、2023 年 10 月 7 日からはじまったパレスチナの武装勢力ハマスによるイスラエル侵攻、それに対して行われたガザ地区やヨルダン川西岸地区でのイスラエル軍の過剰防衛ともいえる攻撃で、①も絶望的な状況になっている。

　ただし、サウジアラビアの出方は不明である。2023 年 6 月 17 日付の NYT によれば、同月サウジを訪問し、サルマン皇太子と長時間の会談を行ったアントニー・ブリンケン国務長官は、リヤドを離陸した直後、イスラエルのベンヤミン・ネタニヤフ首相に電話をかけた。ブリンケンは 40 分以上にわたってネタニヤフ者にサルマンがイスラエルとの国交正常化を求めている重要な要求について説明したという。

　ここで問題になるのは、ムハンマド皇太子が、①アメリカとの安全保障関係の強化、②より多くのアメリカ製兵器へのアクセス、③民生用核プログラムの一環としてウラン濃縮を行うことへのアメリカの同意――を求めている点である。サウジとしては、イスラエルとの関係正常化にはサウジ国内の

反イスラエル感情を抑えるために大きな譲歩を得ることが大前提となる。ただし、アルジェリア、レバノン、チュニジアのような国々では、世論が納得するかどうかはまったくわからない。クウェートやカタールの首長たちも、サウジ路線に舵を切るかどうかは不透明であり、パレスチナ情勢が悪化し、イスラエル周辺へと戦闘が広がれば、反イスラエル感情は高まるばかりとなるだろう。

2024年の大統領選が控えているバイデンにとって、人権侵害の元凶であるサルマン皇太子寄りの政策選択は支持者の喪失につながる可能性がある。他方で、中国政府からみると、サウジとの関係強化をはかりながら、長期的に石油資源を確保するためであれば、ウラン濃縮技術を提供することも厭わないだろう。

2024年1月9日、ブリンケン国務長官とサウジ大使は、「イスラエル政府がガザ住民の苦しみを和らげ、パレスチナ人を国家樹立への道へと導くならば、サウジがイスラエルを外交的に承認する可能性があると断言した」と、NYTが報じた。だが、4月1日にシリアのダマスカスでイスラム革命防衛隊の司令官グループがイスラエルによる空爆で殺害されたことで、事態は急速に悪化する。イスラエルは4月13日夜、イランから建国以来初の大規模な攻撃を受ける。砲撃はイラン、イラク、シリア、イエメンを含む複数の国から行われた。イランはこの空爆で170機の無人機、30発以上の巡航ミサイル、120発以上の弾道ミサイルを発射した。ただし、入念に仕組まれたこの猛攻撃は、米、仏、英国を含む国際連合と中東諸国の支援によって撃退され、被害は限定的だった。このため、イスラエルの被害は最小限にとどまった。だが、この報復に対して、イスラエルの戦時内閣はさらなる報復に出ることを決めた。4月19日夜、イランの防空網は、イスファハン郊外での無名航空機による攻撃を撃退したという。ただ、その被害は限定的だった。

供給側をみると、OPECプラスとして知られる産油国グループは石油供給制限を継続している。3月には、同グループは、日量220万バレルの自主減産を6月末まで延長することで合意した。ロシアはさらに47万1,000b/dの減産を深め、生産量を戦前の1,080万b/dから900万b/dに減らすと発表した。4月3日のグループの閣僚委員会（JMMC）のオンライン会合でも、市場と加盟国の減産実施状況を確認した。この時点では、価格が大幅に上昇しない限り、これらの減産がすぐに緩和されることはないだろうということが市場に浸透しつつある。6月上旬には、OPECプラスの閣僚がウィーンに集まり、

市場に投入する原油量を決定する予定である。メンバーの中には増産を望む者もいるだろうが、サウジは抵抗するとみられている。ただ、2024年4月17日付 The Economist によると、アメリカのガソリン価格はすでに1ガロン3.60ドルとなっており、4ドルに近づきつつある。

ベネズエラへのアメリカの「宥和」策

　他方で、バイデン政権は2022年11月、ベネズエラのニコラス・マドゥロ政権と野党が、ベネズエラ国民に人道支援を提供するための国連管理基金を設立するための広範な「社会的合意」に署名したことを受け、ベネズエラに対する石油制裁の一部を緩和した。マドゥロ大統領と、アメリカが支持しフアン・グアイドが率いる派閥を含む野党の代表が11月26日にメキシコシティで合意に達したことから、米財務省は、シェブロンにベネズエラでの石油採掘事業を限定的に再開するライセンスを発行することを決めた。

　大統領選モードに突入したバイデン政権は、2023年10月19日、米財務省外国資産管理局（OFAC）が石油、ガス、金部門に関連するものを含む、対ベネズエラ制裁の一部を停止する四つの一般ライセンスを発行した。米財務省によると、これは同月17日、ベネズエラの野党「ベネズエラ統一綱領」と、アメリカが2019年からのベネズエラの正当な大統領と認めていないマドゥロとの間で、2024年7月28日に予定される大統領選に向けたロードマップに関する合意に調印したのを受けたものだ。アメリカはベネズエラの石油・ガス部門に関わる業務を6カ月間許可した。

　これからわかるように、バイデン政権は、米国内のガソリン価格上昇を招く事態にならないよう、石油需給の緩和に真剣に取り組む姿勢をみせている。ベネズエラへの「宥和」策もその一環だ。ただ、2024年になって問題が生じている。2023年10月の野党代表選で92％の得票率で勝利した人気の保守派指導者、マリア・コリーナ・マチャドに対して、1月27日、最高裁が15年間政治的役職に就くことを禁止する決定を下したためだ。マドゥロ政権は、彼が任命した最高裁が認めた汚職疑惑を理由に、主要野党連合が選んだ候補者マリア・コリーナ・マチャドの大統領選挙出馬を禁止した。これを受けて、1月29日、米財務省は、ベネズエラの国営鉱山会社ミネルベンと取引する米企業は2月13日までに同社との関係を断ち切るよう命じた。さらに1月30日、米国務省は、大統領選への野党勢力の参加を認めないかぎり、ベネズエラからの石油や天然ガスの輸入などに対する半年間の期限付き認可を期

限の 4 月 18 日に更新しないと発表するに至る。

　3 月 25 日、マドゥロ大統領は全国選挙評議会本部で、7 月 28 日に予定されているベネズエラ大統領選挙の候補者であることを表明した。これに対して、マチャドは候補者として登録できず、彼女が選んだ代替候補も登録を阻止された。最後の最後で、野党連合は元ベネズエラ外交官のエドムンド・ゴンサレスという暫定候補を登録することに成功した。ベネズエラの野党は、すべての派閥が支持できる統一候補に合意しようとしている。政府が許可すれば、野党は 4 月 20 日までにゴンサレスの代役を提案する予定だ。

　米国防総省は 4 月 17 日になって、マドゥロ大統領が、7 月の選挙で野党の候補者や政党の出馬を認めるという、アメリカとの合意に従わなかったため、バイデン政権はベネズエラに対する石油・ガス制裁を再び発動すると発表した。ただ、財務省は同日、国際石油会社を含むベネズエラで操業している企業に対し、5 月 31 日までベネズエラでの操業を縮小するために新たな限定的ライセンスを発行した。大統領選を前に、バイデン政権はアメリカ国内で大きな問題となりかねない課題に対して、「穏便」に対処することを前提にしながらも、結局、厳しい選択をとることで、アメリカ国内の人権派に配慮したようにみえる。

ベネズエラ物語

　他方で、ベネズエラはガイアナとの領土問題で強気の姿勢を示している。ここで、この問題について「ベネズエラ物語」としてロシアの報道をもとに紹介しよう。

　この問題の歴史は少なくとも 1899 年の仲裁協定締結までさかのぼる。イギリス領ギアナ（当時は植民地）とベネズエラは国際仲裁を通じて紛争を解決しようとした。ベネズエラの仲裁人代表はアメリカ、ギアナの仲裁人代表はイギリスであった。その裁定では、エセキバ川流域の 90％以上がイギリス領ギアナに割り当てられ、残りの領土はベネズエラに割り当てられた。

　1897 年のワシントン条約に基づき、両当事者は仲裁人の裁定を承認する義務があった。しかし、1962 年になると、ベネズエラはこの裁定を違法と宣言する。1966 年、ベネズエラとイギリス（ガイアナ独立前）は紛争の平和的解決をはかるため、ジュネーヴ条約に調印する。平和が一時的に訪れたが、2015 年、ガイアナで 30 以上の油田が発見されたことを受け、紛争が再開する。2018 年、ガイアナは国連国際司法裁判所（ICJ）に 1899 年の仲裁裁定を確認

するよう求めた。

　ベネズエラ当局は2023年4月、ICJがこの問題を管轄下に置くと結論づけたことで、領土問題の深刻さに気づく。11月、ベネズエラ政府は12月3日に国民投票を実施する予定であることをICJに伝えた。12月1日、ICJはベネズエラに対し、この地域の現状を変えようとする試みを放棄するよう勧告した。だが、エセキボ併合に関する国民投票は行われた。ベネズエラ国家選挙委員会によると、投票権をもつ国民の半数以上、1040万人が参加した。95％が賛成した。①エセキボをガイアナ（当時は英領ギアナ）に与えた1899年のパリ仲裁の不承認、②ガイアナとベネズエラの紛争を解決する唯一の合法的手段としての1966年のジュネーヴ協定の承認、③紛争解決の場としてのICJの非承認、④ガイアナの海洋境界線の不承認、⑤ガイアナ＝エセキボという新国家の創設と、その領土に住む人々へのベネズエラ国籍の付与――が決められた。

　ガイアナのイルファーン・アリ大統領は、国民投票の結果が発表される前から、このような行動を侵略とみなし、カラカスに譲歩しないことを同胞に約束したとのべた。

　12月6日、ベネズエラ大統領はエセキバに「統合防衛地帯」を宣言し、エセキバ沖で操業している石油会社に対し、3カ月以内にすべての活動を停止するよう求めた。大統領は国の軍隊を動員した。同日、ガイアナ国防省は、攻撃ヘリコプターがベネズエラ国境近くのアラウ村から約50キロの地点で消息を絶ったと発表する。同軍は、ベネズエラ軍がこの事件に関与しているかどうかはわからないとのべる。両国の外相は（ガイアナの要請により）電話会談を行い、領土問題について話し合い、外相は外交ルートをオープンにしておくことで合意する。

　12月7日、南米の統合組織である南米南部共同市場（メルコスール）の加盟国とチリ、コロンビア、エクアドル、ペルーは、ベネズエラとガイアナの当局に対し、エセキバをめぐる紛争状況を平和的に解決するよう求める共同アピールに署名する。米州機構は、マドゥロ大統領がガイアナに対して「非民主的」な行動をとっていると非難、同日、米軍はガイアナ国防軍と合同で航空演習を行った。

　他方で、したたかなベネズエラの議会は、2023年12月7日、隣国ガイアナの国際的に承認された領土に新しい国家を創設することを定めた法律「ガイアナ＝エセキバの保護について」を第一読会で承認した。2024年4月3

日になって、マドゥロ大統領は同法を公布した。同法は、「ベネズエラ・ボリバル共和国の政治的・領土的組織における、第24番目のガイアナ＝エセキバ州の創設」を規定している。ベネズエラは、12月3日に行われた国民投票以来、ガイアナの一部領有権を主張しつづけているのだ。

マドゥロ大統領は国民投票の2日後、エセキバ地域の国内編入に関する六つの政令に署名する。同地域は炭化水素、金、銅が豊富な地域だが、隣国ガイアナの西部にあたる。政令のなかにはエスキボ防衛のための国家委員会の設立決定を承認するが含まれている。国営石油・ガス会社PDVSAと鉱業会社CVGのエスキボでのユニット設立に関する政令も署名された。大統領は、炭化水素の探査と開発のための操業ライセンスを発行するよう指示した。

ベネズエラは制裁に逆戻りする危険性があるため、あらゆる手段を使って自国の石油輸出を増やそうとしている。そのため、ロシア産原油やディーゼルを輸入し、その分、自国産原油の輸出を増加させようとしている。たとえば、180万バレルのロシア産原油を積んだ超大型タンカーがベネズエラに輸送する準備をしているとロシアの「コメルサント」は2024年3月12日に報じている。

こうしたマドゥロの傍若無人なふるまいに対して、これまでのところ、アメリカの反応は異例なほど穏健である。おそらくベネズエラはガイアナに紛争地域の共同開発について話し合うよう圧力をかけつづけているだけであり、いまのところは、大きな紛争には至っていない。米大統領選の年、2024年を迎えて、同地域で紛争が勃発すると、世界の石油需給が逼迫しかねない。バイデン政権はここでも難問に直面している。

対イラン外交でも頓挫

バイデン政権は対イラン外交でもうまくいっていない。まず、2024年1月7日付のNYTの分析を紹介する。それによると、バイデンは、トランプが2018年に離脱するまで3年間テヘランの核開発を封じ込めた2015年のイラン核合意を復活させるつもりで就任した。1年以上にわたる交渉の末、2022年夏には協定の大半を復活させる合意が成立した。この協定では、イランは2015年と同様に、新たに製造した核燃料を国外に輸送する必要があった。しかし、この努力は失敗に終わる。

2023年、イランは核開発を加速させ、はじめてウランの純度を60％まで濃縮した。これは、テヘランが核爆弾まであと数歩のところまで来ているこ

とをアメリカに示すための計算された行動だった。にもかかわらず、2023
年夏、バイデンの中東調整官であるブレット・マクガークは二つの別々の取
引をまとめた。一つは、5 人のアメリカ人囚人を釈放する代わりに、数人の
イラン人囚人を収監し、イランの資産 60 億ドルを韓国からカタールの人道
目的の口座に移すというものだった。

　第二の取引は、イランが核濃縮を制限し、代理勢力（イランがイラク、レ
バノン、シリア、イエメンに構築した暴力的な代理人ネットワークで、ハマスや
ヒズボラ、イラクに多数存在するシーア派民兵、イエメンのフーシ派など）に蓋
をするという不文律の合意だった。数カ月はうまくいっているようにみえ
た。イラクやシリアにいるイランの代理勢力はアメリカ軍を攻撃せず、紅海
では船舶が自由に航行し、査察団は濃縮が大幅に遅れた。しかし、10 月 7
日、ハマスによるイスラエル攻撃がはじまった。同月 12 日付の WP による
と、これを受け、米政府高官とカタール政府は、イランが人道支援のための
60 億ドルの口座にアクセスするのを阻止することで合意した。前述した 60
億ドルは、イラン政府ではなくイランの団体が資金を利用することを認めら
れたもので、米当局は各取引を承認しなければならない。そのため、取り決
め実施を容易にするため、資金は韓国の銀行からカタールに送金されていた。
そのカネの出金を何とか止めることはできた。

　しかし、10 月 7 日以降、第二の取引は空中分解した。アメリカの情報当
局によれば、イランはハマスのイスラエル攻撃を、煽動も承認もしておらず、
おそらくそのことすら知らされていなかった。イスラエルと欧米の諜報機関
がイランに深く浸透していることから、ハマス側は攻撃の情報がイランから
漏れることを恐れたのかもしれない。他方で、ハマスとの戦争が始まると、
イランの代理軍が攻撃を開始した。12 月 25 日、イランのイスラム革命防衛
隊（IRGC）の高官で、長年シリアで軍事顧問を務めていたサイード・ラジ・
ムサビが、レバノン・ダマスカス南部のシーア派居住区へのミサイル攻撃で
死亡した。

　なお、2024 年 1 月以降の戦闘については、前述したとおりである。

中東に駐留する米軍 4 万人

　読者に考えてほしいのは、なぜ米兵が中東に展開されているのかという理
由。過激派組織「イスラム国」（ISIS）を追い出すために、米英を中心とす
る連合軍が現地の勢力と手を組んでいた。米兵が初めて派遣されてから 10

年近くが経ち、ISISの敗北宣言から5年が経過したいま、米兵が駐留をつづけている理由がよくわからないのである（皮肉なことに、2024年3月22日にモスクワ近郊で起きた銃乱射テロによって140人以上が死亡した事件の実行犯がISISであった可能性が高いことから、ISISの監視の必要性が高まっている）。

　ヨルダンのタワー22は、3カ国が接する国境沿いにあるアメリカの前哨基地で、約350人のアメリカの技術、航空、ロジスティクス、セキュリティ要員が駐留し、主にシリアの部隊を支援している。シリアには約900人、イラクには約2500人もの米兵が理由の判然としないまま、いまでも駐留している（2007年、アメリカのイラク侵攻後の戦争中、イラクにはアメリカ軍だけで16万人以上がいた）。WPは、「中東全域で、米軍は10月以来、イランと連携する武装勢力に160回以上狙われている」と報じている。別の情報では、約4万人の米軍が中東全域に駐留中だ。クウェートには約1万3500人の米軍が駐留し、米海軍第五艦隊を抱えるバーレーンや、米中央軍が使用する空軍基地の建設に協力したカタールなどにはさらに数千人が駐留している。

　イランは、核兵器開発のためのウラン濃縮も加速化している。2023年12月26日、国際原子力機関（IAEA）の報告書で、イランがナタンズとフォルドウで60％まで濃縮したウランの生産率を、2023年1月から6月の間に観測されたレベルまで引き上げたことがわかった。調査結果は、イランによる後退を意味し、イランは60％まで濃縮したウランの月産量を3倍に増やすことになるという。同月28日、アメリカ、フランス、ドイツ、イギリスの政府は共同声明を発表し、「イランの核開発計画をさらにエスカレートさせるこの行動を非難する」とした。

　イランはロシアに武器を供給し、中国に石油を売っているため、国連安保理が動く可能性はない。バイデン政権の対イラン外交はもはや袋小路に直面しているのだ。

深まるイランとロシアの関係

　他方で、イランとロシアとの関係は深まっている。まず、2023年秋、ガス分野での協力が明らかになった。イランに存在しない、天然ガスを液化するためのLNGプラントの建設でロシアが投資するというものだ。ロシア国営のガスプロムは、イラン国内のガスPLインフラとLNG基地の建設に最大400億ドル、イラン国営石油会社（NIOC）との共同油田開発にさらに40億ドルを投資する。さらに、このLNG工場建設を前提に、イランは、アゼ

ルバイジャンを経由するパイプラインを通じてロシアから 1 日あたり最大
1500 万㎥（年間換算で約 55 億㎥）のガスを購入する意向で、うち 900 万㎥を
国内需要に、600 万㎥（年間 22 億㎥）をスワップ協定に基づいて使用すると
していた。イランは同量の液化天然ガスを同国南部の基地からガスプロムの
顧客に出荷する。

　2023 年 12 月には、ロシア主導のユーラシア経済連合（EAEU）の加盟国
は、2019 年から発効している暫定協定に代わる、イランとの本格的な自由
貿易圏協定に調印した。イランは人口 8860 万人の大市場であり、相互貿易
の 95％以上を占める商品名目のほぼ 90％について輸入関税が撤廃されると
いう（「コメルサント」を参照）。

　ほかにもある。2023 年春、ロシアはイランの MAPNA 社製 MGT-70 ガスター
ビンを、輸入時に付加価値税が課されない機器のリストに加えた。同ガスター
ビンを輸入するためだ。MAPNA は 2017 年にイランとイラクで 185MW の
タービンを開発し、完全に現地化したものを発売しており、これらのタービ
ンをロシアに供給する能力がある。

　さらに、イランの国営自動車メーカー、イラン・ホドロと SAIPA との関
係強化も進んでいる。両社はイラン車の 90％以上を生産しており、ともに
国が所有権を握っている。両社の生産の現地化率は 90％を超える（ロシアの
「エクスペルト」を参照）。

　イラン製タイヤの対ロ輸出という話もある。イランは年間約 2000 万本の
タイヤを生産している（ロシアは乗用車用タイヤを 4700 万本、トラック用タイ
ヤを 700 万本生産している）。対ロ制裁強化から、外国企業は 2023 年になって
ロシア市場から撤退したため、タイヤ分野でのイランとの協力が模索されて
いるのだ。

　航空分野でも、2023 年 7 月、ロシアとイランは、ロシアへの航空機部品・
装備品の輸出と、イランの修理センターによるロシア船舶の修理・整備サー
ビスおよび技術サポートの提供に関する協定に調印した。

　同年 12 月 7 日には、プーチン大統領はモスクワでイランのエブラヒム・
ライシ大統領と会談した。エネルギー担当のアレクサンドル・ノヴァク副首
相とセルゲイ・ショイグ国防相も同席した。ガス分野だけでなく、イラン製
武器の輸入についても話し合われた。

　いってみれば、バイデン政権はウクライナ戦争継続によってロシア弱体化
に傾斜するあまり、ロシアのイランとの協力を促し、それが中東情勢の不安

定化にもつながっているという現実を十分に認識できていないようにみえる。しかも、大統領選での再選を優先するあまり、イランと中国との関係強化に対しても、アメリカは十分に対応できていない。

イランと中国の関係

　2023 年 10 月 23 日付の The Economist は、「アメリカは来年の選挙を控え、インフレを抑えることに躍起になっており、形式的には制裁を維持しているにもかかわらず、イランが石油を輸出することを黙認している」と書いている。すでに何度も指摘したように、中間選挙での巻き返し、さらに大統領選での再選を最優先事項と決めていたバイデン政権はこの時点で、世界の石油需給の逼迫による価格上昇を恐れて、イランに対しても宥和的な姿勢をとっていたのである。

　同誌は、イランの「生産量は日量 300 万バレルを超え、2018 年にトランプ政権が制裁を科して以来、最高水準に達している」と指摘したうえで、専門家の言葉として、「輸出量は前年比で 3 分の 1 以上増加している」と記している。別の情報では、米エネルギー情報局として、2020 年のイランの石油生産量は日量 200 万バレル弱であったが、2023 年 10 月現在で、日量 300 万バレルを生産している。

　その最大の輸出先は中国である。同じ The Economist は、10 月 25 日付で、「アメリカはイランの石油密輸複合体を壊すのに苦労するだろう」という興味深い記事を公表している。アメリカは、イラン産石油の生産、輸送、販売に協力する者を対象とする厳しい制裁を維持してきたが、2022 年、その執行を緩和した。イランの核開発計画に関する合意を成立させるためだ。米財務省外国資産管理局（OFAC）が定めるブラックリストにおけるイラン関連の人物や企業の数は減少している。

　トランプ大統領が 2018 年後半に新たな制裁を発動して以来、イランの密輸ネットワークはより洗練されたものになっている。そもそも、2021 年、イランと中国は包括的な経済・安全保障協定に調印し、中国は割安なイラン産原油の安定供給と引き換えに、25 年間で 4000 億ドルをイランに投資することに合意したという経緯がある。

　国営独占企業であるイラン国営石油会社（NIOC）は、中国の「ティーポット製油所」と呼ばれる小さな製油所に原油を主に輸出している。この事業体は中国の世界的な石油輸入の約 5 分の 1 を占めているらしい。擁護団体「核

反対イラン連合」の報告書によれば、「規模が小さく、事業が限定されているため、ティーポットは摘発が難しく、アメリカの金融システムにもさらされていない」と 2023 年 10 月 25 日付の WP は報じている。同団体は、イランの対中石油販売額は 2021 年と 2022 年に合計 470 億ドルにのぼると推定している。

中国はイラン産原油を割引価格で購入している。The Economist によれば、「イラン産原油は、中国の港で引き渡されるロシア産原油が 5 ドルであるのに対し、世界の指標原油に対して 10 〜 12 ドルのディスカウントで取引されている」。しかも、「イラン産原油の取引は、米ドルではなく中国通貨で行われるため、制裁の対象にはならない」という。

中国はイランだけでなく、中東の湾岸諸国との協力関係の強化を推進している。2023 年 12 月 7 〜 8 日に香港で開催された、人工知能（AI）とロボット工学、教育、医療、および持続可能性の影響力あるソリューションに集中する国際的な非営利財団、未来投資戦略研究所（FII Institute）主催の「FII Priority」サミットにおいて、サウジアラビアの政府系資産 7800 億ドルを運用する公共投資基金（PIF）が主催したイベントで、中国証券取引所などと公然と交流した（2024 年 1 月 4 日付 The Economist を参照）。PIF は中国での事務所設立を計画している。

「中国版テスラ」と呼ばれる上海蔚来汽車有限公司（NIO）は 2023 年 12 月、アラブ首長国連邦（UAE）政府が支配し、電気自動車メーカーに 10 億ドル以上を出資していた CYVN ホールディングスから 22 億ドルを受け取った。他方で、砂漠に未来都市を建設するというサウジのプロジェクトを運営する NEOM 投資ファンド（NIF）は、自動運転技術を開発する中国系企業ポニー・AI を支援した。2024 年初め、サウジの国営石油会社サウジアラムコは、中国の石油化学精製工場である荣盛石化股份有限公司（Rongsheng）に 36 億ドルを投資する一方、サウジで高品質の金属板を生産するために、PIF および中国最大の鉄鋼メーカーのひとつである宝鋼集団（Baosteel）と合弁会社を設立した。

サウジの KAUST として知られるアブドラ国王科学技術大学が米中技術対決の舞台となっていることも注目されている（NYT を参照）。同校はサウジが AI のリーダーへと躍進する計画の中心的存在で、その目的を達成するために、KAUST は学生や教授を採用し、研究提携を結ぶために、しばしば中国に目を向けてきた。中国の軍事関連大学の学生や教授が、アメリカの制裁

を回避するために KAUST を利用し、AI 覇権争いで中国を後押しすること
を恐れている、とアナリストやアメリカ政府高官は語っているという。

　アメリカは、シェール革命によってもたらされた石油優位の情勢を利用し
て、これまで石油依存のために重視してきた中東からの離反しつつあった。
しかし、パレスチナ情勢の緊迫化で中東全域が不安定化している。そのなか
で、中国は着々と中東諸国との太いパイプづくりに邁進している。それは、
これまでのアメリカ外交の失敗のツケではないか。

世界中に配備されている米兵

　ここで、世界中にアメリカ兵がどれくらい配備されているかについて説明
しておきたい。まず、アメリカの現役兵数は国防権限法案に盛り込まれた
最終兵力レベルでは、2024 年度に 128 万 4500 人まで減少すると、「ミリタ
リー・タイムズ」が報じている。過去 3 年間で 6 万 4000 人近く減少してお
り、アメリカ軍の総兵力としては、第二次世界大戦参戦前の 1940 年以来最
少となる。2023 年 12 月 18 日に更新された情報によれば、2022 年 9 月現在、
178 カ国に 17 万 1736 人の現役軍人がおり、日本（5 万 3973 人）、ドイツ（3
万 5781 人）、韓国（2 万 5372 人）がもっとも多い。この 3 カ国は米軍基地ももっ
とも多く、それぞれ 120、119、73 ある。少なくとも 80 カ国に約 750 の米軍
基地がある。アメリカの介入主義の現実を少しは理解してもらえただろうか。

　中東については、2023 年 6 月現在、中東に駐留する米軍だけでも 3 万人
を超える。とくに、カタールのアル・ウデイド空軍基地は、イスラエルとハ
マスの戦争における緊張の的となっている。同基地は中東最大の米軍基地で、
1 万人の軍人を収容できる。米空軍中央司令部をはじめ、四つの司令部が置
かれている。同基地はカタールが所有しているが、2022 年 4 月、アメリカ
はカタールを正式に「主要な非 NATO」同盟国に指定した。これは軍事訓練
や武器移転の援助など、一定の「特権」を意味している。イランが同地域の
他国に対し、米軍基地を中継地点とするアメリカからイスラエルへの武器移
転停止を求めているからだ。

3　ガスパイプラインとLNGの物語

　拙稿「ロシアを揺るがすガス問題」を『世界』に公表したのは2010年10月号でのことだ。シェールガス採掘の増加がロシアにもたらす影響について分析したのである。従来の「在来型ガス」に加えて、「非在来型ガス」が採掘可能となった結果、世界のガスの需給関係は大きく変化している。ここでは、ガスパイプラインとLNGの物語をしたい。

基礎知識としてのシェールガス

　その前に、SHALE GAS, UNCTAD, 2018を参考にしながら、シェールガスの基礎知識について説明する。頁岩（シェール）層に閉じ込められたままの炭化水素は、一般に非在来型石油・ガス、とくにシェールオイルとシェールガスとして知られている。在来型ガスと非在来型ガスの区別は、その組成によるものではない。どちらも基本的には、70〜90%のメタン（CH_4）とその他の重質炭化水素（ブタン、エタン、プロパンなど）から成る天然ガスだ。主な違いはそれらが含まれる貯留層の特性と、それらを抽出するために使用される生産技術に関係している。

　非在来型天然ガスには他にも二つの種類があることを強調しておきたい。一つはタイトガスで、天然ガスが多孔質で浸透率の低い貯留岩盤に移行したものである。シェールガスと同様、タイトガスは一般に方向性掘削と水圧破砕法を用いて生産される。第二に、炭層メタンガスであり、これは石炭鉱床から抽出される天然ガスの形態である。

　シェールガス層の地質学的構造（一般に細長い）を考慮すると、従来型の貯留層から天然ガスを抽出するのに使用されてきた技術、すなわち垂直掘削は、シェールガス抽出には適していない。シェール層の広い表面にアクセスするためには、掘削を水平方向に行う必要がある。鉱床の長さ方向に沿って掘削し、それによって回収できる天然ガスの量を最大にするためだ。この作業は、指向性掘削または水平掘削と呼ばれる。

　シェールガス鉱床には、従来の天然ガス貯留層とは異なる二つの特徴、すなわち、低い空隙率と低い浸透率がある。これらの要素によって、シェールガスは従来の天然ガスよりも採掘が難しい。生産には、既存の亀裂を拡張し、

新たな亀裂を生み出すことに寄与する水圧破砕法を使って岩石の浸透性を高める必要がある。水平掘削も水圧破砕も、2000年代の初めには目新しいものではなかった。しかし、法外なコストがかかるため、当時は大規模な利用は不経済だった。さらに、水平掘削と水圧破砕の両方を組み合わせてシェールガス鉱床を刺激するというアイデア（シェールガス事業の経済的実現可能性を支えている）は、技術そのものよりもずっと最近のものである。

　2000年代に入ってからの水平掘削と水圧破砕の体系的な利用により、石油・ガス会社は、シェール層に含まれる大量のシェールガスにアクセスできるようになった。在来型天然ガスを生産しているすべての地域が、シェールガスの供給源であると考えられている。その結果、シェールガス資源は世界中に広く分布していると考えられている。しかし、2017年末時点で、商業的な探査と生産は、現在、基本的にアメリカとカナダに限られている。その後、中国で商業生産がはじまり、イギリスで探鉱が行われている。ただ、環境問題への懸念などから、シェールガスの商業生産はあまり広がりをみせていない。

ガスパイプライン物語第一章

　天然ガスの主な移動手段は二つある。パイプライン（PL）と液化天然ガス（LNG）である（PL輸送にかかわる基本的な諸問題については、拙著『パイプラインの政治経済学』を参照）。天然ガスは大気圧で約マイナス162度まで冷却されてLNGとなり、タンカーで目的地のターミナルまで輸送される。天然ガスは再ガス化プラントで気体の形態に戻され、最終ユーザーに送られる。2016年の世界の天然ガス輸出の約30％はLNGであったが、アメリカはシェールガスの採掘量急増で、大規模なLNG輸出国になる戦略を明確にし、その有力な輸出先としてヨーロッパが想定された。そこで、ガスPLで大量にヨーロッパにガスを輸出していたロシアとぶつかるのである。アメリカの一部の政治家や政府幹部はアメリカの欧州向けLNG輸出を急増させる政策をとるのだ。

ヨーロッパ諸国の離反を恐れたアメリカ

　ガスPLの物語はソ連産ガスをガスPLでヨーロッパに供給する初のプロジェクトに対して、アメリカが猛反対してきたという話からはじめよう。すでに紹介したドゥマレ著『Backfire』を参考にしている。

　1980 年代初頭、1973 年と 1979 年のオイルショックを経験した欧州諸国は中東の石油への依存度を引き下げ、エネルギー供給源の多様化を切実に求めるようになる。そこで浮上したのがソ連の天然ガスであり、それを輸送するためのガス PL の建設というプロジェクトだった。冷戦下にあって、デタント（緊張緩和）につながることから、ヨーロッパ各国もこの PL を後押しした。だが、アメリカからみると、ガス PL の建設は長期にわたって欧州諸国がソ連との協力関係を結ぶことを意味するから、NATO 内の分断につながるとの警戒論が根強かった。この PL がソ連軍の支援のために使用されるのではないかとの懸念もアメリカ国防総省内に浮上した。フランスのトムソン CSF 社が、PL のガスの低圧をコントロールするためのハイテクコンピューターをソ連に販売することに合意していたのである。この契約は、ソ連が PL のガスの低圧をコントロールするためのハイテクコンピューターをモスクワに売るというもので、アメリカ国防総省はこれにレッドフラッグを立てた。

　こうして、米政府は同プロジェクトを露骨に妨害するようになる。だが、仏、伊、西独、英の企業は、コンプレッサーやタービンなど PL のさまざまな部品を製造するために、ソ連と約 40 億ドルの契約を結んでいたこともあって、このプロジェクトの実現はヨーロッパ諸国の悲願となっていた。ドイツだけでも約 1000 人の雇用を生み出すとみられていたプロジェクトを妨害するアメリカと火花を散らすことになる。

アメリカは安全保障を理由に無理難題

　他方で、1981 年 12 月、共産主義国ポーランドが民主化デモを鎮圧するために戒厳令を敷くという事件が起きる。社会変革や労働条件の改善を求めるデモを武力で制圧し、数十人の活動家が殺された。レーガン政権は、この残忍な弾圧をクレムリンが命じたと考えた。レーガンは、これを機にモスクワに制裁を加え、シベリアの PL 建設を頓挫させようとする。安全保障上の理由から、経済制裁を科そうというのである。

　PL のタービンやコンプレッサーは、ヨーロッパの企業がアメリカの技術を使って製造していた。同年 12 月下旬、アメリカは同国の技術を使った部品をソ連に輸出するための輸出許可証を停止した。その結果、ヨーロッパの企業がロシアに輸出する製品に、アップルのコンピューターやマイクロソフトのソフトウェアを使用することができなくなる。事実上、輸出禁輸措置がとられたのだ。

アメリカが制裁を発表するわずか5時間前に通知していたこともあり、ヨーロッパ各国政府は激怒する。輸出規制は、既存の契約には適用されないことになっていたが、アメリカは、この制裁が遡及して適用される可能性を示唆するようにもなる。同時に、アメリカは、ヨーロッパ各国にポーランドの動向に報復するために対ソ連制裁を科すよう説得した。このアメリカの脅しはまったく子ども騙しのような薄っぺらなものであった。もしヨーロッパがソ連に対して貿易禁止などの厳しい措置を取れば、アメリカの対ソ技術輸出の制限は、既存の契約には適用されず、ヨーロッパ企業は、シベリアPLのさまざまな部分の建設を継続することができるが、ヨーロッパ諸国がアメリカの要求に応じない場合、政権はこの措置を遡及的に適用するというのだ。

　結局、1982年6月のヴェルサイユ・サミット開催後、アメリカはPL建設を対象とした輸出規制を、既存の契約にも適用することを発表する。米系企業の欧州子会社も、この措置に従わなければならない。その結果、ヨーロッパの企業は、ソ連にPL計画からの撤退を通告しはじめる。ヨーロッパ各国政府からの抗議も次第に少なくなっていった。しかし、これは嵐の前の静けさでしかなかった。イギリス、フランス、イタリア、西ドイツが反撃に出たのだ。

レーガンは一敗地に塗れる

　1982年7月、イギリスのマーガレット・サッチャー首相は敵対関係を再開させた。彼女は議会での演説で、「問題は、ある強力な国家が、既存の契約の履行を妨げることができるかどうかだ。そのような契約の履行を妨げるのは間違っている」と宣言した。ヨーロッパ各国は、ソ連との契約上の義務を果たすよう、国内企業に命令しはじめる。アメリカのドレッサーのフランス法人ドレッサー・フランスも、フランス政府から「PLの部品をソ連に届けろ」と厳命された。これに対し、アメリカはヨーロッパ企業12社に制裁を加え、アメリカでの取引を禁止する。全面対決の状態に突入したのである。

　ヨーロッパ諸国は、アメリカの制裁に反対することで一致していた。一方、アメリカでは、制裁措置への支持が崩れつつあった。同盟国への制裁が適切かどうか、政権内でも意見が分かれたのである。アレクサンダー・ヘーグ国務長官は、「ソ連のPLに対する制裁は大西洋の同盟関係に不必要な亀裂を生じさせるものだ」と1982年7月に辞職する。

　アメリカにおいて制裁に反対する人々は、制裁は効果がなく、悪くすれば

逆効果だと主張するようになる。キャタピラーやゼネラル・エレクトリックなどの米系企業の短期的な損失が20億ドル以上（インフレ調整後の現在の貨幣価値で60億ドルに相当）と見積もられていた。アメリカ企業に対する長期的な風評被害は、さらに深刻なものになると思われた。外国企業は、アメリカの技術を使うべきかどうか、それによってアメリカの制裁を受けるかもしれないと考えはじめたのだ。他方で、ソ連当局がアメリカ製の技術を使っているヨーロッパ企業に対して、将来的に契約を結べなくなることをほのめかすようになる。

　こうして、ついにレーガンは1982年11月、制裁を解除した。ポーランドではまだ戒厳令が敷かれていたが、制裁解除によって、1984年にソ連のガスPLは完成した。

ガスパイプライン物語第二章

　最初のガスパイプライン物語第一章は、第二章の展開につながっている。「ノルドストリーム2」と呼ばれるバルト海海底に敷設するPL建設をめぐってもひと悶着が起きたのだ。

　ただし、2002年11月にロシア国営のガスプロムが敷設を決めた、ロシア領ヴィボルグからバルト海海底を通ってドイツを経てイギリスに至る「北ヨーロッパPL」（後に、ドイツへのノルドストリームのみ完工）の建設については、当時、2001年9月11日に起きたアメリカ同時多発テロ事件発生後の米ロ関係の改善で、アメリカ政府の極端な妨害工作は下火になっていた。2005年9月、ドイツのゲアハルト・フリッツ・クルト・シュレーダー首相とプーチン大統領が見守るなか、ガスプロム、BASF、E.ONの首脳らがこのPL建設合意に署名する。2011年11月になって、ノルドストリームは稼働する。翌年10月、第二PLも完成し、輸送能力は年550億㎥にまで拡大した。

　問題はノルドストリーム2（NS-2）の建設だった。2018年9月、NS-2の建設主体である、スイスに拠点を置くNord Stream 2 AGはフィンランド側からの海底部分のガスPL敷設を開始する。NS-2の輸送能力は2本合計年550億㎥で、海洋部分の建設費は95億ユーロ（当時のレートで約110億ドル）と見積もられていた。PL建設費の50%はガスプロムが出すが、残りは2017年にパートナー契約を結んだオーストリアのOMV、フランスのEngie（旧GdF）、英蘭のShell、ドイツのWintershallとUniper（旧E.Onで、2016年1月から、在来型発電やエネルギー取引ビジネスはUniperに統合）が融資する。総

額は 47.5 億ユーロ。建設完了は 2019 年末をめざしていた。プロジェクトは巨大であり、約 150 社の欧州企業が何らかの形で関与していた。

　ところが、建設に至るまでに、アメリカ側による妨害工作があった。そもそも NS-2 の建設がガスプロムとヨーロッパのパートナー 5 社によって発表されたのは 2015 年のことだ。その直後から、鋼管の供給者を選定する入札の発行など、準備作業が開始されたが、米議会はロシアのエネルギープロジェクトに資金提供や支援を行った国際企業に二次制裁を科すと脅したのだ。脅しのターゲットとなったのは、NS-2 に融資した欧州系エネルギー企業だ。過去に融資した事実があれば遡及的に二次制裁の対象となるのかどうかさえはっきりしないまま、建設開始後の 2018 年 12 月、米下院は、NS-2 を「ヨーロッパのエネルギー安全保障およびアメリカの利益に逆行する暴挙」であるとして、ヨーロッパの諸政府に同プロジェクトを拒絶するよう求める議決を行った。これを受けて、同月 12 日、欧州議会は、同プロジェクトが「ヨーロッパのエネルギー安全保障に対する脅威となる政治的プロジェクト」であるとして、その建設拒否を求める決議を採択した。

　反対派にも一理ある。NS-2 が完成すれば、ウクライナ経由での欧州向けガス PL に依存する必要がなくなり、ウクライナ経由でのロシアからの対欧州輸出減はウクライナが得てきた通行料の減少を意味するから、それはウクライナ経済への打撃となってしまう。年間 20 億ドルもの減収となるとの見方まであった。ゆえに、ヨーロッパ諸国としては、ウクライナ復興のためにもガスプロムによるウクライナ経由でのヨーロッパ向けガス PL 利用を継続させることが重要であり、それには NS-2 建設そのものを取りやめることが望ましいという議論が成り立つ。

　他方でアメリカには、国内で採掘されるシェールガスの急増から、これをLNG 化してヨーロッパに安定的に輸出するためにロシアによる対欧州ガス輸出に対抗したいという目論見があった。NS-2 ができると、ますます多くのガスがヨーロッパに供給されることになるから、それはアメリカ産 LNG の対欧州輸出にとって不利になる。だからこそ、是が非でも NS-2 建設を停止に追い込みたかったということになる。

二次制裁で脅しまくったアメリカ

　結局どうなったかというと、2019 年 12 月、米議会は NS-2 プロジェクトのために海底にパイプを敷設する企業に二次制裁を科すと脅す法案を採択

し、NS-2 に制裁を科したのである。2 年間の無駄な試みの後、議会はつい
に NS-2 の完成を脅かすことに成功したのだ。最後通告は功を奏し、議会の
採決の数時間後、PL を構成する 20 万本のパイプを敷設するために高度に専
門化した大型船を提供していたスイス・オランダ企業のオールシーズがあわ
ててプロジェクトから撤退した。

　オールシーズの撤退にもかかわらず、ガスプロムには PL 敷設のプラン B
があった。3 年前、PL の準備作業が行われていた頃、ガスプロムは敷設船
「アカデミック・チェルスキー号」を購入していたのだ。すでに必要な海底
敷設は残り 200 キロを切っていた。さらに、ガスプロムは追加のパイプ敷設
船「フォーチュナ」も雇った。

　こうして 2020 年夏以降、パイプ敷設が進展するかにみえた。だが、2020
年 8 月、著名な反政府指導者、アレクセイ・ナヴァーリヌイが神経ガスを浴
び、重体に陥る。この毒殺未遂事件はロシア政府の犯行ではないかという疑
惑が浮上し、NS-2 反対派はドイツに報復として PL を捨てるよう呼びかける
ようになる。それでも、当時のアンゲラ・メルケル首相はアメリカの圧力に
屈しなかった。これに対して同年 10 月、トランプ政権はこれまでの制裁の
範囲をさらに拡大する指針を発表する。同年末、「フォーチュナ」がドイツ
とデンマークの部分で作業を再開したことに対して、外国資産管理局 (OFAC)
は同船に制裁を科したが、無駄だった。すでに NS-2 はほぼ完成段階にあっ
たからである。

　2021 年初頭、アメリカは、このプロジェクトに携わる保険会社や認証会
社を対象に新たな制裁措置を導入する。認証に必要な専門知識を持つのは欧
米企業だけであり、アメリカの制裁に逆らうことはリスクとして許されな
かったのだ。PL の建設は完成されそうであったが、アメリカの制裁で操業
できそうもない状況となった。だが、2021 年 1 月のバイデン大統領の誕生で、
潮目は変わる。米独の対立したままでは、両国が協力して対ロシア問題に対
処できないとして、米側が折れたのである。バイデン政権は就任から 4 カ月
後、国務省の報告書で「措置を放棄することがアメリカの国益にかなう」と
し、NS-2 への罰則を解除した。その結果、NS-2 の建設は 2021 年 9 月に完
了した（NS-2 稼働の最終判断はドイツ政府に委ねられたが、ウクライナ戦争勃発
で稼働時期が見通せなくなった後、2022 年 9 月に爆破事件が起きたことになる）。

ガスパイプライン物語第三章：爆破という結末

　紹介したガスパイプライン物語からわかるように、アメリカ政府は理不尽な横暴をヨーロッパ諸国に繰り返してきた。こうした歴史を知っていれば、2022 年 9 月 26 日、ノルドストリーム 1 (NS-1) とノルドストリーム 2 (NS-2) が爆破された事件の真相に迫る視角がえられるはずだ（**図 II -6** を参照）。その犯人はまだ判明していないが、これまでの米側の妨害工作を知れば、この PL がいかに米側にとって「目障り」であったかがわかるだろう。だからこそ、米政府によってこの爆破が引き起こされた可能性がきわめて高いのだ。

　ピューリッツァー賞の受賞歴のあるジャーナリストシーモア・ハーシュは 2023 年 2 月 8 日、「アメリカはいかにしてノルドストリーム・パイプラインを破壊したのか」という長文の記事を公開した。そのなかで、彼は「作戦計画を直接知っている」ある無名の情報源を引用して、米海軍の「熟練深海ダイバー」が 2022 年 6 月の訓練中に C-4 爆薬を仕掛け、その 3 カ月後に遠隔操作で爆発させた方法を詳述している。バルト海海底に敷設されたガス輸送用 PL 爆破の命令を下したのはバイデン大統領であるというのだ。具体的に

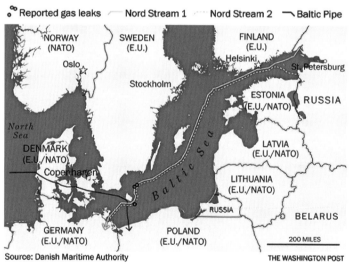

図 II -6　NS-1 と NS-2 の爆発場所
（出所）https://www.washingtonpost.com/world/2022/09/27/nord-stream-gas-pipelines-damage-russia/

は、バイデンの外交チーム（国家安全保障顧問ジェイク・サリバン、国務長官トニー・ブリンケン、国務次官ヴィクトリア・ヌーランド）がかかわっていたという。

バイデンの直接関与

　バイデンは2022年2月7日、ホワイトハウスでドイツのオラフ・ショルツ首相と会談した。その後の記者会見でバイデンは、「もしロシアが侵攻すれば、つまり戦車や軍隊が再びウクライナの国境を越えれば、ノルドストリーム2はなくなる。私たちはそれを終わらせます」と口走る（YouTube を参照）。この発言は、「東京に原爆を置いて、それを爆発させると日本人にいっているようなものだ」と、その関係者が話したと、ハーシュはのべている。

　バイデンはなぜNS-1とNS-2を爆破したのか。ハーシュは、バイデンが爆破を決断した理由について、「ヨーロッパが安価な天然ガスPLに依存する限り、ドイツなどの国々は、ウクライナにロシアに対抗するための資金や武器を供給するのをためらうだろうと考えたのだ」と説明している。要するに、PLを利用不能にすることで、ドイツがロシア産天然ガス輸入を可能として、ドイツの対ロ依存関係を完全に解消させ、同時に、その代替として、アメリカのLNGを輸入するように仕向けることで、ドイツをアメリカの顧客に取り込もうとしたというのである。

　このハーシュ説について、ホワイトハウスは2023年2月8日、ハーシュの投稿を否定した。国家安全保障会議のエイドリアン・ワトソン報道官は、「これは全くの虚偽であり、完全なフィクションである」とのべた。米国務省の報道官も同じことを言った。中央情報局（CIA）の報道官もホワイトハウスの否定に同調し、この報道を「完全な虚偽」だとした。これに対して、ロシア外務省は、2022年ノルドストリーム海底ガスPLを破壊した爆発にアメリカが関与した疑惑について答える必要がある、とのべている。

　読者はどう思っただろうか。私はハーシュ説を支持する。米政府は平然と何度も嘘をついてきた歴史がある。米政府による国民監視の実態を暴いたエドワード・スノーデンはハーシュ説をめぐって自分のツイートに、UPI通信の1961年4月17日付のワシントン電を添付している。そこに何が書かれているかというと、つぎのような内容である。

　「ディーン・ラスク国務長官は本日、反カストロ派のキューバ侵攻はアメリカ国内から行われたものではないが、アメリカは参加者の目的に同情的で

あると述べた。ラスクは、キューバの問題はキューバ人自身が解決すべきものであるが、アメリカはこの半球における共産主義者の専制政治の拡大に無関心でないとのべた。」

このとき、ラスク国務長官は明らかに嘘をついていた。2012年4月17日付のNYTは、つぎのように書いている。

「1959年1月に政権を握ったマルクス主義革命家フィデル・カストロの政権転覆を狙ったピッグス湾事件は、1961年4月17日、約1500人のCIA訓練生がキューバへの侵攻を開始し、失敗した。」

これがのちにわかった真実であり、アメリカ政府はこの事件に関与していたのである。ゆえに、この記事では、つぎのように記されている。

「タイムズ紙は、ディーン・ラスク国務長官が、アメリカがこの事態に関与することを否定したことにもふれている。しかし、アメリカは攻撃を組織していた。ドワイト・アイゼンハワー大統領時代の1960年にCIAが侵攻計画を策定し、1960年11月に当選したジョン・F・ケネディ大統領にその計画を提示したのである。選挙中、キューバに強硬な態度をとっていたケネディ大統領は、この計画を承認した。」

このように、米政府高官であるラスク国務長官は公然と嘘をついていた。同じように、いまの政権の高官はみな大嘘をついている可能性があるとだけ書いておこう。

そして、このアメリカ政府によるノルドストリームの爆破が真実であるとすると、アメリカ政府は友好国ドイツさえ裏切ることを示している。アメリカはいざというときに、「トモダチ、ニッポン」もまた裏切る公算が大きいのだ。このため、この事件について、日本国民はもっとしっかり知らなければならない。「ウクライナやイスラエルへの軍事援助で行き詰まるワシントンをみて、危機の際にアメリカが台湾のために実際に何をしてくれるのかを想像しようとするとき、アメリカへの信頼は急落している」と、NYTは書いている。台湾の人々はアメリカの本性を日本人よりもよくわかっているようだ。

LNG物語：米系企業は長期契約締結に躍起

ここから、LNG物語について語りたい。ノルドストリームの爆破によって、ドイツはロシア産ガスの輸入が困難になる。それは、米企業による対独LNG輸出契約の締結というビッグチャンスの到来を意味していた。まさに、

シェールガス事業者はもちろん、アメリカの政府指導者や一部議員にとって千載一遇の好機となった。ここでは、2022 年にオックスフォードエネルギー研究所（OIES）によって公表された論文「国際ガス契約」を参考にしながら、この問題を説明したい。

　ガス価格の形成方式には地域差がある。ヨーロッパの場合、歴史的に、ガスや LNG の契約価格は原油（およびその他の石油製品）価格に連動してきた（OPE 方式）が、長年にわたり、代替的な価格メカニズムが登場し、最終的にはこれらの契約における価格設定がより多様化する。過去 10 年間、欧州向けガス供給契約（GSA）や LNG 売買契約（LNG SPA）における原油連動は、主にオランダの TTF（Title Transfer Facility）やイギリスの NBP（National Balancing Point）など、ヨーロッパのガスハブの価格に連動するスポット連動やハブ連動に取って代わられるようになる。だが、スポットや短期取引の役割は高まっているものの、依然として相当量のガス・LNG が長期契約の下で取引されてきた。さらに、ロシアによるウクライナ侵攻の余波を受けて、こうした伝統的な契約はさらに重要性を増しつつある。したがって、論文では、「エネルギー市場参加者、規制当局、さらには一般市民など、さまざまなアクターから、ガスや LNG の長期供給契約に対する関心が再び高まっていると考えられる」と指摘されている。

　論文「国際ガス契約」には、2022 年に「米生産者による 25 以上の契約（年間 3500 万トン以上）を含む、数十の新規 LNG 契約が締結された」との記述がある。つづけて、「これらの新規契約の法的・商業的側面は一般的に非公開であるが、報告されている契約期間（主に 15 年から 25 年）と、新規契約の平均期間が 20 年に近づいていると推定されることから、長期契約が大幅に増加していることがわかる」という。

経営者の「自業自得」

　ウクライナ戦争勃発後、いろいろな責任をすべてウクライナ戦争に負わせる動きが広まったことに読者は気づいているだろうか。たとえば、短期のスポット契約を増やさず、長期契約重視の経営姿勢を貫いていれば、ウクライナ戦争勃発後の天然ガス価格や LNG 価格の急騰に直面しても軽微な損失にさらされるだけですんだはずなのだ。この点をプーチン大統領自身が指摘しているので、ここで紹介しておきたい。

　プーチンは 2022 年 10 月 12 日、国際フォーラム「ロシア・エネルギー・

ウィーク」全体会議で講演し、長期契約から短期契約への切り替えを推進してきた欧州側を、いわば「自業自得」だと皮肉った内容についてのべた。「専門家の試算によると、今年だけで、ガスのスポット価格メカニズムにより、ユーロ圏のGDPの約2%にあたる3000億ユーロ以上の損失が発生するそうだ」と指摘し、つぎのように話した。

「石油に連動した長期契約を利用すれば、このような事態は避けられる。プロフェッショナルな方々はここに座っておられるので、私が何を言っているのかご存知でしょうが、スポット市場と長期契約による価格の差は3倍、4倍です。これはだれがやったんだ？自分たちでやったんです。実は、このような取引方法を私たちに押しつけていたのです。実際、ガスプロムに一部スポット市場への切り替えを強要し、今になって文句を言っている。まあ、それは自分たちのせいなんですけどね。」

この指摘はきわめて重要である。注意しなければならないのは、ヨーロッパの経営者が自ら短期指向を強め、長期契約を望まず、短期契約に移行してきた事実なのだ。その結果、今回のような事態に直面すると、短期のスポット価格の急上昇で経営基盤さえ揺さぶられることになる。要するに、経営者の「自業自得」というプーチンの見方は的を射ている。

このスポット価格の隆盛はヨーロッパにおいてもLNG輸入が増加したことが関係している。通常、LNG船を使えばどこにでも運搬可能なLNGは短期的な需給変動に即応しやすい。ゆえにLNGはスポット取引されることが多い（もちろん、大量にLNGを輸入する日本のような場合、むしろ長期契約によって量を安定的に確保することが長くつづいてきたが、それが崩れたためにウクライナ戦争勃発という事態で打撃を受けているのだ）。その結果、LNG取引の短期指向が天然ガス取引市場の短期指向化につながっている。

興味深いのは、ロシア産ガスの代替としてアメリカで液化されたLNGのヨーロッパへの大量輸出をねらう米企業が前述したように、LNGの長期契約をヨーロッパ企業に求めていることである。ロシアの報道によると、米最大のガス生産会社EQTのトビー・ライス代表は、アブダビで開かれた会議で、「アメリカはヨーロッパに天然ガスを12ドル/100万BTU（英熱量単位）で供給する用意があるが、長期契約が必要だ」と述べた。大量にLNGを購入する場合、たしかに長期契約には利点がある。だが、アメリカ側が長期契約を求めている背景には、将来、ロシア産ガスのPL輸送が復活しても、ヨーロッパ企業がこの輸送コストの安いガス購入を再び購入することがないように長

期にわたってヨーロッパ企業を閉じ込める（ロックイン）するねらいがある。

EU のガス需要は減り、LNG は過剰に

アメリカ企業は安易ともいえるほどに、天然ガスの LNG 化工場を建設している。すでに、2022 年 7 月現在、アメリカでは 7 基地あわせて年生産能力約 9000 万トンにのぼり、カタールの生産能力 7700 万トン／年を超える規模となっている。2022 年 7 月末現在の状況をまとめた高木路子著「米 LNG 開発に第二波か」にもあるように、2022 年 7 月現在、建設中の案件は 3 件ある。2024 年に生産開始予定なのが 2 件、2025 年の生産開始予定が 1 件で、合計 3500 万トン／年の生産能力が見込まれている。つまり、2025 年過ぎにはアメリカ全体の生産能力は 1 億 2000 万トン／年を超える。

他方で、LNG を受けいれるための LNG 輸入ターミナルの建設がヨーロッパにおいて急ピッチで進められている。すでにオランダで 2 基(2022 年 9 月)、ドイツで 2 基（2022 年 12 月と 2023 年 1 月）の新しい浮体式 LNG 貯蔵再ガス化設備（FSRU）が操業を開始しており、ドイツでは 2023 年末までにさらに4 基の FSRU が完成する予定だ(2023 年 2 月公表の論文「ガス危機時の EU の連帯：意志があっても道は険しい」を参照)。

だが、EU とイギリスのガス需要や LNG 需要の予測を考慮すると、LNG の再ガス化設備能力の過剰が明確化し、その利用率が逓減していくことが考えられる。国際液化天然ガス輸入業者グループ(GIIGNL)の年次報告でも、「今後、2026 年までに年 1 億トンを超える新たな液化設備が稼動すると予想される」と指摘されている。2022 年の世界の液化能力は年末時点で 4 億 7650 万トンだった。新規生産能力が 1490 万トン増えたことを考慮すると、この1 億トンの新規生産能力がいかに大きいかがわかるだろう。2026 年までに年5 億 7650 万トンもの生産能力が実現すれば、過剰生産は避けられないとの見方が広がっている。

エネルギー経済・財務分析研究所（IEEFA）の Global LNG Outlook 2023-27 では、「2030 年にかけては、法的拘束力のある排出削減目標、エネルギー安全保障を確保するための政策措置、および価格高騰に起因する需要破壊によって、EU のガス需要は 40％以上減少する可能性がある」としている。さらに、欧州大陸のガス需要全体が長期的に減少するにつれて、ヨーロッパの LNG に対する意欲も低下し、欧州大陸の LNG 輸入能力の利用率が低下すると IEEFA は予想している。だからこそ、EU やイギリスの企業のなかには、

米系企業との長期契約に慎重な姿勢を示すところも少なくないのだ。

とくに注目に値するのは、2022年5月に発表されたEUの「RePowerEU」計画である。欧州委員会は、「ロシア産化石燃料依存からの脱却計画「リパワーEU」の詳細に関する政策文書」と関連改正法案を発表したもので、省エネや再生可能エネルギーへの移行の加速化などが謳われている。ヨーロッパでは、気候変動に対する危機感が強く、「少なくとも11カ国が、2027年までに化石燃料による暖房を全面的に禁止または制限すると発表している」と、Global LNG Outlook 2023-27は書いている。

ここで、あまり日本では報道されていない話を紹介しておこう。AP通信によれば、独憲法裁判所は2023年7月5日、化石燃料を使用した暖房器具をよりクリーンな代替品に交換するよう住宅所有者に奨励するという論争を呼んでいる計画について、今週議会で採決を行おうという政府の計画を阻止した。法案そのものは、2024年1月1日以降、新たに設置される暖房設備の65%を再生可能エネルギーで賄うことを定めている。適用除外、移行期間（80歳以上の住宅所有者など）、奨励金も定められている。社会民主党、緑の党、自由民主党（FDP）の連立与党は夏休み前の最後の数日間に法案を国会に提出し、採決に持ち込もうとしていたのだが、野党保守党CDU/CSUブロックの議員は、これでは議員の権利が侵害されると憲法裁判所に訴えていたのだ。裁判所はCDU議員を支持し、「暖房法案」を審議することを禁止した。これは、ガス・ボイラーの禁止をめぐる議論としてアメリカなどでも広がりをみせており、ガス需要が将来減る予想の根拠ともなっている。

ほかにも、化石燃料の探査・採掘を禁止する国も増えている。2021年8月12日に公表後、2022年1月14日に更新された「化石燃料の終焉：探査と採掘を禁止した国は？」によると、2017年、フランス議会は2040年までにすべての領土で石油とガスの生産を禁止する法律を可決した。グリーンランドでは、2021年7月、新たな石油探査がすべて禁止された。2020年、デンマークは2050年までに北海での新規探査を禁止し、石油・ガス生産を終了することに合意した。スペインは2021年5月、2042年までに全領土で化石燃料の生産に終止符を打つ気候法を承認した。2021年2月、アイルランドは新たな石油・ガス探査のライセンスを禁止する法律を導入した。

LNGの罠

もう一つ、LNGには大きな課題がある。それは、「LNGの温室効果ガス

排出量は石炭のそれよりも大きく、ロシアのウクライナ侵攻によるような短期的なエネルギー需要には、LNG インフラを拡張するよりも、閉鎖された石炭施設を一時的に再開する方が適している」というコーネル大学のロバート・ハワースの主張があるからである。

　彼は、シェールガスの生産から最終消費者による燃焼に至るまで、LNG システムのライフサイクル全体の評価について温室効果ガスの排出量を調べた。LNG の原料である天然ガスの生産・加工・貯蔵・輸送に関連する排出（上流および中流排出と呼ばれる）、天然ガスを LNG に液化するために使用されるエネルギーからの排出（天然ガスの液化は天然ガスに含まれるエネルギーの約14％を消費するという［イリノイ州選出の下院議員ショーン・キャステンの意見より］）、LNG をタンカーで輸送するために消費されるエネルギーからの排出、LNG を天然ガスに再ガス化するために使用されるエネルギーからの排出、ガスの最終消費者への配送および最終消費者による燃焼からの排出など、サプライチェーンの各段階における二酸化炭素およびメタンの排出が含まれる。

　わかりやすくいえば、メタンは、生産坑口から加工工場、コンロまで、サプライチェーンのどこででも漏れる可能性がある。加えて、ガスを液化して輸送するプロセスにも多大なエネルギーを消費するため、さらに多くの排出が生じる。ゆえに、LNG をその「ライフサイクル」全体からみると、石炭燃焼よりも温室効果ガス排出量が多いというわけだ。

　ハワースは、LNG の移動距離や放出されるメタンガスの量を変えながら、さまざまなシナリオをモデル化した。彼の計算によれば、もっとも近代的な船でもっとも直接的なルートでガスを輸送した場合でも、採掘井から PL、液化ステーション、船、最終的な燃焼に至るまで、LNG の地上から燃焼までのライフサイクル全体から排出される温室効果ガスは同量の石炭を掘り起こして燃やした場合よりも 24％大きい。重油を燃料とする旧式のタンカーを使用する長距離輸送の場合、LNG の温室効果ガス排出量は石炭の 2.7 倍となる。

　このハワースの見解が正しければ、アメリカのシェールガスを LNG 化してヨーロッパに運び、そこで再ガス化して燃焼させるという行為は、温室効果ガス削減の立場からみると、禁止されるべき愚行ということになるのだ。ハワースは論文の最後に、「天然ガスよりも温室効果ガスの排出量が多い LNG の使用廃止は、世界的な優先事項でなければならない」とまで書い

ている。

メタンという温室効果ガス

2021年4月15日付の「論座」において、拙稿「日本も「メタン排出削減戦略」の策定を急げ」という記事を公表したことがある。その冒頭につぎのように書いておいた。

「地球の気候変動をもたらす温室効果ガス（Greenhouse gases）のなかでもっとも有名なのは二酸化炭素（CO_2）である。だが、温室効果ガスにはほかにもメタン（CH_4）、亜酸化窒素（N_2O）などがある。これらの違いは、エネルギーを吸収する能力（放射効率）と大気中に存在する時間（寿命）の2点にある。

1トンの二酸化炭素を排出した場合と比較して、1トンのガスの排出量が一定期間にどれだけのエネルギーを吸収するかを示す指標、地球温暖化係数（GWP）でみると、メタンのGWPは、100年間で28〜36と推定されている。いま排出されているメタンの寿命は平均して約10年であり、二酸化炭素よりもはるかに短い（100年たっても、現在の大気中にある二酸化炭素の40%が存在しているとみられている）。しかし、メタンは二酸化炭素よりもはるかに多くのエネルギーを吸収する（二酸化炭素は一だからメタンは二酸化炭素に比べて二八〜三六倍の吸収率）。20年間でみると、メタンは二酸化炭素に比べて56〜96倍ものエネルギー吸収率とされている。」

天然ガスの大部分を占めているメタンは温室効果ガスとして、気候変動に大きな悪影響をおよぼしている。だからこそ、国連気候変動会議（COP28）での予期せぬ誓約として、世界最大の石油会社の多くが2023年12月2日、2030年までに油井や掘削から排出されるメタンを80%以上削減すると発表したことが大きく報道されたのであった。

シェールガス生産自体が大問題

実は、ハワースは初期の研究成果として、2011年にClimatic Change誌に「シェール層からの天然ガスのメタンと温室効果ガスフットプリント」という論文を発表し、「シェールガス生産によるメタンの3.6%から7.9%が坑井の寿命期間中にベントやリークによって大気中に放出される」と指摘している。シェールガスの採掘自体が温室効果ガスとしてのメタンの排出の原因になっているのだ。ハワースによれば、これらのメタン排出量は、在来型ガスによる排出量の少なくとも30%、おそらく2倍以上である。シェールガス

から排出されるメタンガスは坑井が水圧破砕されるとき、破砕後の掘削中に発生する。

　2014 年に公表した論文では、「メタンの温暖化係数を二酸化炭素と比較するため 20 年という期間を用いると、シェールガスも在来型天然ガスも、天然ガスのどのような用途でも、とくに住宅や商業施設の暖房という主な用途では、石炭や石油よりも温室効果ガスが大きいという結論になる」と書いている。さらに、2019 年に Biogeoscience 誌に公開した論文において、ハワースは、「過去 10 年間の北米でのシェールガス生産は、化石燃料からの排出量増加の半分以上、そして過去 10 年間の全世界での全排出源からの排出量増加の約 3 分の 1 に寄与している可能性があると結論づけられる」としている。

　ここで紹介したハワースの主張は決して間違っていなかった。「ニューヨーカー」が 2023 年 10 月に公表した記事には、「最近では、衛星による測定から収集された新しいデータが、コーネル大学のデータを裏づけた」と紹介されている。2016 年までに、ハーバード大学の研究チームは、アメリカにおけるメタン排出量が 2002 年以来 30％ も急増していることを示す衛星データを発表したからだ。これは、アメリカにおけるシェールガス採掘の開始との因果関係を示唆している。

　2024 年 3 月 13 日に『ネイチャー』公表された論文では、航空機から測定したデータを用いて、調査対象地域の多くで、メタン排出量が政府のこれまでの推定値よりもかなり多いことを発見したことが報告されている。事態はきわめて深刻なのである。

　ここまでの記述から、アメリカという国はシェールガス生産で地球上のメタンという温室効果ガスを大量にばら撒いてきたことがわかる。にもかかわらず、日本人のほぼ全員、地球上の大多数はアメリカによる傲慢について知らないに違いない。中国の石炭燃焼による二酸化炭素排出量の多さは知っていても、アメリカがシェールガスの採掘・輸送などによって石炭以上に地球の気候変動に悪影響をおよぼしていることを知る人はほとんどいないだろう。これは、マスメディアがアメリカ政府と「結託」している可能性が高いことを示唆している。あるいは、日本でも、ヨーロッパ諸国でも、マスメディアに登場して偉そうにしている「専門家」がいかに不勉強で、御用学者化しているかを示しているのだ。

注目される LNG ターミナルの可否

　「ニューヨーカー」の記事には、「これまでに、メキシコ湾岸を中心に七つの大型輸出基地が建設され、さらに少なくとも 20 の基地が計画されている」との記述がある。もしこれらの基地がすべて建設されれば、EU の年間排出量に匹敵する年 32 億トンの温室効果ガスが余分に排出されることになるとの見方まで紹介されている。

　こうした状況にあるからこそ、注目されているのが、カルカシュー・パス 2（CP2）というメキシコ湾とラテンアメリカのレイクチャールズを結ぶ航路沿いに建設予定の 100 億ドル規模の巨大な LNG ターミナル建設計画の今後である。2024 年 1 月 26 日、気候変動、経済、国家安全保障への影響を分析するため、新たな液化天然ガス輸出施設の許可プロセスが政府によって一時停止された。

　今回の措置は、エネルギー省が、非自由貿易協定国への LNG 輸出が天然ガス法で義務づけられている「公共の利益」に適うかどうかを判断するための経済・環境分析を更新する手続きの停止と関係している。この見直しに伴い、エネルギー省は新規の非自由貿易協定国への輸出申請を一時停止しているだけだ。同措置は、エネルギー価格の妥当性、国内外のエネルギー安全保障、環境リスクを考慮するというエネルギー省の責任に沿ったもので、同省は新たな評価が完了するまで新規認可を一時停止する。前回の評価は 2018 年と 2019 年に更新された。以来、アメリカの LNG 輸出は 3 倍以上に増加し、アメリカは最大の LNG 輸出国となっている。また、建設中または最終投資決定待ちのプロジェクトにおいて、今日の大量輸出の 3 倍近くを許可してきた。この一時停止は、過去に認可されたプロジェクトには影響しない。すでに許可されている輸出を遡及的に見直すものではないから、建設中のプロジェクトを中断させたり、プロジェクトに関わる国内の雇用を損なったりしない。

　こう考えると、今回の措置によって、CP2 の実現可能性がなくなったわけではまったくない。ただ、その判断が大統領選後に委ねられる見通しとなっただけである。つまり、バイデンはより多くの環境保護派の支持を集めるために、CP2 の建設許可をいったん見送ることにしたとみるのが正しい。とはいえ、再選後、CP2 の建設が許可される可能性は高い。なぜなら過去にも前例があるからである。

　ついでに、バイデンの露骨な選挙対策として、2024 年 4 月、同政権はメ

ンソールタバコを禁止するかどうかの決定を延期すると発表したことも書いておきたい（NYTを参照）。2022年5月に食品・医薬品局（FDA）が正式にメンソールタバコの禁止を提案していたにもかかわらず、その決定を引き延ばし、大統領選が近づくと、さらに先延ばしにしたのだ。その理由は、黒人喫煙者は歴史的にメンソールタバコを好み、その禁止は偽造タバコの密輸急増につながりかねないからだ。もちろん、ここ数カ月黒人有権者の支持率が低迷しているバイデンにとって、黒人から恨みを買い、さらなる不支持拡大をもたらすかもしれない。たしかなのは、バイデンが肺がんリスクをそもそも重視してこなかった事実である。

過去にも環境保護運動家への複数の裏切り

　多くの人々はバイデン政権が化石燃料の燃焼を止めることを望んでおり、パリ協定から離脱したトランプ政権とは180度異なっていると感じているだろう。だが、それはバイデン政権による「目くらまし」に騙されているだけだ。すでに紹介したように、バイデン政権は2023年3月、アラスカの巨大石油掘削プロジェクト「ウィロー」を正式承認した。

　環境保護運動家への裏切りはまだある。バイデンは2023年5月、ウェストバージニア州で物議を醸しているガスPLの早期建設に同意したのだ。同PLは、「マウンテン・バレー・パイプライン」と呼ばれ、ウェストバージニア州とバージニア州を横断してシェールガスを輸送するもので、地元住民や気候活動家の反対を押し切って建設を加速することになったのだ。マウンテン・バレーPLの未許可のすべてを、連邦債務上限の引き上げ法可決後21日以内に承認することで合意したのである。同PLの建設には、国有林と何百もの小川を横断するため、連邦政府および州政府の許可が必要だが、連邦控訴裁判所は、環境破壊、とくに地元の水路の汚染を考慮していないとして、これらの許可を何度も却下してきた。それにもかかわらず、バイデンは建設を急がせる決定に与した。

　石炭燃焼による火力発電所よりも天然ガスを燃焼して発電するほうが二酸化炭素排出量は少ない。しかし、だからといってガスは「地域社会を汚染し、地球を熱くする汚い化石燃料の一つにすぎない」ことを忘れてはならない。ところが、テネシー川流域のテネシー、ミシシッピ、アラバマ、バージニア、ジョージア、ノースカロライナ、ケンタッキー州に電力を供給するテネシー川流域開発公社（TVA）は、「過去3年間だけでも八つの新しいガスプラン

トを建設または承認している。TVAは全米のどの電力会社よりも多くのメタン発電インフラを新設しており、同社が供給する地域の電力会社のほとんどを20年契約で囲い込んでいる」と、2024年2月19日付のNYTに環境保護派のマーガレット・レンクルは書いている。同月、トランスコンチネンタル・ガスPLは、バージニア州からノースカロライナ州、ジョージア州を通り、西のアラバマ州までアメリカ南部の中心部を貫く巨大PLを建設する意向を明らかにしており、化石燃料の輸送や燃焼を減らそうという機運がバイデン政権のもとで高まっているようにはみえないのだ。

　民主党といえば、環境保護派ばかりだと思っている人が多いかもしれない。だが、雇用を維持するために、企業側につく民主党員も大勢いる。いま問題になっているのは、粒子状物質汚染に関する基準をより厳しくしたい環境保護局（EPA）と、企業への打撃を回避したい勢力との対立だ。2024年1月19日付のWPによれば、EPAは年間煤煙基準を現行の12マイクログラム／㎥から九マイクログラム／㎥に引き下げ、これにより年4200人の命を救う可能性があると考えているが、すすを出す側の団体米森林製紙協会はこれに反対している。9マイクログラムという規制値は、煤煙基準値違反、もしくは基準値ギリギリの郡の数を急激に増加させる可能性があり、そうなれば、企業は工場の建設や拡張の許可取得が難しくなり、環境規制の緩い他国へ移転する可能性があるという。別の業界団体、全米製造業者協会も基準強化に反対している。雇用確保を名目に、民主党の一部が厳しい環境規制に反対しているのだ。

　とくに、厳しい煤煙基準が採用されると、困る地域には、アリゾナ、ジョージア、ミシガン、ネバダ、ノースカロライナ、ペンシルベニア、ウィスコンシンの七つの「スイング州」（民主党と共和党への支持が拮抗しており、大統領選で勝利者が頻繁に入れ替わる州）が含まれている。大統領選の勝利のためであれば、バイデン政権が基準強化を踏みとどまる可能性があるというわけだ。その意味で、この問題への対処もバイデン政権の本質を見極めるための試金石となるだろう。

　無視できないのは、米政府は米企業を支援する目的でアメリカ輸出入銀行を通じて、フランスのトタル・エナジーズとアメリカのエクソン・モービルが主導するパプアニューギニアでの130億ドル規模の天然ガス輸出プロジェクトに融資しようとしていることだ。Perspectives Climate Groupと非営利団体Oxfamの集計によると、同行は2017年から2021年の間に、化石燃料プ

ロジェクトに 60 億ドル近く、クリーンエネルギーに 1 億 2000 万ドルの融資を行ってきた（NYT を参照）。政府は温室効果ガスの排出量の多い案件を優遇してきたようにみえる。

　表面的なニュースばかりを目にするだけでは、ヘゲモニー国家の座から転げ落ちそうなアメリカが何を企んでいるかについて騙されることになりかねない。たとえば、2023 年 12 月に 80 歳になったジョン・ケリー米気候変動問題担当の大統領特使は、2024 年春に同職を辞任し、「バイデン大統領の再選キャンペーンに参加し、政権の気候変動に関する功績を強調する予定である」と報道されている。しかし、ペンシルベニア州の上院議員で超国家食品メーカー、ハインツの創業家に属する H・ジョン・ハインツ 3 世の未亡人と再婚したケリーは大富豪であり、自家用ジェット機で移動する人物だ。どこか、おかしくないか。

第3章

アメリカ帝国主義の切り札：制裁

1 脅迫による経済支配

　アメリカが軍事的支配や政治的影響力を確固たるものとしていたヘゲモニー国家であった時代には、経済制裁を科すといった脅迫を実際に執行しなくても、アメリカは自国の利益を守ることができた。しかし、ヘゲモニー国家アメリカの凋落のなかで、アメリカは制裁という切り札を行使しなければ、自国および自国企業の既得権益を保持できなくなっている。まさに、帝国主義的ふるまい抜きにアメリカの権益はもはや守れないのである。だからこそ、アメリカの科す制裁について考察すれば、アメリカがいかに帝国主義的であるかがよくわかるはずだ。

ウクライナ戦争に伴う制裁
　たとえば、ウクライナ戦争が勃発した 2022 年 2 月以降、米国主導で数々の対ロ制裁が科されている。定期的に金融犯罪やウォッチリストのデータをメディアに提供している Castellum.AI が管理するトラッカーによると、2022年 2 月以来、アメリカ、ヨーロッパ、そしてその同盟国は 1 万 6500 件以上の対ロ制裁を展開してきた（**図 III -1 を参照**）。ロシアの石油収入を抑制し、ロシアへの機密物資の輸出を禁止し、中央銀行の外貨準備高を凍結し、ロシアの銀行を世界の金融システムから切り離すなど、さまざまな制裁を行ってきた。ただ、2014 年 2 月、アメリカの支援で実現したクーデターを契機として、ロシアがクリミア半島を併合すると、よく理解できない理由で（そもそもクーデターを支援したアメリカこそクリミア併合を招いた元凶である）、アメリカは対ロ制裁をはじめていたから、2022 年以降の制裁はすべて対ロ制裁の追加ということになる。対ロ制裁はアメリカが旗振り役となり、欧州諸国や日本などを巻き込んで行われている。ヘゲモニー国だったアメリカの経済圏に属する国々を従えて、ロシアに対抗するという構図が成り立つ。
　2022 年 2 月 26 日夜、欧州委員会、仏、独、伊、英、加、米の指導者の連名で発表された「さらなる経済的制限措置に関する共同声明」が出される。①選択されたロシアの銀行が国際銀行間通信協会（SWIFT）メッセージング・システムから削除されることを確実にすることにコミットする、②ロシア中央銀行が我々の制裁の効果を損なうような方法で外貨準備を展開することを

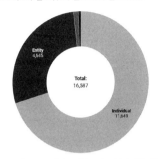

Sanctions Targeting Russia by Type
Since 22 February 2022
■ Individual (11,649)　■ Entity (4,645)　■ Vessel (188)　■ Aircraft (105)

Includes designations from: Australia, Canada, EU, France, Japan, Switzerland, UK, and US.
Source: Castellum.AI · Get the data · Embed · Download image · Created with Datawrapper

図Ⅲ-1　タイプ（個人、法主体、船舶、飛行機）別対ロ制裁件数
（2024年2月12日現在）
（出所）https://www.castellum.ai/russia-sanctions-dashboard

阻止する制限的な措置を講じる、③ウクライナ戦争とロシア政府の有害な活動を助長する人々や団体に対処する、④我々の管轄区域内に存在する制裁対象個人および企業の資産を特定し凍結することにより、我々の金融制裁の効果的な実施を確保する、⑤我々はディスインフォメーション（意図的で不正確な情報）やその他の形態のハイブリッド戦争に対する協調を強化する ―― という措置がとられることになった。

　だれしもが①の措置のまだるい表現に気づくだろう。同措置は世界的な決済サービスを提供する機関、SWIFTからロシアの金融機関を切り離すことで、ロシアの貿易や資本取引を妨げ、その経済に打撃を与えることを目的にしているが、共同声明を出した国々はSWIFTの株主であるわけではない。したがって、直接、SWIFTに対してロシアを排除するよう命じることはできないのだ。ゆえに、「コミットする」という、わけのわからない表現になっているというわけだ。なお、ここでの説明は拙著『知られざる地政学』〈下巻〉（309～320頁）をもとにしている。より詳しく知りたい読者はそちらを参考にしてほしい。

国際決済をめぐるアメリカの横暴

　SWIFT（Society for Worldwide Interbank Financial Telecommunications）は1973年に設立された。15カ国239行が共同設立したもので、ベルギーの法律に基

づいて設立された協同組合で、組合員によって所有されている。現在までに
SWIFTは200カ国以上の1万1000以上の組織を束ねており、多くは銀行だが、
金融機関以外の企業も約1000社ある。SWIFTによって、ある銀行が別の銀
行のだれに、いくら支払ったかという情報をすべて伝えることができるから、
SWIFTは決済システムというより情報システムとみたほうが理解しやすい。
システムを通じて送信されるメッセージは、参加銀行に対し、ドル建てだけ
でなく他の通貨建てでも顧客口座からの引き落としや貸し付けを指示する。
重要なのは、「国境を越えた決済の約90％がSWIFTを通じて行われている」
点である。SWIFTから切り離されると、いわゆるクロスボーダー取引がで
きなくなってしまうのだ。

　この情報システムとして機能しているSWIFTは、ロシアの金融機関と米
ドル取引をした第三国の金融機関に対しても制裁を科すことができる。この
ため、アメリカは通貨ドルの独占的発行権を盾に、通貨ドルの管理のために
必要な措置を講じる権利があると主張するようになる。つまり、いわゆる第
三国に対しても「二次制裁」をとると脅すのだ。とくに、2001年9月11日
の同時多発テロ発生以降、アメリカの姿勢が大きく変化する。バリー・アイ
ヘングリーンはその論文のなかで、「SWIFTは当初、独自のデータを米当局
と共有することに抵抗していたが、9.11の後、議会がSWIFTを制裁すると
脅したため、米当局の監視下に置かれることになった」と指摘している。

　SWIFTは協同組合だから、組合員の投票によってSWIFTからの除外と
いった措置をとることができる。アメリカの銀行は、SWIFTの少数株主に
すぎない。SWIFTを屈服させるには、米ドルの取り扱いについて「二次制裁」
を科すと脅すのがもっとも効果的とみられている。アメリカは、直接の制裁
対象国でなくても、第三国の金融機関に対して、SWIFTが制裁を遵守する
ことをアメリカの銀行との取引継続の条件としたり、SWIFTに直接制裁を
加えたりすることもできるから、SWIFTは従わざるをえないのだ。さらに
アメリカは、SWIFTが法人化されているベルギー政府に圧力をかけ、アメ
リカの制裁を実施させることもできる。2012年、米議会はSWIFTがイラン
の金融機関をシステムから排除できなかった場合の制裁を提案したが、その
際はSWIFTが要求された措置を取ったため、直接的な制裁は科されなかっ
たという過去がある。アメリカの政府や議会はそこまで徹底して圧力をかけ
るのである。まさに脅迫するのだ。

　SWIFTからの排除を強制した米主導の制裁は、当然、ドル建て決済への

警戒感を引き起こす。具体的には、ルーブル建てや人民元建て決済といったアメリカの意向がおよばない通貨建て決済や、暗号通貨を使用した決済の増加を招く（詳しくは拙著『知られざる地政学』〈下巻〉を参照）。最近では、2023年11月、ロシア中銀は、アラブ首長国連邦（UAE）と共同でデジタル・ルーブルを使用した決済システムを構築すると発表した。システムの開発には1年かかると見積もられている。

ロシアの対抗措置としての制裁

　制裁は、被制裁国による制裁行使国への対抗措置を誘発する。これは、関税を一方的に引き上げられた国が対抗措置として関税を引き上げるのと同じである。帝国主義国家にとっては、関税も制裁も重要な抑圧手段なのだ。ロシアも帝国主義国家だから、アメリカ主導の対ロ制裁に対して、非友好国を対象とする制裁というかたちで対抗措置をとっている。

　ロシアでは、ロシア外交官の大量追放後の2021年に非友好国リストが登場した。そのリストには当初、アメリカとチェコ共和国が含まれていた。2022年7月には、ギリシャ、デンマーク、スロベニア、クロアチア、スロバキアに拡大された。2022年3月以降、ロシアは国際的制裁に対応して作成された別の非友好国リストを作成し、このリストには、上記に加え、すべてのEU諸国、ウクライナ、カナダ、日本、ミクロネシア、英国、その他（合計約50カ国）が含まれている。

　たとえば、プーチンは2022年8月に署名した大統領令で、非友好国のロシア株保有者に対するロシア国内の戦略的企業の株式取引を禁止する。2023年末まで延長された有効期間は同年12月、新たに2025年末まで延長された。これは、①エネルギー、エンジニアリング、貿易分野で事業を営んでいる場合、②他国がロシアの受益者に制裁を課している場合、③非友好的な国の外国人が50％以下の株式を所有している場合、④前年の売上高が1000億ルーブルを超える場合に適用される。ほかにも、プーチンは国産石油と石油製品の価格上限導入への報復措置を2024年6月まで延長する大統領令に署名した。2022年12月、財務省は、非居住者企業がロシアで登記された企業の株式や参加権益を売却する際、売却時の割引は市場価格の50％以上でなければならず、取引額の10％は連邦予算に移されなければならないとする制度を導入した。

2　制裁の歴史：二次制裁をめぐって

　ここで、国際法上、「制裁」なるものを科す制度を設けて、アメリカが制裁をちらつかせて対象国を恫喝するだけでなく、その対象国と取引する第三国への制裁という「二次制裁」を通じて、第三国さえも恫喝対象としてきた点について論じたい。アメリカという国の恐ろしさを知ってほしいからだ。なお、拙著『プーチン3.0』「第四章　地経学からみた制裁」および『復讐としてのウクライナ戦争』「第7章　復讐・報復・制裁」で制裁について詳細に考察したことがある。詳しく知りたい人はそちらを参考にしてほしい。

　なお、老婆心ながら、「公的制裁」と「私的制裁」の区別について注意喚起しておきたい。ここで論じるのはあくまで政府主導の公的制裁だが、制裁には企業が自主的に行う私的制裁もある。たとえば、イェール大学には、ウクライナ侵攻が始まって以来、1500社を超える企業の対応を追跡してきたサイトがある。①撤退（ロシアとのかかわりを完全に絶ち、ロシアから撤退する企業）、②停止（一時的に業務の大半または大半を縮小し、復帰の選択肢を残している企業）、③規模縮小（一部の事業を縮小し、他の事業を継続する）、④新規投資・開発の延期（実質的な事業を継続しながら、今後予定している投資・開発・マーケティングを延期している企業）、⑤拒否（撤退や活動縮小を要求されても、それに応じない企業）—— といった企業の対応を公表することで、何もしない企業へのバッシングやボイコットにつながりかねない面をもったものだ。いわば、私的制裁として撤退や停止などを促す意図をもった「胡散臭いサイト」こそ、このサイトなのである。

　あるいは、ウクライナ政府が政府機関である国家腐敗防止庁（NAPC）を使って、「国際戦争支援企業リスト」を作成し、リストに掲載された企業をすべてWorld-Checkデータベースに登録して世界にボイコットを求めている。いわば政府が率先して私的制裁をするよう呼びかけるものだ（2024年1月6日現在、48社収載）。ウクライナ政府の圧力によって他国の民間企業活動が歪められるという事態は看過できるものではないだろう。私的復讐は近代国家においては禁止されている。そうであるならば、私的報復とか私的制裁も抑止されて当然だろう。ましてや、国家が私的制裁を呼びかけることなどあってはならない。

　企業が帰属する国家の命令で公的制裁に加わる場合には、それが「法の支配」の範囲内で行われるのであれば従う義務が生じる。これに対して、私的企業が自社の判断で、撤退、停止、規模縮小、新規投資・開発の延期、拒否（何もしない）を決めるのはまったく自由であるべきだろう。だが、アメリカ帝国主義にみられるように、国家と資本は分かちがたく結びついている。問題は、国家による民間企業への介入にある。それは、アメリカ帝国主義が海外に不当に介入するのと同じように、解決しがたい難問を突きつけている。

「制裁」（sanctions）

　ウクライナ戦争で頻繁に耳にするようになった「制裁」（sanctions）という言葉だが、広く単一の定義に基づいて語られている概念ではない。たとえば、欧州議会の報告書は、「「制裁」という言葉には、一般的に合意された定義はない」とはっきりと書いている。ただ、制裁という言葉は三つの方向から定義づけられようとしてきたと、トム・ルイズは論文「制裁、報復行為、対抗措置：概念と国際的な法的枠組み」のなかで指摘している。ここでは、彼の説明を紹介しておきたい。

　第一のアプローチは目的志向であり、制裁を国際法に従わせるため、あるいは国際法の違反に対して罰するために国家に対して取られるあらゆる措置とみなす。この際、国際法は国内法ではないから、国際法は違反者に対して強制力のない措置をとることによって、国家による自助努力の余地を残していると言わざるをえない。このような自助努力がどの程度まで許されるかは、国際法委員会（ILC）が2001年に発表した「国際的に不当な行為に対する国家の責任に関する条文（ARSIWA）」および「国際組織の責任に関する条文案（DARIO）」とそのそれぞれの解説、特に「対抗措置」の規則を成文化したセクションにおいて、ある程度詳細に定義されている。

　第二のアプローチは当該措置の作成者の身元に焦点を当て、この概念を国際機関が採択した措置に限定するものだ。たとえば、前記のILCの作業では、「制裁」（sanctions）という言葉はほとんどみられず、代わりに「報復行為」（retorsions）と、とくに「対抗措置」（countermeasures）に焦点が当てられている。法理論においても、制裁の概念を国際機関の行為に限定し、個々の国家の行為は「対抗措置」という言葉で括られる傾向がみられる。EUの場合、伝統的に制裁を「制限的措置」（restrictive measures）と呼んできた。

　第三のアプローチは制裁を措置の種類によって定義し、特定の国に対する

輸出入制限や、特定の個人・団体を対象とした資産凍結などの経済制裁を指すと解釈するものである。ただ、このアプローチでは、国際機関が加盟国に対して行う、たとえば除名や議決権停止などの制度的制裁は除外されてしまう。

　いずれにしても、制裁の定義が曖昧なために、制裁自体の法的根拠もよくわからないのが現状なのである。そこにつけこんで、復讐の意を込めた制裁さえまかり通っているようにみえるのだ。

国連憲章第四一条に基づく制裁措置

　国連の安全保障理事会は、国際連合憲章第七章に基づき、国際的な平和と安全を維持または回復するために行動を起こすことができる。「非軍事的措置」として、安保理が決定できる措置を定めた第四一条に基づく「制裁措置」(sanctions measures)は、武力行使を伴わない幅広い強制手段を包含している（この説明は安保理のサイトにあるもので、安保理自体が「非軍事的措置」＝「制裁措置」と位置づけていることがわかる）。

　1966年以来、安保理は南ローデシア、南アフリカ、旧ユーゴスラビア、ハイチ、イラク、アンゴラ、ルワンダ、シエラレオネ、ソマリア、エリトリアの30件の制裁レジームを設立してきた。国連の意思決定メカニズムを通じて、すなわち集団的に制裁が採択された事例であり、南ローデシア（現在のジンバブエ）は、非軍事的な制限というメカニズムで初めて処罰された（イギリスから独立した白人政府が多数派の黒人に対して行った人種隔離と権利制限のために起こった1966年の事件を機に、国連はローデシアに対し、石油、武器、飛行機、車の購入を禁止し、さまざまな商品の販売も禁止、13年後、この制裁は国際的に管理された選挙で、同国の黒人たちが政権を握るという望ましい効果をもたらした）。現在は、紛争の政治的解決支援、核不拡散、テロ対策に重点を置いた14の制裁レジームが存在する。ただし、解除について不明確であることから、2005年の世界サミット宣言で、国連総会は事務総長の支援を得て、制裁措置の発動と解除のために公正で明確な手続きを確保するよう安全保障理事会に要請したことを忘れてはならない。

　他方で、国家が一方的に行う制裁措置もある。このような一方的措置について普遍的に受け入れられている定義は存在しない。国連人権理事会は「一方的制裁」または「一方的強制措置」について、「同時に、一方的な強制的措置は、特定の国際法体系の下での合法性にかかわらず、さまざまなかたち

で人権に悪影響を与える可能性があることも示している」と明確に指摘している。にもかかわらず、このような措置を取るかどうかは、他国の行為が国際法に違反するという主観的な判断に基づき、国家が独自に行うものである。たとえばアメリカは2022年末現在、38の制裁プログラムを実施している。

イラク制裁への反省

国連による制裁をみると、イラクへの国連制裁が転機となったことがわかる。1990年、イラクのサダム・フセイン大統領が、自国に対するクウェートの経済戦争を終わらせるために、隣国の領土に侵攻することを決意した後のことだ。1990年8月の国連決議661は、厳密に医療目的の物資および人道的状況における食料品は除く貿易を禁止する措置をとった。包括的な制裁と軍事力の威嚇にもかかわらず、サダムは降伏しなかった。制裁が解除されたのは独裁者が倒された後の2003年だ。

制裁の結果、イラクの経済は破壊された。1999年12月の国際赤十字委員会の報告書には、「1990年8月のイラクのクウェート侵攻後、国連が科した貿易制裁が9年間つづいたいま、市民を取り巻く状況はますます絶望的になっている。生活環境の悪化、インフレ、低賃金など、人々の日常生活は苦難の連続であり、食糧不足、医薬品や清潔な飲料水の不足は人々の生存を脅かしている」と記されている。一説には、400万人のイラク人が難民となった。このため、1998年9月まで国連のイラク人道調整官デニス・ハリデイは、イラクの経済制裁に反対して辞職した。2000年2月には、ハリデイの後任だったハンス・フォン・スポネック人道調整官も制裁が民間人に与える影響に抗議して辞任、その24時間後、イラクの国連世界食糧計画の責任者であるドイツのユッタ・バーガートもその職を辞す。思い出すべきは、こうした国連による制裁を主導したのがアメリカであったという事実である。

心ある人々の警鐘によって、ようやく2000年9月8日に採択された「国連ミレニアム宣言」に、「国際連合の経済制裁が罪のない人々に及ぼす悪影響を最小限に抑え、そのような制裁体制を定期的に見直し、第三者に対する制裁の悪影響を排除すること」という記述が盛り込まれた。この結果、平和を強要する表向きの人道的努力が、悲惨な人道的結果を招きかねないことを反省し、それまでの「住民の苦しみが政府への圧力につながる」という暗黙の原則が修正される。通常、被害を受けるのは一般市民であり、制裁の引き金となった政治的エリートではない。国連は包括的な制裁政策から徐々に距

離を置き、ターゲットを絞った方策に限定しようと舵を切ったようにみえる。

冷戦下の機能不全

　歴史的にみると、国際連盟の時代、国際連盟は 1921 年（対ユーゴスラビア）、1925 年（対ギリシャ）、1932 〜 35 年（対パラグアイ・ボリビア、チャコ戦争の解決）、そしてもっとも有名でもっとも失敗した 1935 〜 36 年のイタリア のエチオピア侵攻に際してイギリスと共同で実施した集団制裁（collective sanctions）の 4 例を実施した。後者の場合、他のヨーロッパ諸国が連盟の制限に従わなかったため、制裁は失敗に終わっている（Lance Davis & Stanley Engerman, "History Lessons: Sanctions: Neither War nor Peace," *Journal of Economic Perspectives,* 2003）。

　これに対して、1945 年以降、米ソの地政学的対立軸が形成された後、人類は、東欧圏であれ西欧圏であれ、あるいは第一世界の国々であれ、「自分たちの」チームのだれかを罰したいときに、制裁に合意することができなくなる。1945 年以降、国連が行った制裁のリストに、周辺国やアフリカ諸国が主に含まれているのは、米ソ冷戦の結果であった。それは、ソ連圏だけの一方的な権益保持のためだけではなく、パナマでもベトナムでも朝鮮戦争でも、数々の事件に関与してきたアメリカの権益保持のためでもあったことをしっかりと銘記しておくべきだろう。

　ソ連崩壊後、いわばアメリカの一極支配が進むなかで、ロシアや中国の安保理での抵抗のなかで、国連による制裁が発動されなくても、アメリカによる、あるいはアメリカ主導による数多くの制裁が一方的に実施されるようになる。それは、ヘゲモニー国家アメリカの凋落を食い止めようとするアメリカの焦りの裏返しといえるかもしれない。脅迫という帝国主義的ふるまいでしか、自国の利益を守れなくなったのだ。

　ロシアに関してみると、2022 年 12 月現在、「アメリカから 1245 件以上、G7 各国から 1000 件以上の規制がかけられている」。それまでの半年間だけでも、ロシアに対して、過去 40 年間にイランに科された制裁を累積で上回る制限が設けられたという。

国際法上の位置づけ

　ロシアに対する多くの一方的な制裁は、協調して行われ、同じ商品群やサービスカテゴリーを対象とすることが多い。こうした一方的な制裁は、個人や団体に対する制裁、物品の輸出入禁止、サービス提供の禁止や制限、輸入関

税の引き上げ、輸送制限などに分けられる。このような一方的な制裁が正当かどうかについては、さまざまな見解がある。現代の国際法では、主権それ自体は、軍事介入であれ経済制限であれ、恣意的な武力行使の十分な根拠とはなりえないという見方がある。この考え方によれば、一方的な制裁は、国家の安全保障に対する脅威がある場合、または他国の不正行為に対抗するための措置としてのみ正当とみなされる。ただし、拙著『復讐としてのウクライナ戦争』で論じたように、「グローバルな国際法」のもとでは、「アメリカの正義が世界の正義であるかのような介入主義がはびこり、それが「普遍的な「正義」」であるかのようにふるまっている」（207頁）にすぎない。

　他方、1965年12月21日、国連総会で採択された「国家の内政への介入の不可およびその独立と主権の保護に関する宣言」があることを思い出す必要がある。そのなかには、「いかなる国も、他国に対し、その主権的権利の行使の従属を得、またはいかなる種類の利益をも確保するために、経済的、政治的またはその他の手段を用いて強制してはならず、また、その使用を奨励してはならない。また、いかなる国も、他国の体制を暴力的に打倒することを目的とする破壊的、テロ的または武装的活動を組織し、援助し、煽動し、または容認し、または他国の内乱に干渉してはならない」と規定されている。

　しかし、アメリカは自国の管轄区域内の対象への「一次制裁」以外に、対象国との貿易を継続する第三国の行為者、すなわち域外行為者に対して「二次制裁」を科すことが増加している。これは、当該する第三国の国家主権の侵害にあたるとみることができる。一方的な経済制裁は世界貿易機関（WTO）の自由貿易体制に違反するという議論も可能だ。

アメリカによる二次制裁（secondary sanctions）

　アメリカ政府による域外適用の歴史をみると、1789年、アメリカは、外国人不法行為法（Alien Tort Statute, ATS）を採択し、アメリカ内で行われたのではない米国法または国際法の違反に対する外国人の訴訟を、アメリカの裁判所が審理する権利を与えたことが知られている（Agathe Demarais, *Backfire: How Sanctions Reshape the World against U.S. Interests*, Columbia University Press, 2022を参照）。18世紀から19世紀にかけて、この法律は国際海域での海賊行為を主な対象としていた。20世紀には、アメリカは、反トラスト法、銀行法、労働規制に関する他の域外適用法も発出している。しかし、アメリカの域外適用法は、ほとんどの場合、一部の専門弁護士だけが関心をもつマイナーな

現象であった。

1980年代初め、状況は一変する。パラグアイで拘留中に拷問を受け死亡した青年の父親が、息子を拷問した一人であるパラグアイ人警察官がアメリカにいるとの情報を得たのだ。その警察官は、アメリカの移民規則に反して、観光ビザで9カ月間ニューヨークに住んでいた。父親は、その警察官を米ビザのオーバーステイで逮捕させた。警察官がブルックリン海軍基地でパラグアイへの送還を待っている間、父親は前述したATSで警察官を訴えた。米連邦裁判所は、この犯罪がアメリカから8000キロ離れた場所で行われ、アメリカ人が関与していないにもかかわらず、ATSが関連し、連邦裁判所がこの訴訟を管轄するとして、この請求を支持した。パラグアイの家族は1040万ドルを獲得可能となった（ただし、この警察官はアメリカ内に資産をもっていなかったため、金銭を回収することはできなかった）。それ以来、世界のどこかで人権侵害を受けた外国人が、ATSを利用して加害者を訴え、アメリカで賠償金を手に入れるようになっている。

たが、制裁について域外適用する例はなかった。アガーテ・ドゥマレは、「1990年代半ばまで、アメリカの制裁プログラムは治外法権的ではなかった」と書いている（Agathe Demarais, Backfire: How Sanctions Reshape the World against U.S. Interests, Columbia University Press, 2022, p. 70）。当時、アメリカの制裁措置のほとんどは、キューバなど国全体、あるいは特定の個人や企業に向けられており、制裁を受けた個人や企業は、財務省外国資産管理局（OFAC）が管理する「特別指定国民およびブロック指定人物」（SDN）リストに加えられ、米ドルの使用や米国内でのビジネス、米国人とのビジネスが禁じられることになっていた。制裁遵守には、米企業は単に禁輸国と取引していないこと、海外のビジネスパートナーがSDNリストに載っていないことを確認するだけでよかった。一方、非アメリカ企業は、ワシントンの封鎖やSDNリストについて心配する必要はなかった。理論的には、アメリカ域外の法人は制裁規則を含むアメリカの法律を尊重しないことになっていたからである。

だが、1996年2月、キューバ空軍が、フロリダに拠点を置くキューバ反体制派グループの飛行機2機を撃墜する事件が起きる。その報復として、アメリカはヘルム＝バートン法を採択し、米企業がキューバとビジネスを行うことを禁じていたアメリカの貿易禁輸をすべての国際企業にまで拡大した。ヘルム＝バートン法は、制裁の域外適用に向けたアメリカの最初の一歩となる。当然ながら、ヨーロッパ各国政府は、同法は自国の主権を侵害するもの

だと非難した。EU は、WTO に提訴する。その後、激しい交渉が続いたが、結局、ビル・クリントン大統領は、ヘルム＝バートン法の非アメリカ企業に適用される規定を放棄し、引き下がった。それにもかかわらず、「アメリカの域外制裁の考え方は生まれた」(Demarais, 2022, p. 71)のである。ともかくも、制裁について域外適用が開始された意義は大きい。

　14 年後に、域外制裁の考え方は復活する。2010 年、米議会は新たな対イラン制裁を採択した。今回の制裁は、アメリカの制裁を尊重しない外国企業を SDN リストに追加して脅す「二次制裁」(secondary sanctions) という概念を導入している点が斬新であった。SDN リストと同様に、二次制裁を受けた企業は米ドルへのアクセスを失い、アメリカ市場から退出しなければならない。さらに、その幹部は個別に罰則を受ける可能性があることになる。アメリカの主張は「周到」となった。二次制裁は、非アメリカ企業を対象とするのではなく、外国企業にアメリカ市場と制裁対象国の市場のどちらかを選択させるように迫ったのである。しかし、この選択は公平なものではない。なぜならドルへのアクセスを失い、世界最大の経済大国との取引を停止してもかまわないというグローバル企業はほとんど存在しなかからである。その結果、ほとんどすべての国際企業は、自らが制裁の標的になることを恐れて、アメリカの制裁を遵守せざるをえなくなる。二次制裁は、アメリカの制裁の範囲を、国境を越えて拡大し、実際にはだれもがアメリカのルールに従わなければならないルールとして世界を統制するまでになる。

　すでに紹介したように、2014 年 12 月 18 日に、オバマ大統領は「2014 年ウクライナ自由支援法」に署名した。同法にも、ロシアおよびその他の外国金融機関に対する制裁（第五条）といったかたちで二次制裁が含まれている。

　2017 年 8 月 2 日、当時のトランプ大統領は、ロシア、イラン、北朝鮮に対する新たな制裁措置に署名し、法制化した。議会が主導したこの 3 カ国への制裁プログラムの大半は、二次制裁を科す可能性を含んでいた。微妙な言い回しなのは、二次制裁の本質にかかわっているからである。アメリカは、どのような基準で二次制裁を行うかをあえて曖昧にし、不確実性を高めて二次制裁の抑止力を高めようとしていたのである。アメリカの政策立案者は、二次制裁の威力がその抑止力にあることを十分承知しており、だからこそ、二次制裁を受ける可能性のある取引に国際企業が参入するのを躊躇させたり、断念させたりする抑止力を働かせる目的で二次制裁の脅威をできるだけちらつかせようとしていたのだ。

二次制裁をちらつかせるだけで倒産した銀行

この二次制裁の恐ろしいのは、実際に銀行を破綻に追い込むだけの影響力をもっていることである。2018年2月13日、米財務省の金融犯罪取締ネットワーク（FinCEN）は、米愛国者法第三一一条に基づき、ラトビア第三位の金融機関ABLV銀行をマネーロンダリングの主要懸念機関に指定する措置案を発表した。この発表後、ABLVは突然の預金引き出しに見舞われ、米ドルの資金調達ができなくなった。その結果、同行は米ドルでの支払いができなくなる。同月23日、欧州中央銀行（ECB）は、単一破綻処理メカニズム規則に基づき、ABLVを破綻または破綻の可能性があると決定した。その後、ABLVは2018年2月、自己清算というかたちで閉鎖された。

この出来事は、アメリカがABLVに対し、北朝鮮による制裁逃れを手助けしたことを理由にマネーロンダリングの懸念があると指定する案を公表するという、いわば二次制裁をちらつかせたことで、取り付け騒ぎを招いたことを意味している。ゆえに、The Economist は、二次制裁を「禁じられた副作用」と表現している。ラトビアは人口200万人ほどの小さな国だから、信用失墜の脅威がおよぼした打撃は甚大となった。それほど大きな影響力を二次制裁は有している点に留意しなければならない。このため、長期的にみると、二次制裁の行使は、アメリカが世界の金融システムに対してもっている影響力を削ぎかねない。なぜならドル決済が突然の取引停止や罰金につながることがわかっていれば、ドル決済そのものを避けるようになるからである。「昨年（2023年）に初めて、中国のクロスボーダー決済の人民元建てがドル建てを上回った」という The Economist の指摘は重要だ。

EUからみた制裁

つぎに、EUが制裁をどう考えているかを紹介しよう。先に紹介した欧州議会の報告書「貿易・投資に対する治外法権の制裁とヨーロッパの対応」をもとに説明したい。

報告書では、制裁の定義を出発点としている。ジャン・コンバカウの定義、「国際法に反すると主張する他国の行動に対して、国家が単独または他国と共同してとる措置」が紹介されている（Sanctions, in R. Bernhardt (ed), Encyclopedia of Public International Law, 1992 , p. 313)。ほかにも、国際的に不正な行為に対して、権限のある社会機関が承認する強制的な対応といった定

義がある（Abi-Saab, G., The Concept of Sanction in International Law", in Gowlland-Debbas, V. (eds.), United Nations Sanctions and International Law, 2001, p. 39）。ここでいう社会機関とは、国連安全保障理事会や欧州連合理事会のようなものだ。

　こうした例をあげたうえで、報告書では、「だが最近の慣行では、制裁は、制裁を科す主体である個々の国家や国際機関が、たとえそれが違法と成文化されていなくても、好ましくないと考える行動に対して科されるものと広く理解されてきている」とのべている。

　そのうえで、EU の制裁へのアプローチが記述されている。EU の制裁措置には、三つの特徴がある。第一に、EU は国連安保理の委任がない場合、独自に制裁を決定し、実施する。第二に、国連安保理が決定した制裁体制を実施することもある。第三に、EU はしばしば、国連安保理決議の文言を超えた制裁措置で国連安保理体制を補完する。

　ロシアによるウクライナ侵略に対しては、国連安保理は、ロシアが常任理事国であることから、事実上機能していないから、EU が独自に決定する形式をとっている。2022 年 4 月 8 日に公表された欧州議会の資料「ロシアのウクライナ侵攻に伴う制裁について」によれば、制裁は外交政策の手段であり、欧州連合条約第二九条に基づいている。EU 域外の個人や企業を対象としているが、EU 域内の当局、EU 域内に所在する企業や個人、EU 域内で事業を行っている個人を拘束する。

　ヨーロッパに進出したアメリカ企業の子会社に対するアメリカの経済制裁の適用は、1961 年から 65 年にかけてリンドン・ジョンソン政権がフルーホフ・セイモア・グループのフランス子会社に対中貿易禁止を課そうとしたケースにまでさかのぼることができる。

　アメリカの制裁政策が受け入れがたいほど押しつけがましくなったのは、1980 年代に入ってからとされている。1980 年代初頭、アメリカがポーランドに戒厳令を敷いたソ連を罰するために、アルストム・アトランティックなどの欧州企業にシベリア－西ヨーロッパ天然ガス PL の建設中止を求め、共産圏への西欧技術の輸出を防ごうとしたときにもこの問題が再燃した。1982 年、レーガン大統領は、アメリカの対ソ制裁を拡大し、米企業の海外子会社とアメリカの輸出許可のもとで活動するすべての企業を制裁対象に加えた。1996 年には、キューバ、イラン、リビアへの投資を阻止するために、第三国の企業や個人を対象とした「キューバ自由民主連帯法」（通称「ヘルムズ・バートン法」）と「イラン・リビア制裁法」（通称「ダマート法」）が発効されるに至る。

EU を怒らせたアメリカの身勝手

アメリカの帝国主義的ふるまいは第二章で紹介したノルドストリーム建設をめぐる妨害工作以外にもある。イランとの貿易再開を望むヨーロッパに対して、アメリカは SWIFT による二次制裁を脅しとして利用し、イランとヨーロッパ諸国との協力強化を阻もうとしてきたのである。

2012 年、アメリカの強い圧力により、SWIFT はイランの銀行をネットワークから排除したことがある。同年 3 月、金融機関のシステムからの切り離しが初めて行われた。このとき SWIFT は、欧州理事会（EU の首脳と欧州委員会からなる EU の最高政治機関）がベルギー財務省に確認したイランへの包括的制裁措置に従う形式をとった。当時、欧米の規制当局はイランに対して統一見解を示しており、欧米政府の圧力に従ったのだ。こうして、イランは送受金がほぼ不可能になった。

2015 年のイラン核合意（イランと露、米、中、英、仏、独が署名したイラン・イスラム共和国の核開発計画に関する包括的共同行動計画［JCPOA］）後、制裁は段階的に縮小されたが完了しなかった（とくにイランから押収した国際準備金はすべて凍結解除されていない）。それでも、多くのイランの銀行がヨーロッパの制裁リストから削除され、その後、SWIFT に復帰している。だが、緩和は短時間で終わる。2018 年、当時のトランプ大統領はアメリカの JCPOA 離脱を発表し、イランに追加制裁を科したのだ（6 年後の現在、イランは濃縮ウランの量と種類に関する協定のほぼすべての制約を無視し、核連鎖反応を起こすために簡単に分裂できるウランの一部である U-235 と呼ばれる同位体を高濃度に含むウランの製造に挑んでいる。核兵器に必要な濃度は少なくとも 90% だが、すでに純度 60% まで濃縮することに成功している［WP を参照］）。700 以上のイランの団体や個人、船舶、航空機に制裁が科された。イランの多くの銀行が SWIFT へのアクセス拒否に陥ったが、この際、アメリカの制裁につづくヨーロッパの追加制裁は行われなかった。ヨーロッパは核取引の維持に関心をもち、アメリカの外交上の共同申し入れ（デマルシェ）に強く反対したのである。

スティーブン・ムニューシン米財務長官（当時）は 2018 年 11 月 2 日、SWIFT がイランの金融機関にサービスを提供すれば、アメリカの制裁を受ける可能性があると露骨な脅しをかける。SWIFT は同月 5 日、アメリカの制裁措置の復活に応じ、「特定のイラン銀行」のクロスボーダー決済ネットワークへのアクセスを停止すると発表した。これが意味しているのは、

SWIFT が単に「米政府の執行機関」にすぎないということだ（2022 年、ロシアの銀行の SWIFT からの排除はこうした過去があったからこそすんなりと実施されたのである）。だからこそ、アメリカの支配から逃れたい中国、インド、ロシアは SWIFT に代わる国際決済・情報システムの構築を課題するようになる。それだけではない。EU もまたアメリカ対策を本気で模索するようになる。

　この結果、2018 年 9 月、EU は、EU がアメリカのイランに対する経済行動から非米系企業を保護するために働く「貿易取引支援措置」（Instrument in Support of Trade Exchanges, INSTEX）の設立計画を発表し、翌年 1 月に INSTEX をスタートさせた。その利用は食糧などの人道支援に限定されるなど、必ずしも拡大しなかった。結局、アメリカへの配慮やイラン側の消極姿勢もあって、INSTEX は 2023 年 1 月末、同社の清算を決定した。イラン政府による一連の行動（核のエスカレーション）や、ロシアへの無人機売却などから、INSTEX は閉鎖されてしまった。ただ、アメリカの盟友とみられている EU でさえアメリカの身勝手な制裁に激怒してきた事実は忘れてはならない。

　ただ、そんな EU も二次制裁の行使を脅迫に使っている。要するに、EU もまた帝国主義であり、アメリカと競合関係にあるのだ。「ウクライナの領土保全、主権および独立を弱体化または脅かす行為に関する制限的措置に関する規則（EU）No 269/2014 を改正する 2022 年 10 月 6 日付理事会規則（EU）2022/1905 号」によると、欧州理事会は第八次制裁パッケージ決定により、制裁の対象となるカテゴリーを拡大し、「規定の回避に対する禁止の侵害を容易にする自然人または法人、団体」が含まれることになった。これまでは、ウクライナの「領土保全、主権、独立」の侵害に直接的または間接的に関係している者（たとえば、ウクライナを不安定にする行動から利益を得ている個人、ウクライナの不安定化に責任を負うロシア政府に多額の収入をもたらす分野で事業を行う企業）だけが制裁対象であったが、制裁の新しい基準が追加されたことで、どの国の企業や国民も、ロシアの個人がヨーロッパの規制を回避するのを助けたとして、EU の制裁リストに載せられる可能性が出てきたことになる。たとえば、EU が対ロ輸出を禁止している機器の供給や、EU で凍結されるべき資産の非 EU 法人への移転への関与などが考えられる。これにより、EU 自体が二次制裁に踏み出すことになり、これまでの政策を 180 度転換したのだ。

　2023 年 6 月 23 日、EU は第一一次対ロ制裁パッケージの一環として、ロシアがデュアルユース品目を含む多くの技術や物品の規制を回避するのを手

助けしているとされる「第三国」に対する規制の段階的導入メカニズムの構築を発表した。翌年 2 月 23 日、欧州理事会はウクライナの領土保全、主権および独立を損なう、または脅かす行為に責任のある 106 の人物および 88 の団体を制限的措置（制裁）リストに加えるべきであるという決定をした。これにより、ロシアへの北朝鮮製兵器の供給に関与した 10 社の企業と個人、および北朝鮮のカン・スンナム国防相に対する制裁が決まった。ほかにも外国企業（イラン 8 社、香港 4 社、中国 3 社、ウズベキスタン 3 社、UAE2 社、カザフスタン、インド、セルビア、タイ、スリランカ、トルコ、シリア、シンガポール、アルメニア各 1 社）が、ロシアの防衛・安全保障分野の発展のためのデュアルユース技術や物品の販売を禁止する EU 対象リストに追加された。二次制裁をまさに行使したのである。

中国による二次制裁

　中国も二次制裁による恫喝を行っている。2021 年 11 月、リトアニアの首都ヴィリニュスに「台湾駐在員事務所」が開設されたことで、中国との間に大きな摩擦が生じ、中国側はリトアニアからの輸入を 90% 近く削減することで対抗した。中国は、リトアニアから製品や輸入品を調達している企業に対しても、彼らも標的にされる可能性があると警告し、その措置をエスカレートさせた。中国は、リトアニアのサプライヤーから調達した部品を含むすべての商品が中国市場に入るのを阻止したのである。世界最大級の自動車部品メーカーであるコンチネンタルは、リトアニアに生産拠点をもち、自動車のドアやシートのコントローラーなどの電子部品を製造し、中国を含む世界中の顧客に輸出している。このため、同社は中国からのこの二次制裁の脅しにさらされており、ほかにも圧力はドイツ系の自動車や農業分野の最大 12 社におよんでいると、ロイター電は伝えている。EU は 2022 年 1 月、これらの措置に関して WTO への提訴を開始した。

対ロ二次制裁

　対ロ二次制裁をめぐっては、2017 年 8 月 2 日、ドナルド・トランプ大統領が「制裁を通じたアメリカの敵対者対策法」（CAATSA）に署名し、とりわけイラン、ロシア、北朝鮮に新たな制裁を科すことになった点が重要である。2016 年の米大統領選挙にロシアが干渉したことを受けて可決された CAATSA は、ロシアに対してより強硬な姿勢を貫くことを議会は意図して

おり、ロシアにとって、「CAATSA は、ロシアのターゲットに対する二次制裁の開始を意味」した。この法律を受けて、ロシア関連の制裁プログラムが初めて拡大され、特定のロシアの石油プロジェクトへの投資や、ロシアの情報機関や防衛部門との取引に対する強制的な二次制裁が盛りこまれたのである。ロシアのエネルギー・パイプラインへの投資に対する裁量的な二次制裁も科された。

　ただし、CAATSA は、ウクライナ紛争に関連して「特別指定国民およびブロック指定人物」(SDN) リストに掲載されたロシア人の利益のために「重要な金融取引」を促進する外国金融機関（銀行、証券会社、投資会社など）に対する制裁を義務づけているが、この法律が施行されている間、この規定によって制裁を行った外国金融機関はなかった（2023 年 12 月 24 日付のロシア側報道）。一方、2022 年 2 月以降、アメリカはロシアとの関係を理由に、60 近い外国の司法管轄区から数百の個人と企業を SDN リストに追加した（すでに説明したように、これは事実上、2010 年以降、二次制裁を意味している）。資産管理会社などはあったが、銀行はそのなかには含まれてこなかった。

　だが、状況が変わり、二次制裁が強化される。2023 年 12 月 22 日、バイデンは、①ロシアの軍産基盤に関わる取引を促進するロシア国外の金融機関を標的とするアメリカ政府の権限を拡大する、②ロシアで採掘、生産、収穫された特定の商品のアメリカへの輸入を禁止する権限をアメリカ政府に与える —— という大統領令に署名したからだ。①は、ロシアが「意思のある、あるいは意思のない金融仲介者を使って規制を回避し、半導体、工作機械、化学前駆体、ベアリング、光学システムなどの重要な部品を購入している」状況に対抗するため、こうした外国の金融機関に二次制裁を科すことができるツールを導入することを意味している。②については、以前は、ロシア製品の直接輸入に禁輸措置がとられていたが、第三国でロシアの原材料（第一段階として、カニ、ダイヤモンドなど）から生産された製品のアメリカへの輸入を禁止するものである。

　2024 年 1 月 16 日付のブルームバーグは、少なくとも二つの中国の国有銀行が制裁リストに載っている顧客との関係を断ち、ロシアの軍需産業への金融サービスの提供を停止するというよう見直しを命じたと報じた。3 月 21 日付の「イズヴェスチヤ」は、中国の平安銀行と寧波銀行（それぞれ資本金ランキング 13 位と 15 位）がロシアからの中国通貨（人民元）の受け入れを停止したと伝えた。さらに、3 月末以降、中国の銀行がロシア企業からの電子

機器組立用部品の支払いをブロックしはじめたとの情報もある。

　ほかにも、二次制裁強化の影響はトルコにも広がっている。複数のトルコ系銀行は制裁を恐れてロシア系銀行との取引を拒否している。その結果、トルコの 2024 年 2 月の対ロ輸出は、前年同月比 33％減の 6 億 7000 万ドル（2023 年 2 月は 11 億ドル）となり、ロシアからの輸入は前年同月の 20 億ドルから 36.65％減の 13 億ドルとなった（ロイター電を参照）。同年 4 月の情報では、カザフスタンでも、国内最大の国内最大のハリク銀行がロシアとの取引を拒否するようになっており、ロシアからカザフへの送金決済に遅れが生じている。

　法律や大統領令によって科される初期制裁とは異なり、二次制裁の適用は財務省外国資産管理局（OFAC）の管轄下にある。その意味で、ジャネット・イエレン財務長官の権限は絶大だ。アジアの銀行はこの 12 月のバイデンの大統領令に従っているとイエレンからみなされることを望んでいる。2024 年 2 月 1 日付の The Economist によれば、「ロシアの戦争経済を支援しているとみなされるアジアの企業に対して、アメリカがどの程度二次制裁を強化するのかという憶測が飛び交っている」状況にある。これまでなかなか目にみえなかったアメリカの金融支配の実態が二次制裁への恐れによって顕在化している。

　2024 年 2 月 23 日、アメリカはロシアの金融部門と軍産複合体をターゲットとした新たな制裁を科した。制裁には、財務省、国務省、商務省が作成した措置が含まれ、ロシアのウクライナに対する侵略行為に関係している 500 以上の個人と団体が対象とされた。新しい制裁では、「軍産基盤」を支えるロシアの産業で働くという新しい理由で、300 以上のロシア企業を SDN 制裁リストに追加した。外国の銀行は、このような企業との協力に対して二次的な制裁を受けることになる。

　興味深いのは、同月 24 日に発表された G7 首脳声明で、「我々は、ロシアが兵器や兵器のための重要な投入物を入手するのを手助けする第三国の企業や個人に対して、さらなる制裁を科す。また、ロシアの兵器生産や軍需産業の発展を助ける道具やその他の設備をロシアが入手するのを手助けする者にも制裁を科す」とのべられている点だ。さらに、「我々は、ロシアの戦争を実質的に支援する第三国の行為者に対し、適切な場合には第三国の団体に追加的な措置を科すことを含め、行動を取り続ける」とも書かれており、もはや G7 諸国が全体として二次制裁による脅迫というアメリカ政府の手法を踏

襲することが明確になった。

二次制裁の問題点

　問題は、二次制裁が域外管轄権の主張が主権平等の国際的な大原則に反している点にある。制裁国は自国の領域内で行われない行為について、第三国の個人や企業に対して二次制裁を科すのは内政への不法な介入と言えまいか。パトリック・テリーはその論文「一方的な二次制裁を科すことによって、アメリカの外交政策を強制する：国際公法における「力」は正しいか？」のなかで、「アメリカは第三国の国民や企業を標的にすることで、第三国の外交・貿易政策を弱体化させようとしている。アメリカの制裁政策は、このように他国の外交政策を支配しようとする試みである」と批判している。

　欧州議会報告書でも、アメリカが第三国とその企業に影響を与える「域外」または「二次」制裁と呼ばれる措置を導入したことについて、「主権的権限の適切な行使に関する国際法の規則のもとでは、たしかにほとんど正当化することができない」と指摘している。ゆえに、「国連総会は28年連続で、「ヘルムズ・バートン法」として知られる1996年3月に公布された法律や規制など「他国の主権、その管轄下にある団体や個人の正当な利益、貿易と航行の自由に影響を与える域外効果」の撤廃を求めてきた」という。2019年には、187カ国の圧倒的多数がそれぞれの決議を支持し、アメリカ、ブラジル、イスラエルだけが反対票を投じた事実はきわめて重大だ。アメリカの二次制裁を利用した覇権主義は非難されるべきであり、ドルを使った金融制裁の背後にユダヤ系の人々の金融支配への野望があることも肝に銘じておくべきだろう。だが現実には、アメリカがヘゲモニー国家としての支配力をいまでもある程度維持しているため、アメリカに従属するG7加盟国も二次制裁を科すという脅迫を振りかざすまでになっている。

アメリカの専横：ロシア資産の没収をねらう

　アメリカの専横はロシアの公的資産の没収という「窃盗」にまで行き着こうとしている。2023年12月21日付の「NYT」は、バイデン政権が、西側諸国に凍結されている3000億ドル以上のロシア中央銀行（CBR）資産について、G7加盟国と協調して対処する目的で、既存の権限を使えるのか、それとも資金を使うために議会の措置を求めるべきなのか、同加盟国に検討するよう求めていると報じた。要するに、ロシアの公的資金を押収・没収し（押

収や没収は、「元の所有者が押収された資産を使用する［処分する］ことができなくなる」という、占有離脱［dispossession］を意味している)、ウクライナ支援に回すという「不法行為」(?) を G7 としてまとまってやるために「談合」し、国際法上の批判に備えようというのだ。具体的には、「英、仏、独、伊、加、そして日本に対し、侵攻 2 周年にあたる 2 月 24 日までに戦略を打ち出すよう迫っている」という。

同年 12 月 20 日付の「フィナンシャル・タイムズ」(FT) によると、CBR 資産のうち約 2600 億ユーロ (2820 億ドル) が 2022 年、G7 諸国、EU、豪で凍結された。大部分 (約 2100 億ユーロ) は EU で保有されており、ユーロやドルなどの通貨建ての現金や国債が含まれている。アメリカが凍結したロシアの国家資産はわずか 50 億ドル (46 億ユーロ) にすぎないという。ヨーロッパでは、資産の大部分 (約 1910 億ユーロ［約 2070 億ドル］) はベルギーに本部を置く中央証券預託機関ユーロクリアに保管されている。仏財務省によれば、フランスは二番目に多い約 190 億ユーロを凍結している。スイスは 78 億ユーロだ。

アメリカは凍結された資産の没収を公には長く支持してこなかった。だが、「内々ではそれを主張している」と前述の FT は指摘する。米政府高官によって書かれた最近の G7 の討議資料では、「ロシアに侵略を終わらせるよう誘導する」国際法上許された「対抗措置」と説明されている。同ペーパーによれば、こうした動きはロシアの侵略によって「傷つけられ」「特別な影響を受けた」国が実施するのであれば、ロシアのウクライナへの不法侵攻に対する正当な反応とみなされるとしている。

2024 年 1 月、ノーベル経済学賞受賞者、ジョセフ・E・スティグリッツとアンドリュー・コーセンコ (マリスト大学経営学部経済学准教授) は共著「ロシアの凍結資産押収は正しい行動だ」を公表した。「現実には、ウクライナはいますぐ資金を必要としており、資金は欧米の管理下にある。ウクライナがこの戦争に勝利し、再建するのを助けるために資金を使わないのは、非良心的 (unconscionable) だ」と書いている。

だが、ロシアの公的資産を押収・没収するというのはアメリカの一方的な言い分にすぎない。アメリカはヘゲモニー国家の腕力を使って他の G7 加盟国とともに国際法を自国に有利になるように捻じ曲げようとしているようにみえる。バイデン政権は自らの「盗賊」行為を、日本を含む他の G7 加盟国とともに国際法上認められた措置として実行しようとしているのではない

か。そもそも、前述したように、アメリカにあるロシアの公的資産はヨーロッパに比べて少ない。ゆえに、ヨーロッパの協力なくして、アメリカ独自の解釈で没収するには分が悪い。ゆえに、米政府はG7加盟国を巻き込んで没収を実現させようとしているわけだ。

「対抗措置」の活用という主張

　資産を押収・没収するには、一般に裁判所の命令が必要になる。国際司法裁判所は、ウクライナとロシアが賠償金を決定することに同意した場合にのみ、この問題について判決を下すことができる（この可能性はゼロに近い）。国連安全保障理事会には拘束力のある決議案を可決する権限があるが、残念ながらロシアが拒否権を握っている。歴史的にみると、1990年のイラクのクウェートへのいわれのない侵略と併合未遂の後、イラクはクウェートに対して多額の賠償金を支払うことを余儀なくされたことがある。2022年2月、クウェートへの賠償を処理するために国連安全保障理事会が設置した国連賠償委員会は、最終的な請求処理を行い、総額524億ドルの賠償を締結したと発表した。イラクは石油収入の一部でその賠償金を全額支払った。

　バージニア大学歴史学教授フィリップ・ゼリコウの意見や、ゼリコウと国際経済学者でマサチューセッツ工科大学（MIT）教授のサイモン・ジョンソンは、「フォーリン・アフェアーズ」に寄せた共著論文「ウクライナはいかにしてよりよい復興を遂げることができるか：クレムリンの押収された資産を復興費用に充当せよ」、ローレンス・サマーズハーバード大学教授らの意見では、ロシアの国家資産の押収には、「対抗措置の国際法」が適用されると主張している。

　ここでいう、対抗措置の国際法とは、2001年に国連の国際法委員会の採択した、「国際違法行為に対する国家の責任に関する条文」のことである（ただし、いまだ条約化されていない）。「第二二条　国際違法行為に対する対抗措置」が規定されており、「第三部第二章に従い、他国に対してとられる対抗措置を構成し、かつ、その限りにおいて、他国に対する国際義務に違反する国家行為の違法性は阻却される」とある。つまり、武力行使などへの対抗措置として、被害国が侵害国に対する法的義務を一時停止できるというのだ。ロシアのウクライナ侵攻は、武力行使を禁じる国際法に違反するものであり、これはすべての国家が負うべき義務である。したがって、米国を含む他のすべての国は、ロシアの国有財産に干渉しない義務を停止することができると

主張している。ゆえに、ロシアの資産の凍結も押収・没収も可能というのが彼らの見解だ。

　彼らのいう対抗措置は、いわば、これは、非合法な行為に対抗するために許されることもある非合法な行為を意味している。彼らは、ウクライナに対抗措置を講じる権利があることは議論の余地がないとみなしているようにみえる。ただし、このルールがウクライナを支援するために行動する国々にどの程度広く適用されるかは、より議論の余地がある。制裁と資産凍結はロシアに対して広く用いられてきたが、資産没収は不可逆的であり、この行為はロシアの行動を改めさせるのではなく、むしろロシアを罰するものであり、対抗措置とはいえないと主張することもできる。たとえば、バージニア大学の国際法の専門家、ポール・ステファンは、「国家は、相手国の不法行為をやめさせるために対抗措置を用いることはできるが、国際法に違反した国家を罰するために不可逆的な措置をとるためにこの例外を用いることはできない」とする。「凍結された中央銀行の資産を没収することは、たとえそうであっても軽々しくできることではない」と、ステファンは主張するのである。なぜなら、凍結と、所有権の移転を伴う押収・没収とはまったく違いからだ。後者はいわば「不可逆的行為」であり、一度、所有権が変更されてしまえば、もとに戻るかどうかはわからない。その資産が売却されてしまえば、もはや現状に戻すのは不可能だろう。

慎重なヨーロッパ諸国

　結局、2024年2月12日、欧州理事会は、EUの制限的措置（制裁）の結果として固定化されたCBR資産および準備金を保有する中央証券預託機関（CSD）の義務を明確化する決定および規則を採択した、と発表する。同理事会は、CSDがEUの制限措置により蓄積された臨時の現金残高を別個に会計処理し、対応する収益も別個に保管しなければならず、それによって生じた純利益を処分することを禁止した。CBR資産および準備金の保有に関連するリスクとコストを考慮し、ユーロクリアなどのCSDは法定資本およびリスク管理要件を遵守する観点から、これらの純利益の一部を放出する権限を監督当局に要請可能となる。

　12日の決定は「ウクライナとその復興・再建を支援するために、これらの純益を財源とするEU予算への拠出金創設の可能性について、後の段階で理事会が決定する道を開くものである」と説明されている。この資金拠出

は、EU 予算を通じて、理事会と欧州議会が同年 2 月 6 日に暫定合意に達した「ウクライナ・ファシリティ」に充てられる可能性がある。同ファシリティは、2024 ～ 27 年までウクライナ支援のために設けられ、その上限は 500 億ユーロを超えない（融資で 330 億ユーロ、返済不要の支援で 170 億ユーロ）ことが合意済みだ。なお、EU 首脳が凍結されたロシア資産への対応を決めた 2 月 1 日の前夜に明らかにされたユーロクリア金融グループ（同名の預託機関とユーロクリア銀行を含む）の純利息収入は 55 億ユーロで、うち 44 億ユーロは 2022 年 2 月に凍結されたロシアの資産の償還や利息支払いなど満期を迎えた証券の現金残高を再投資することで得られた。ロシアのこれらの資産が最終的な支払日に達すると、つまり、銀行用語でいうところの「満期」を迎えると、現金に換金され、ベルギーで 25％の税率が課される。

　2 月 15 日付の FT は、ユーロクリアのトップ、リーベ・モストレイとのインタビューを公表し、米主導による原資産の押収（没収）と、より消極的なヨーロッパの姿勢との妥協案としてベルギーが提示した提案に警告を発した。後者の妥協案では、資産を担保に債務を調達し、後日ロシアに返済させるか、もしロシアが返済に応じなければ、その時点で資産を押収するというものだ。「自分の所有物ではない資産を担保にすることは、間接的な押収、あるいは将来の押収を約束することに近い」として、彼女は欧米両案に反対している。「資産の押収という論理になると、ユーロクリアシステムに対する信頼、欧州資本市場に対する信頼、通貨としてのユーロに対する信頼が大きく損なわれることになる」からだ。ほかにも、もしユーロクリアにあるロシア資産が没収されると、ロシアが裁判を通じて、香港やドバイなどの証券保管所にあるユーロクリアの現金を差し押さえようとするリスクも考えられる。ユーロクリアから資本が流出し、巨額の救済措置が必要になることさえ想定できる。だからこそ、ユーロクリアはロシア資産の押収や没収に反対している。

　FT の記事によれば、アメリカはウクライナのために主要資産の押収を主張しているが、独、仏、伊は、主権国家の資産には国際法上の免責特権があるとして反対している。彼らや欧州中央銀行（ECB）は、ユーロで保管されている資産が安全ではない可能性を示唆することで、ユーロを弱体化させる可能性があると警告している。

　3 月 19 日付のブルームバーグ報道によれば、EU は、ウクライナが早ければ 7 月にも、凍結されたロシアの公的資産から生じる利益の受け取りを開始するための法案を準備しているとされていた。凍結されたロシアの公的資産

からの利益に課税し、その収益（年間約 30 億ユーロ）をウクライナへの武器供給可能な「欧州平和ファシリティ」と、「ウクライナ・ファシリティ」（EU が承認した 500 億ユーロの 4 年間の支援プログラム）に割り当てようとするものだ。いくつかの加盟国は、ウクライナへの軍事支援に資金を使うことに難色を示しており、この法案が承認され、EU の方針となるかどうかは判然としない。

2024 年 3 月 22 日に発表された EU 首脳会議後の声明をみても、ロシアの凍結資産からの収益をウクライナのために使用する問題については、何も書かれていない。結局、欧州委員会が予定していた、ロシアの凍結資産から得た利益から今年中に 20 億〜 30 億ユーロをウクライナに拠出できるようにする制度整備に合意できなかったことになる。

4 月 2 日付の「ポリティコ」は、中国、サウジアラビア、インドネシアの代表が、米英から、EU 内に凍結されている 2000 億ユーロ以上のロシア国家資産を没収するよう圧力を受けている問題で、米英からの圧力に抵抗しつづけるよう EU に内々に働きかけていることを明らかにした。

法的根拠への疑義

そもそも、主権国家ロシアの公的資産を別の主権国家が勝手に掠め取ったり、盗んだりすることが法的に可能なのだろうか。

重要なのは、対象が個人資産か国家資産かに分けて、凍結・押収・没収にかかわる法律上の問題を考察するという視角である。この視角からみると、個人資産の凍結・押収・没収については、実は長い議論が歴史的に存在する。それは、「腐敗」をめぐる議論のなかで生じた（この点については、拙著『プーチン 3.0』の 139 〜 141 頁に詳述しているので、そちらを参照してほしい）。

国家資産の場合については、拙稿「カナダの挑戦をどうみるか：ロシア資産の押収・没収問題を再論する」（上、下）において詳述したのでここでは繰り返さない。ただ、国際法上、国家資産の没収は簡単ではない。ゆえに、これを没収し、ウクライナ支援に使うというのはアメリカの勝手な解釈にすぎない。

2023 年 11 月 7 日、米下院外交委員会は「ウクライナ人のための経済的繁栄と機会の再建法（レポ法）」を 40 対 2 で可決した。同法案は、ロシア政府資産（ロシア中銀、直接投資基金、財務省の資金やその他の財産を含む）の没収と処分に関連するさまざまな行為を要求または許可するものである。法案で

は、大統領は米国の金融機関に対し、当該金融機関に所在するロシア主権資産を財務省に通知するよう義務づける。大統領は、米国の司法権の対象となるそのような資産没収が可能となる。没収された資金および清算された財産の収益は、法案によって設立されたウクライナ支援基金に預けられなければならない。2024年4月20日、下院は対外援助パッケージに含まれたレポ法案を可決した。

　同法案はもっともらしく思えるかもしれないが、カナダで制定された法律に比べて、ロシア政府を狙い撃ちにしただけの場当たり的な法案にすぎない。カナダでは、2022年6月に議会を通過した法改正で、①カナダが加盟する国家連合またはその加盟国から要請があった場合、②国際の平和と安全に対する重大な侵害が発生した場合、③外国で重大かつ組織的な人権侵害が行われた場合、または④外国の国民が関与する重大な汚職行為が行われた場合——という四つの場合について、政府が特定の人物（外国事業体［「外国国家」］を含む）に対して経済措置を講じることができるようにする「特別経済措置法」が制定された。外国国家を含む個人・法人が「直接的または間接的に保有または支配する」財産や資産の凍結・押収・没収が可能となったのだ。④に加えて、②や③などを加えることで、ウクライナ戦争をはじめたロシアによる侵略を理由に、特定の資産を没収対象とすることが可能になったのである。このカナダの法律に比べると、米国法案は範囲が狭すぎる。ロシアを狙い撃ちにした「略奪行為」のようにも映る。現に、著名なジャーナリスト、クリストファー・コールドウェルはNYTのオピニオン欄で、「レポ法にはさらなるリスクがある。ロシアの資産を差し押さえるという行為そのものが、米経済に危険をもたらすだろう。ロシアだけでなく、他の国々もそれを山賊行為とみなすだろうからだ。そうなれば、世界の主要基軸通貨としてのドルの地位が低下しかねない」と書いている。

アメリカにとっても前例のない暴挙

　ロシアの公的資産の押収・没収が前例のない暴挙という面があることも確認しておく必要がある。こうした押収・没収は、1990年のイラクによるクウェート侵攻後のイラクの資産や、第二次世界大戦後のドイツの資産のように、戦争が終わった後に行われたものであり、ロシアによるウクライナ侵攻のように、戦争がまだ続いている最中に行われたものではない。イラクの場合、1990年にイラクがクウェートに侵攻した後、戦争終結後になって、ジョー

ジ・ブッシュ大統領は 1992 年 10 月、イラクの国家資金を保有するすべての米国の銀行に対し、その侵略の犠牲者への補償を求める国連決議に従って、その資金をニューヨーク連邦準備銀行に移転するよう「指示し、強制する」大統領令を出した。この大統領令は、ニューヨーク連邦準備銀行がこれらの資金を受け取り、国連決議の目的を果たすために「保有、投資、移転」することを「許可し、指示し、強制した」のである。米国のエスクロー口座の資金はその後、国連事務総長が管理する別のエスクロー口座に移され、他の国際協定で定められた取り決めに基づき、イラクに対する請求に充てられた。イラクはいかなる時点でも、国有金融資産や国有石油製品が通常享受している主権免責の停止に同意していない。なお、現在までのところ、イランは特定イラン資産事件において、主権免責に基づき米国の国家資産凍結に異議を唱える具体的な法的主張を行った唯一の国家である。だが、国際司法裁判所は免責に関する主張を管轄権の欠如を理由に棄却している。その結果、国際司法裁判所は、外国の国家資産に対する免責の否定が対抗措置として正当化される可能性を明確に排除したことはないといえる。

　そもそも、アメリカの連邦法は現在、行政府がロシアの資産を没収することを認めていない。国際緊急経済権限法 (IEEPA) は、米国が「武力敵対行為に従事しているか、外国または外国人から攻撃を受けていない限り、行政府が外国の資産を没収することを認めていない」のである（論文「制裁を賠償に変える：ロシア／ウクライナの教訓」を参照）。IEEPA の条文では、外国資産に関わる様々な取引を「規制、指示、強制、無効、防止、禁止」する措置を広く認めている。しかし、この文言は権利確定や所有権の移転を明確に認めているわけではない。権利確定を保留する意図は、IEEPA の立法経緯から明らかである。この立法経緯に基づき、最高裁判所は二度にわたり、「IEEPAにおける権限付与には、外国資産の権利確定（すなわち、所有権の取得）の権限は含まれていない」と認めている。司法省も同様に、40 年以上もの間、帰属させる権限を除外する IEEPA の解釈を受け入れてきた（論文「凍結されたロシア資産の差し押さえがもたらす法的課題」を参照）。

ドルなんか投資しない？

　もう一つ重要なのは、金融資産価値の実証的分析で 2013 年にノーベル賞を受賞したイェール大学の経済学者、ロバート・シラーが「ロシアの資金を没収してウクライナに渡すのは危険だ。ドルシステムに大混乱を引き起こす

だろう」と主張している点である（イタリア紙「ラ・レプブリカ」［2023 年 12 月 24 日付］を参照）。ロシアのように貯蓄をドルに換え、「アンクルサムの安全な手に預ける」ことの危険な賭けに多くの国が気づき、ドル売りの急増やドル建て国債の暴落といった事態さえ予想できるというのだ。

　そもそも、つい最近まで、ジャネット・イエレン財務長官は、議会による措置がなければ、資金の押収ないし没収は「米国では法的に許されることではない」と主張していた。ただ、米議会が 2023 年内のウクライナへの新たな軍事支援策（1067 億ドルの追加資金を要請し、そのうち 614 億ドルはウクライナ支援に、143 億ドルはイスラエルの防衛強化に充てられる）に合意できなかったため、ロシア中銀資産の活用を模索する動きが広がったのだ。これぞアメリカ帝国主義のご都合主義そのものだ。

　結局、2024 年 2 月 24 日に公表された G7 首脳声明では、「ロシアがウクライナに与えた損害の賠償を支払うまで、我々の管轄区域にあるロシアの主権資産は固定化されたままであることを再確認する」としたうえで、2 月 12 日に欧州理事会が決めた措置の採択を歓迎した。ただ、「それぞれの法制度および国際法に則り、ウクライナを支援するためにロシアの固定化されたソブリン資産を利用することができるあらゆる可能性について、作業を継続する」という記述にとどまった。

3　制裁の効果への疑問

　この章で説明してきたように、国連レベルの制裁もアメリカ主導の制裁も、世界中が納得する制度として実施されているわけではないことがわかるだろう。おそらく中国は、アメリカのこれまでの身勝手な制裁および二次制裁を利用した脅しの手法を模倣しながら、中国の影響力を世界中に拡大しようとしているにすぎない。帝国主義間の競争が制裁をめぐって行われているのだ。

　ここで、Agathe Demarais, *Backfire: How Sanctions Reshape the World against U.S. Interests*, Columbia University Press, 2022 という本に出てくる話を紹介したい。2011 年に中国の当局者が米財務省の制裁機関、外国資産管理局（OFAC）職員との「一見何の変哲もない会議を行った」と書かれている。この場で、

中国側は米側の制裁に関する専門的な質問をしてきたのだという。「その結果、中国が独自の制裁法案を作成中であることが判明した」とある。現に、2016 年から 2017 年にかけて、アメリカのミサイルシステム（迎撃ミサイルシステム［THAAD］）が韓国に配備されたことに対する北京の報復措置により、韓国の財閥であるロッテは約 20 億ドルの損失を被り、韓国経済全体では、損失額は 160 億ドル近くにのぼったという事件が起きた。

うまくゆかない制裁

だが、そもそも制裁に意味はあるのだろうか。1997 年 10 月に公表された「経済制裁の費用と便益に関する証拠」と題されたキンバリー・エリオットの論文には、「1970 年代から 1980 年代にかけて、アメリカの一方的な制裁で成果を上げたのは、わずか 13％であった」と記されている（**表Ⅲ -1** を参照）。「経済制裁によってアメリカが 1995 年に対象 26 カ国への商品輸出を 150 億ドルから 190 億ドル損失したと推定している」との記述もある。この輸出減少は比較的賃金の高い輸出部門において 20 万人以上の雇用が減少することを意味するというのだから、深刻な問題をはらんでいることになる。

制裁期限を設けず、目的も不明確なまま、帝国主義的国家の権益維持や政

	成功件数	失敗件数	成功率（全件数に対する成功件数の割合 ,%)
ALL cases	40	75	35
制裁者としてアメリカが関与したこと			
例			
1945-90	26	52	33
1945-70	16	14	53
1970-90	10	38	21
一方的なアメリカの制裁事例			
1945-90	16	39	29
1945-70	11	5	69
1970-90	5	34	13

表Ⅲ -1　外交政策手段としての経済制裁の有効性
（出所）Kimberly Elliott, Evidence on the Costs and Benefits of Economic Sanctions, 1997, https://www.piie.com/commentary/testimonies/evidence-costs-and-benefits-economic-sanctions

治家の卑しい政治的動機に基づいて科される制裁に「正義」はあるのだろうか。公的制裁はこんな疑問を投げかけている。

　ほかにも、石油・石油製品に関連する制裁もうまくいっていない。2022年9月になって、G7財務相会議で、ロシア産石油の輸入価格に上限を設ける措置を12月5日に、ロシア産石油を精製したガソリンなどの石油製品の輸入に同じく上限価格（プライスキャップ）を2023年2月5日に導入する措置をとることが合意された（上限は2022年12月に、市場価格より30％低い原油1バレル60ドルで発効、2023年2月5日、軽油のような原油より価値のある石油製品については100ドル、燃料油のような安価なものについては45ドルという上限を設定）。ところが、ロシア産原油をインド、中国、トルコ、アラブ首長国連邦（UAE）、シンガポールで精製し、できた石油製品をEU、オーストラリア、アメリカ、イギリスなどが輸入するというかたちで、事実上、ロシア産石油製品が対ロ制裁を科している当事国に出回っている（図Ⅲ -2を参照）。The Economist によれば、2022年には、中国、インド、シンガポール、トルコ、UAE がロシアから輸入する石油は、2021年よりも500億ドル増加

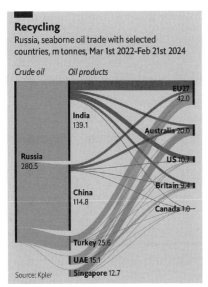

図Ⅲ -2　ロシア産原油の精製先とその石油製品購入先
（2022年3月1日〜2024年2月21日）（単位：100万トン）

（出所）https://www.economist.com/finance-and-economics/2024/02/21/russia-outsmarts-western-sanctions-and-china-is-paying-attention

した一方、EU のこれらの国々からの石油輸入額は 200 億ドル増加したという。

対ロ制裁の評価

それでは、アメリカ主導で数年にわたって実施されている対ロ制裁については効果があるのだろうか。ここでは、2024 年 2 月 27 日にフィンランド中央銀行新興経済研究所（BOFIT）のサイトで公表された、ロシアの制裁品輸入が対ロ制裁に参加していない国々にシフトしたかどうかを問う論文を参考にしながら、対ロ制裁について論じたい。

この研究は、月次輸出データを使用し、関税分類番号である HS コード 84（「原子炉、ボイラー、機械器具、その部品」）および HS コード 85（「電気機械器具およびその部品、録音機・再生機、テレビ画像・音声録音機・再生機、それらの部品・付属品」）の技術財に焦点を当てている。2018 年から 2023 年の間に、ロシアに制裁を加えている制裁国 26 カ国と制裁していない非制裁国 14 カ国からロシアへの輸出を HS6 レベルで集計したものである。

その結果としてわかったことは、①欧州連合（EU）とその同盟国によって課された貿易制裁が制裁国の対ロ輸出を制限することに成功している、②技術財の分野では、優先度の高い戦場品目の輸出がほぼ完全に崩壊した、③非制裁国からロシアへの技術輸出全体はおおむね回復し、現在は侵攻前の水準を上回っている、④侵攻以来、制裁品の輸出水準は非制裁品の輸出水準よりも上昇している、⑤この効果は優先度の高い戦場品目でとくに顕著である（この制裁品のサブカテゴリーでは、中国の役割が大きいが、他の非制裁国の輸出も非制裁品に比べて増加している）、⑥とはいえ、非制裁国の対ロシア輸出は、制裁国の対ロシア輸出の損失を完全に補うには至っていない —— ことであった。以上から、「制裁は機能している」と結論づけられている。

対ロ貿易の変化

つぎに、ロシアの貿易構造を考察するために、2022 年 2 月 22 日に公表された、ロシア人の経済学者による分析を紹介しよう。図Ⅲ -3 からわかるように、ロシアの非友好国（ロシアでは、ロシア外交官の大量追放後の 2021 年に非友好国リストが登場したが、2022 年 3 月以降、国際的制裁に対応して別の非友好国リストを作成、同リストには、合計約 50 カ国が収載）からの輸入が 2022 年以降、急減していることがわかる。これに対して、中国からの輸入が 2022

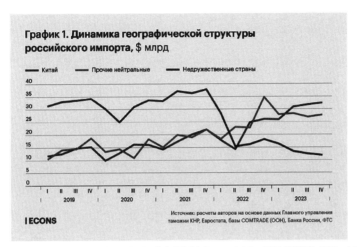

図Ⅲ-3　中国、その他中立国、非友好国からのロシアの輸入額推移（単位：10億ドル）
（出所）https://econs.online/articles/opinions/pereorientatsiya-vneshney-torgovli-rossii-shest-osnovnykh-vivodov/
〔備考〕赤線（2023年第四4半期で最上位）は中国、青線はその他中立国。紫線（同最下位）は非友好国

年第三4半期以降に急増していることがわかる。

　輸入総額でみると、非友好的国からの直接輸入の66％減を補う中国（53％増）とその他の中立国（31％増）からの供給が1.5倍以上に増加したため、危機以前の水準にほぼ戻った（2023年下半期は2021年同期比で9％減）。その結果、EUからの輸入の主な供給源の役割は中国に移り、その輸入に占める割合は27％から45％に増加し、ロシアの輸入に占める先進国の割合は47％から17％に減少した。さらに、2022年には、ロシアが輸入するヨーロッパからの商品の価格が相対的に上昇した（他の市場と比較して7％上昇）。

　重要なのは、制裁でロシア市場に輸出されなくなった欧米産品の中国産品による代替の程度が商品グループの特性によって異なる点である。人道上重要な欧州製品（医薬品、ワクチン、医療機器）の輸入量はほぼ横ばいで推移したが、中国からの医薬品・医療機器の輸入はきわめて低い水準にとどまっているという。他方、EUからの機械類の対ロ供給は事実上完全に停止した。最大の商品グループのなかで、中国製品による大幅な代替が観察されるのはトラクターと乗用車だけだという。

ロシアの輸出推移を示したのが**図Ⅲ -4** である。非友好国への輸出は急減したが、中国とその他中立国への輸出は増加している。ただし、対中輸出額は急増しているわけではない。輸出構成比でみると、非友好国の輸出シェアは 57％から 15％に減少し、中国のシェアは 13％から 28％に増加した。興味深いのは、ロシアにとって中国が輸出先としてよりも輸入先としてより重要になっている点だ。

中国は依然として、世界の決済通貨としてのドルに依存していることを再確認しておきたい。ゆえに、中国経済はいまも、人民元とドルとの交換レートの変動に影響されている。2024 年 4 月時点でいえば、インフレ抑止が至上命題のバイデン政権下では当面、国内金利は低下しそうにない。それは金利差によるドル独歩高を招く。中国は 3 月に約 390 億ドルの外貨流出を記録した（The Economist を参照）。これは 2016 年以降、四番目に多く、人民元は年初から対ドルで着実に下落し、3 月中旬からは 7.18 元から 7.25 元になった。当面、元安傾向がつづくとみられ、9 月までに 7.45 元に達するとの予想もある。そうなれば人民元は 2007 年以来の元安となり、中国の輸出ドライブに弾みがつく。それはアメリカやヨーロッパで貿易摩擦問題を悪化させる

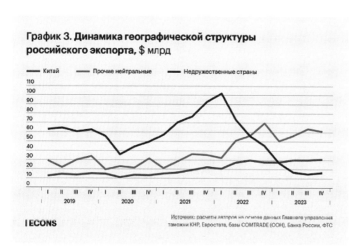

図Ⅲ -4　中国、その他中立国、非友好国へのロシアの輸出額推移（単位：10 億ドル）
（出所）https://econs.online/articles/opinions/pereorientatsiya-vneshney-torgovli-rossii-shest-osnovnykh-vivodov/
〔備考〕赤線(2023 年第四4 半期で最上位)は中国、青線はその他中立国。紫線(同最下位）は非友好国

かもしれない（加えて、近年の米政府による無謀な借り入れ増は財政赤字を拡大し、ドル自体を不安定にさせることになるだろう）。

二次制裁の位置づけ

　紹介した分析では、「ロシアの対外貿易が安定しているとはいえ、多くの問題があり、その主なものが二次的制裁のリスクである」と指摘されている。制裁国が自国の領域内で行われない行為について、第三国の個人や企業に対して二次制裁を科すのは内政への不法な介入といえる。それでも、他国を従えようとする帝国主義の国家は二次制裁によって第三国を脅迫し、従属を強いるのだ。

　米国は 2023 年 12 月以降、対ロ制裁の実効性を高めるために、より広範囲に二次制裁を適用するとの表明によって、中国およびその他の中立国を脅し、対ロ貿易を抑制するよう圧力をかけている。ウクライナ戦争が膠着状態となるなかで、アメリカはロシアの長期的な弱体化のために貿易面からロシアに経済的損失もたらすように制裁強化に乗り出したのである。これを G7 加盟国も支持し、G7 として二次制裁で対ロ貿易国・企業を脅しまくることになったわけだ。これは、日本や EU も帝国主義の暴挙に加担していることを意味している。

対ロ制裁の逃げ道

　二次制裁は、一次制裁があまり効果がない裏返しといえるかもしれない。アメリカ主導で、場当たり的に対ロ制裁を科しても、ロシアは難なく制裁を潜り抜ける手法を見出しているのかもしれない。

　たしかなことは、ロシアがアメリカによるドルを対象とした制裁から逃れるために、自国通貨ルーブル建ての取引を増やそうとしているだけでなく、中国の人民元建てやインドのルピー建てといった貿易相手の通貨建て取引も受け入れようとしていることだ。

　ただ、インドとの貿易においては、ロシアとインドとの 2 国間貿易において、ロシアの輸出が常にインドの輸出を上回ってきた。このロシアに強く偏った貿易不均衡は、当事国が決済にルピーを積極的に使用することを拒否することにつながっている。このため、ロシアとインドは、アラブ首長国連邦（UAE）などの第三国を経由した商品オペレーションを通じた決済システムの構築をめざそうとしている。ネットベースで決済される 3 カ国間のルピー

決済メカニズムを模索する動きもある。他方で、ロシア中央銀行は、UAE の中央銀行との間で、デジタル通貨による決済の統合に取り組んでいる。

　こうしたことから、2023 年 12 月、UAE のムハンマド・ビン・ザーイド・アール・ナヒヤーン大統領との会談で、プーチン大統領は「ロシアと UAE の関係はかつてない高水準に達している」とのべた。インドのナレンドラ・モディ首相は 2024 年 2 月、UAE に立ち寄り、投資条約に署名し、4 万人のインド人駐在員の集会の先頭に立ち、広大なヒンドゥー寺院を新たにオープンさせた。インドは 2023 年 7 月、UAE と協定を結び、ドルの代わりにルピーでの貿易決済を可能にし、同年 8 月、インド石油公社（IOC.NS）がアブダビ国営石油会社（ADNOC）にルピーで支払いを行ったと、ロイターが報じている。

　こうした 3 カ国を牽制する動きもある。2024 年 2 月に決まった第 13 弾となる制裁で、EU は、ロシア、インド、イラン、中国、シリアを含む国々の企業、団体、人物について、ロシアの防衛・安全保障部門と関係があるとの疑惑を理由に制裁を科すと発表した。中国本土（3 社）とインドの企業（1 社）がはじめて追加された。UAE の航空会社 2 社も制裁対象となった。この追加制裁は、2014 年 7 月 31 日に採択された欧州理事会規則 833/2014（ロシアに対して、あるいはロシアで使用するために、「直接的または間接的に、デュアルユース商品および技術を販売、供給、移転または輸出することを禁止する」と定めている）の改正に基づいている。これまでの改正を通じて、2023 年 2 月には、ロシア軍が戦争で使用した物品を製造した疑いで、イランの企業 7 社が制裁を受けた。同年 6 月には、香港、中国、ウズベキスタン、UAE、シリア、アルメニアの企業も制裁リストに加わっていた。

　こうした風向きの変化もあって、2024 年 2 月に入ると、UAE の銀行は二次制裁のリスクを理由にロシアとの決済を制限し、企業や個人の口座を閉鎖しはじめた、との報道が出回っている。なお、デジタル通貨をめぐるアメリカや EU などの対応については、拙著『知られざる地政学』〈下巻〉の「第 4 章　金融」において詳述したので参照してほしい。

第三国の非協力という「現実」

　もう一つ、アメリカ主導の制裁がかかえている限界がある。それは、第三国にある金融機関の非協力という「現実」である。外資系金融機関のなかには、アメリカやヨーロッパの銀行よりも審査が緩やかなところもあり、アメリカ本土に足を踏み入れることなく業務をこなすところも増えているのだ。The

Economist によれば、外資系の金融機関は、以前はドルの資金調達をアメリカの支店に頼っていたが、「今ではアメリカの銀行システムのドル建て負債の半分以上に相当する 13 兆ドルをオフショアから借りている」から、こうした金融機関の協力がなければ、実際の金融取引と対ロ貿易との関係が判然としないのだ。資金の使途を虚偽表示すれば、なおさら「現実」はわからない。たとえば、EU は、ドイツの金融機関であるヴァレンゴールド銀行が、食糧援助であるという理由で、第三国を通じてイランのイスラム革命防衛隊に数百万ドルを渡すことを許可したと推測している。同銀行は不正行為を否定し、その現金は苦しみを和らげるためにどうしても必要だったとしている。

　身分証明書のチェックミスもある。同じく The Economist によれば、2022 年以降、トルコには 1000 社以上のロシア企業が進出し、アラブ首長国連邦にも 500 社が進出しており、その多くが「フリーゾーン」に登録されているため、「確かなことはわからない」のだという。

　多くの第三国政府は、制裁破りに対して自由放任の態度をとっており、あるいは黙認さえしているのだ。そう、アメリカ主導の制裁といっても、もはや「現実」はアメリカの思惑通りには動かなくなっているのである。

第4章
デジタル帝国間の競争

1 分析のための三つの視角と現状

　第四章では、アメリカ、欧州連合（EU）、中国という「デジタル帝国」がデジタル空間の支配をめぐって厳しい競争を展開している問題を取り上げる。デジタル空間への国家による規制のあり方の違いを論じるなかで、アメリカの帝国主義を批判したいと思う。なお、ここでの分析は、Anu Bradford 著 Digital Empires: The Global Battle to Regulate Technology（Oxford University Press, 2023）を参考にしながら行う。

第一の視角

　その視角には、三つのポイントがある。第一は、アメリカも、中国も、EU もみな、「帝国」（empire）であるという視角である。ここでいう「デジタル帝国」とは、「かつての領土帝国ではなく、国境を越えて経済的、軍事的、文化的パワーを投影し、権力の非対称性を生み出して外国社会に影響力をもつようになった 20 世紀のさまざまな非公式の帝国に、そのもっとも近い類似点を見出すことができる」と説明されている。ここでいうデジタル帝国は、各帝国がもつ規範や価値観を他国に輸出することで自国の影響力を広げ、権力の拡大につなげ、自国やその個人に有利な状況をつくり出そうとしているというわけだ。

第二の視角

　第二の重要な視角は、国家規制を市場、国家、個人と集団の権力の関係に基づいて特徴づける際、米国を市場主導型モデル、中国を国家主導型モデル、EU を権利主導型モデルと位置づけている点である。米国が明確なヘゲモニー（合意に基づく世界統治）を掌握していた段階では、市場主導規制が世界全体で優位に立っていた。デジタル空間という新しいテクノロジー（科学技術）をめぐる権力闘争のなかで、その形勢は揺らいでいる。

　アメリカでは、ビル・クリントン、ジョージ・W・ブッシュ、バラク・オバマの各大統領時代には、政府はハイテク企業をパートナーとして扱っていた。しかし、ドナルド・トランプ大統領の下で、アメリカの外交政策は、中国との貿易戦争や技術戦争を戦い、国際的な同盟関係や関与からアメリカを切り離すことに焦点を絞るようになる。ジョー・バイデン政権下では、露骨

な補助金を使った産業政策による国家主導が顕在化し、市場主導規制は大き
く後退するようになっている。

第三の視角

　第三は、紹介した三つの規制モデルが垂直的と水平的という 2 方向におい
て闘争を展開しているという視角である。デジタル経済を支配する規範と価
値をめぐる米、中、EU の対立は、異なる政府間の水平的な闘争とみなすこ
とができる。ただ、政府間の水平的な闘争は、政府と、これらの政府が規制
しようとしているテック企業との間の垂直的な闘争によって各国において形
成され、しばしばそれを通じてなされる。その垂直的闘争は三つの規制モデ
ルの違いと一致するように、それぞれの司法管轄区で異なる展開をみせてい
る。アメリカの場合には、連邦政府と州との水平的競合という現象もある。
各州が個別のテック企業規制に乗り出しており、それが連邦レベルでの市場
主導の規制を困難にしている。

米司法省によるアップル提訴

　紹介した三つの視角を前提に、いまアメリカで何が起きているのかを説明
したい。米司法省は、2024 年 3 月 21 日、16 の州とコロンビア特別区ととも
に、アップルの影響力に対する訴訟に踏み切った。88 ページにおよぶ訴訟
のなかで、アップルは顧客を iPhone に依存させ、競合端末に乗り換えにく
くすることを意図した慣行で独占禁止法に違反していると主張している。ア
メリカ国内での垂直的闘争が本格化しているのだ。国家と民間のテック企業
との垂直的闘争がアメリカで激化しているとみなすことができるだろう。
　まず、事実関係を確認しよう。重要なことは、バイデン政権下で、司法省
の反トラスト部門を引き継いだジョナサン・カンターと、連邦取引委員会
(FTC) の委員長に就任したリナ・カーンによってテック業界の力を抑制す
るための徹底的な法廷闘争が展開されていることである。この闘争の端緒は
まだトランプ政権であった 2020 年 10 月 20 日にはじまる。司法省は、グー
グルがアップルのような巨大パートナーと契約を結び、独占的なビジネス契
約や協定によって競争を制限しているとして訴訟を起こしたのである。グー
グルがアップルや携帯電話会社、その他の携帯電話メーカーと、検索エンジ
ンをユーザーのデフォルト・オプションにするために結んでいる契約は、検
索における支配的な市場シェアのほとんどを占めており、司法省はその数字

を約80%とした。

　バイデン政権下の2023年1月24日、司法省と八つの州は、グーグルがオンライン広告を促進する技術を違法に独占濫用しているとして、同社を提訴した。他方で、FTCと17州は2023年9月26日、アマゾンが加盟店から搾取し、自社サービスを優遇することで、オンライン小売の大部分を独占しているとして、アマゾンを提訴した。FTCは2021年8月19日に、フェイスブックによるInstagramとWhatsAppの買収がソーシャル・ネットワーキングにおける独占強化のために行われたとし、ソーシャル・ネットワーキングは解体されるべきであるとして、フェイスブックを提訴した。

風向きの変化にヨーロッパの影響

　デジタル帝国間の権力闘争という視角がなければ、アメリカ政府とテック企業をめぐる法廷闘争の意味合いを理解することはできない。市場主導のもとで、その自由な活動を謳歌し、急成長した米系テック企業だが、その活動に対するヨーロッパの権利主導型規制が影響をおよぼし、アメリカ政府も規制強化の流れに抵抗できなくなりつつあるという構図が浮かび上がってくる。アメリカ帝国といえども、EU帝国の規制を無視できないのである。

　ヨーロッパの権利主導規制モデルは、基本的権利、公正さ、民主主義といった一連の価値観と結びついているが、これらはハイテク大手によってしばしば損なわれているとして、テック企業への規制強化を特徴としている。拙著『知られざる地政学』〈上巻〉では、有名な「一般データ保護規則」(GDPR)についてつぎのように書いておいた。

「GDPRは、個人データの保護にかかわっている。EU域内では、「EUデータ保護指令」(Data Protection Directive 95/46/EC) が1995年以降適用されてきたが、2018年5月25日から「一般データ保護規則」(General Data Protection Regulation, GDPR) が適用されるようになった（刑事データ以外の「一般」データを対象とし、匿名性が確保されているデータについては保護対象とはしていない）。2016年4月14日にEU議会が承認してから、2年間の周知期間を設けたのである。「指令」はEU加盟国ごとの法制化を要するわけだが、「規則」はメンバー国に直接効力を発揮するので、2018年5月25日からEU加盟国の市民のデータのプライバシー保護がより徹底されることになった。」

　GDPRには、「同等の」データ・プライバシー保護を提供できない非EU諸国への欧州データの移転を禁止する規定がある。このため、EUは「妥当

162

性体制」を維持しているかどうかを判断する。妥当性体制は GDPR より以前からあり、GDPR の前身である EU の 1995 年データ保護指令に照らして、外国のデータ・プライバシー法の同等性を評価するためにすでに利用されていた。だが、アメリカのデータ・プライバシー法は脆弱だから、米・EU 双方は、大西洋を越えてデータの流れを維持する方法を見つける必要性に迫られることになる。

　さらに、 2020 年 12 月 15 日、欧州連合（EU）の欧州委員会によって、「欧州デジタル戦略」の一環として、「デジタルサービス法」（DSA）と「デジタル市場法」（DMA）にかかわる二つの立法イニシアチブが提案されたことが重要である。立法イニシアチブは、「デジタルサービス法および 2000 年電子商取引指令の改正のための提案」と「デジタル分野における競争可能で公正な市場に関する欧州義気と欧州理事会の規制（デジタル市場法）のための提案」からなっていた。

　DSA と DMA はともに、米国の巨大プラットフォーマー企業（フェイスブック、アマゾン、アップル、グーグル［アルファベート傘下］など）への規制にかかわっている。EU はプラットフォーム企業のオンライン・プラットフォームにおける事業者の公正さと透明性を促進するために、2020 年 7 月 12 日から「オンライン仲介サービスのビジネスユーザーのための公正さと透明性の促進に関する EU 規則」の適用をはじめていた。2019 年 6 月 14 日、欧州理事会が採択したもので、オンライン・プラットフォームのビジネスユーザーのための透明な条件、およびこれらの条件が尊重されない場合の救済のための効果的な可能性を保証する法的枠組みがすでに確立されていた点に留意しなければならない。

　なお、日本政府は 2024 年 4 月 26 日、「スマホソフトウエア競争促進法案」を閣議決定し立法化をめざす。DSA と DMA に比べると、包括性や首尾一貫性にも欠けるものの、ヨーロッパ型の規制に舵を切ったことは評価できる。

DSA

　デジタルサービスには、ウェブサイトからインターネット・インフラ・サービスやオンライン・プラットフォームに至るまでさまざまある。DSA は、主にオンライン仲介者とプラットフォームに関係する規制である。たとえば、オンライン・マーケット・プレイス、ソーシャルネットワーク、コンテンツ共有プラットフォーム、アプリストアだけでなく、オンライン旅行や宿泊施

設のプラットフォームも対象となる。

　DSA の背景には、オンライン上での違法な商品・サービス・コンテンツの取引と交換に対する懸念がある。オンライン・サービスがアルゴリズムを操作するシステムによって悪用され、誤報の拡散を増幅させている現状を改めるのがねらいだ。このため、DSA は、オンライン・プラットフォームがホストするコンテンツに関して、包括的で法的拘束力のある透明性と説明責任体制を確立することで、EU の権利主導の規制アジェンダに法的効力を加えるものである。

　DSA では、グーグルやメタのような「超大型オンライン・プラットフォーム」と認定されたプラットフォームに対して、そのサービスを利用しているトレーダーに関する情報を受け取り、保存し、部分的に検証し、公表する義務を課すことで、消費者にとってより安全で透明性の高いオンライン環境を確保しようとしている。そうしたプラットフォームのプロバイダー（プラットフォーマー）がどのようにコンテンツを調整しているか、広告やアルゴリズムのプロセスについて、より高い透明性と説明責任の基準を設定している。また、サービスの完全性を守るための適切なリスク管理ツールを開発するために、そのシステムがもたらすリスクを評価する義務を定めている。これらの義務の範囲に含まれるサービス提供者として、サービスの受信者数（6 カ月平均）が 4500 万人を超えるプラットフォーマー（および EU 域内に設立された年間 1 万人以上のアクティブなビジネスユーザーに対してコア・プラットフォーム・サービス［デジタルサービスを提供する大規模なオンライン・プラットフォーム・サービス］を提供している場合）が想定されている。

　罰則については、52 条で、「罰則の最高額が、当該仲介サービス提供者の前年会計年度における全世界の年間売上高の 6% であることを保証する」と規定された。さらに、加盟国は、不正確、不完全または誤解を招くような情報の提供、不正確、不完全または誤解を招くような情報の不回答または不修正、および検査への不提出に対して課される罰金の最高額が、「仲介サービスの提供者または関係者の前会計年度における年間所得または全世界売上高の 1% であることを保証するものとする」ことも定められている。

　DSA は 2022 年 11 月 16 日に正式に署名され、発効した。DSA の一般的な適用日は 2024 年 2 月 17 日だ。ただし、DSA は、超大規模オンライン・プラットフォーム（VLOP）および超大規模オンライン検索エンジン（VLOSE）に指定されたオンライン・プラットフォームおよびオンライン検索エンジン

のプロバイダーに対しては、これらのサービスを指定する決定の通知から 4
カ月後から適用される。2023 年 4 月 25 日、欧州委員会は 17 のオンライン・
プラットフォームを VLOP に、二つのオンライン検索エンジンを VLOSE に
指定した。その結果、欧州委員会が監督および執行の権限を有するこれらの
VLOP および VLOSE のプロバイダーには、すでに DSA が適用されている。

DMA

DMA は反競争的とみなされる「デジタル・ゲートキーパー」による特定
の商習慣を制限することで、市場競争を強化することを目的としたデジタル
規制の主要部分である。DMA の規制対象は主としてゲートキーパー・オン
ライン・プラットフォームだ。ゲートキーパー・プラットフォームは、重要
なデジタルサービスの企業と消費者の間の関係をゲートキーパー（門番）の
ようにして結びつける機能を果たしている。これらのサービスのなかには、
DSA の対象となるものもある。

わかりやすくいえば、この規制は主にアマゾン、グーグル、メタ、マイ
クロソフトといった米国の大手ハイテク企業に適用される。DMA は、これ
らのゲートキーパーの事業行動を規制する権限を EU に付与し、ゲートキー
パーが特定の事業慣行に従事することを禁止すると同時に、他の慣行（ライ
バル企業が開発した技術との相互運用性の確保など）に従事することを要求す
る。もっとも重要なことは、DMA では、欧州委員会は、そのような特定の
慣行が違法と推定され、それゆえ禁止されているため、そのような慣行が消
費者に損害を与えることを示す証拠を集める必要がないということである。

こうしたことから、アメリカには、DMA がアメリカの大手ハイテク企業
だけをターゲットにした規制であるとの懸念が広がっている。

DMA は 2022 年 11 月 1 日に発効し、大部分は 2023 年 5 月 2 日から適用
された。欧州委員会がゲートキーパー指定を行い、指定後、ゲートキーパー
は 6 カ月以内に DMA の要件を遵守し、遅くとも 2024 年 3 月 6 日までには
遵守する必要があるとされた。このため、前述の司法省による提訴の前に、
アップルはヨーロッパにおいて、自社製品のユーザーが第三者のアプリスト
アからアプリをダウンロードできるようにすることを余儀なくされたのだ。

アルファベット、アップル、メタへの EU による調査

2024 年 3 月 25 日付 NYT によると、アルファベット、アップル、メタの 3

社は同日、EU の規制当局から、同地域の DMA にかかわるさまざまな違反の可能性について調査を受けていると告げられた。EU 調査官は、アップルや、グーグルの親会社であるアルファベットが、ライバルを締め出すために自社のアプリストアを不当に優遇していないか、とくにアプリ開発者がセールやその他のオファーについて顧客とコミュニケーションする方法を制限していないかどうかを調査したいとのべたという。グーグルはまた、ヨーロッパにおける検索結果の表示についても調査を受けており、メタは新しい広告なしの購読サービスと広告販売のためのデータ使用について質問される予定だ。

　実は、欧州委員会は 2024 年 3 月 4 日、アップルに対し、アップストアを通じて iPhone および iPad ユーザーに音楽ストリーミング・アプリを配信する市場における支配的地位を濫用したとして、18 億ユーロ（20 億ドル）を超える制裁金を科した。このように、すでに、ヨーロッパでは、垂直的闘争において、テック企業に対する風当たりが急速に強まっている。たとえば、2023 年 5 月 22 日には、EU はフェイスブックの親会社であるメタが欧州から米国にユーザーデータを転送することでプライバシーに関する法律に違反したと認定し、12 億ユーロ（13 億ドル）の罰金を科した。

　裁判所の判決をみても、2022 年 9 月、ルクセンブルクの一般法廷において、グーグルが自社の検索エンジンの主導権を固めるために、アンドロイドのスマートフォン技術とその市場での優位性を利用し、反トラスト法に違反したと認め、2018 年にグーグルに対して出された記録的な罰金を承認した。43 億 4000 万ユーロ（2018 年 51 億ドル相当）の罰金は 41 億 2500 万ユーロ（2022 年の為替レートで 41 億 3000 万ドル）に若干引き下げられた。

注目されるアメリカ国内の動き

　興味深いのは、EU の権利主導型規制によって米系のテック企業が罰金などを受けることに対して、米国内の世論が猛反発していない点だ。州レベルでみると、テック企業に対する規制を強化する動きが広がっている。EU の権利主導型規制が米国内にも影響していると考えられる。

　たとえば、フロリダ州のロン・デサンティス知事（共和党）は 3 月 25 日、安全上の懸念から未成年者のオンライン・プラットフォームへのアクセスを取り締まろうとする全国的な動きのなかで、共和党が主導する他の州につづき、子どものソーシャルメディア利用に対する強い制限に署名した。13 歳以下の子どもがソーシャルメディアのプロフィールを作成することは禁止さ

れ、14歳から15歳の子どもについては親の同意が必要となる。新法では、ソーシャルメディア・プラットフォームは14歳以下の子どもの既存のアカウントを削除することが義務づけられる。もしプラットフォームが「故意または無謀にも」この法律に違反した場合、1回の違反につき最高5万ドルの民事罰が科せられる。

　3月25日付WPは、子どもたちのソーシャルメディア利用を抑制しようとする140以上の法案が30州で審議中と報じている。

コミュニケーション品位法230条をめぐる問題

　アメリカの市場主導型規制をリードしてきた法律として、コミュニケーション品位法第230条が知られている。性表現が青少年に与える悪影響に対処する目的で、1996年のコミュニケーション品位法（Communications Decency Act, CDA）、1998年の児童オンライン保護法、2000年の児童インターネット保護法というかたちで、徐々にインターネット規制に舵が切られたのだ。ほかにも、1998年には、デジタル・ミレニアム著作権法（Digital Millennium Copyright Act, DMCA）が制定され、2000年10月から施行された。これらの米国の連邦法がその後、世界中でインターネットなどのサイバー空間への国家規制に道を拓いたことになる。その後、欧州評議会が2001年になってサイバー犯罪条約を採択するに至る。

　CDAにある、「双方向のコンピューター・サービスの提供者ないし利用者を、出版業者ないし別の情報内容提供者によって供給された情報の話者とみなしてはならない」という条項は重要だ。これにより、第三者である利用者が供給する情報を広めるだけの双方向のコンピューター・サービス提供者および利用者は、中身に関する法的責任を、出版業者などと異なり、免れることができた。これが、合衆国法典第47編第230条、通称CDA230条と呼ばれるものである。たとえば、ユーザーが暴力を助長するビデオをアップロードしてもユーチューブは責任を問われないし、フェイスブックのユーザーがだれかを中傷するコメントをプラットフォームに投稿しても、メタは名誉毀損で訴えられることはない。同時に、ユーチューブが違法な動画を削除したり、メタが中傷的な投稿を削除したりすることを選択した場合、これらの企業は、ユーザーの言論の自由を侵害する恐れがなく、自由にそれを行うことができる。

　連邦議会が第230条を制定したのは、1995年にニューヨーク州最高裁判

所がストラットン・オークモント対プロディジー事件で、オンライン掲示板を主催するインターネット・サービス・プロバイダー、プロディジー社が掲示板への中傷的な投稿に対して責任を負うという判決を下した際に生じた懸念に対応するためだった。当時、プロディジーには200万人の加入者がおり、1日に6万件の投稿があった。だが、コンテンツ・モデレーション（適正化）を行い、多くの攻撃的なメッセージの削除により、裁判所はプロディジーが「発行者」の役割を引き受けたと判断し、同社はそのサイトに掲載された中傷的な投稿に対して責任を負うことになった。連邦議会議員の何人かはこの判決に警鐘を鳴らした。プロディジーが行っていたようなモデレーター・ツールを含む、新しく革新的で有益なサービスを開発する技術系企業のインセンティブを維持するために、議会はこれらの企業を責任から保護するよう動いたのだ。

　ストラットン・オークモントの判決は、1995年に米国議会がCDAを制定するきっかけとなる。同法は、わいせつとわいせつ行為を規制し、未成年者を故意にそのようなコンテンツにオンライン上でさらすことを違法とした。法案の審議中に、クリス・コックス下院議員とロン・ワイデン下院議員は、最終的に第230条となるCDAの修正案を提出する。超党派のコックス‐ワイデン修正案は、とくにストラットン・オークモント対プロディジーを覆し、インターネット・サービス・プロバイダーが第三者コンテンツの出版者として扱われないようにすることを目的としたもので、これによりオンライン・サービスを、印刷したコンテンツに責任を負う新聞のような出版物と区別することになったのである。

CDA230条の見直し

　免責特権を受けたテック企業のなかから、アマゾン、アップル、フェイスブック（メタ）、マイクロソフト、グーグル（アルファベット）などの「テック・ジャイアンツ」とか「ビッグ・テック」と呼ばれる超国家企業が育つ。だが、2023年1月、バイデン大統領はWSJに「共和党と民主党、結束してビッグ・テックの濫用に対抗せよ」という意見を掲載するまでになっている。「ビッグ・テック企業は、アメリカ人を自社のプラットフォームから離さないために、ユーザーの個人データをしばしば利用し、極端で偏向的なコンテンツに誘導している」と指摘し、ゆえに、「民主党と共和党が協力して、ビッグ・テックの責任を追及するための強力な超党派法案を可決するよう強く求める」と

主張する。これは、具体的に CDA230 条の見直しを意味している。

　ただし、2024 年 4 月末現在、CDA230 条は存続している。それでも、いまのアメリカが市場主導型規制の核心部分をなす CDA230 条を修正しようとしているのは事実であり、それは、アメリカ自体の権利主導型規制や国家主導型規制への傾きを示すものだ。

　アメリカの市場主導型規制モデルの背後には、テック企業を放っておけば民主主義と自由が必然的にもたらされるという長年の思い込みがある。それは、第六章で論じるアメリカの外交戦略において、民主主義国家が増えれば、アメリカの安全は守られるといった「神話」への「信仰」につながっている。

　アメリカは、イノヴェーション（変革）のために、企業の自由な競争が必要だとする市場主導型の規制モデルを長年信奉し、その成果としてデジタル空間をめぐる大変革も誕生させた。その成功体験から、自由市場の見直しを嫌がる傾向がいまだに強い。米政府は独占などの自由市場のもつ欠点を認めようとせず、テック企業の横暴が軋轢をもたらしている状況を放置してきた。それが外国政府の反発を引き起こし、EU による権利主導型規制モデルによってテック企業への厳しい規制となって表出している。市場権力の濫用、度重なるプライバシー侵害、ネット上での忌まわしい言論への不満は、米国が創設し、過去 25 年間支持してきた規制モデルに対する米国自身の信頼を揺るがすまでになっている。

2　アメリカ VS ヨーロッパ

　EU は、言論の自由と、人間の尊厳、差別の禁止、データ・プライバシーの権利など、他の多くの基本的権利とのバランスをとることを重視している。アメリカと EU は、デジタル規制を通じてどのように民主主義を推進しようとしているのかで異なっている。インターネットの民主的基盤を守るため、米政府は言論の自由を抑制することを恐れ、プラットフォームの自律性に介入する用意があまりない。アメリカは伝統的に所得格差に寛容で、結果の平等とは対照的に機会の平等を維持しようとしてきた。

　たとえば、自動運転システム（オートパイロット・システム）開発にあたり、

全米の自動車安全規制当局である運輸省道路交通安全局（NHTSA）は自動運転技術に関する基本的な基準を定めていない。開発機会の平等の維持に力点が置かれている。欧州諸国とは異なり、アメリカはメーカーが基本的な安全基準を遵守していることを「自己証明」することを認めているのだ。自己認証が認められているので、自動車メーカーは連邦政府の許可なしに自動運転システムを導入することができる。これに対して、ヨーロッパでは、最低限必要な基準を規制当局が定め、監視するというのが大原則だ。EUの規制推進姿勢は、テクノロジー分野に限ったことではなく、市場がどのように運営され、政府の最適な役割は何かという、より広範な視点を反映している。

　その代わり、中国やアメリカとは異なり、大規模なハイテク企業はヨーロッパからはほとんど生まれていない。アマゾン、アップル、メタ、マイクロソフトといったアメリカのハイテク大手や、アリババ、バイドゥ、ファーウェイ、JD.com、テンセント、シャオミといった中国のハイテク大手と比べると、EUは有力なハイテク企業をほとんど育てていない（大手企業向けソフトウェア・ベンダーであるドイツのSAPが欧州最大のハイテク企業である程度で、スウェーデンのスポティファイ・テクノロジーを除けば、世界のインターネット・ユーザーに受け入れられている欧州企業はほとんどない）。

　だが、ヨーロッパのこうした状況が権利主導の規制の結果であると考えるのは短絡的すぎるだろう。大切なことは、バランスであり、市場主導型規制は世界中に大きな混乱をもたらしているのは間違いない。そこでここでは、ヨーロッパの権利主導型規制からみたアメリカの問題点について、ヘイトスピーチやディスインフォメーション、プライバシー、デジタル課税、人工知能（AI）分けて論じてみよう。

（1）ヘイトスピーチやディスインフォメーション

　言論の自由を不可侵とすると、いわゆる「ヘイトスピーチ」を言い立てて、「敵」を攻撃したり、「意図的で不正確な情報」である「ディスインフォメーション」（本書「あとがき」を参照）を喧伝したりすることで、言論を争うといった民主主義の前提となる土台そのものが崩れてしまう。それにもかかわらず、アメリカでは、言論の自由を基本的権利として保護することに重点を置いている。これに対して、EUの権利主導型規制モデルは、言論の自由の権利と、人間の尊厳やプライバシーの権利を含む他の多くの基本的権利とのバランスを取ろうとしている。

　ヘイトスピーチについては、EU は近年まで自主規制に依存してきた。2016 年、欧州委員会は米国のテクノロジー企業 4 社（フェイスブック、ツイッター、ユーチューブ、マイクロソフト）と「オンライン上の違法なヘイトスピーチへの対処に関する行動規範」（ヘイトスピーチ・コード）に署名した。その後、2018 年にインスタグラムとスナップチャット、2020 年に TikTok が加入した。これらの署名企業は、「プラットフォーム上での暴力扇動や憎悪に満ちた行為の促進を禁止する」ことに同意し、そのようなコンテンツをプラットフォームから削除する要請があれば、24 時間以内に検討することを約束している。第四章の最初に紹介した Digital Empires によると、「2021 年のデータによると、署名企業は現在、通告を受けた違法なヘイトスピーチの平均 63％ を削除している」という。

　さらに、「大手ハイテク企業の利用規約を調べてみると、EU のヘイトスピーチ・コードに署名した後、世界的に同じ定義を採用する傾向があることがわかる」と指摘されている。メタとグーグルは早くから世界共通のルールを採用おり、ツイッターは、以前は国別の規則に従っていたが、EU のヘイトスピーチ・コードに署名した半年後には、世界共通の基準を採用する方向に進み、グローバルな利用規約で「憎悪を抱かせる行為」を禁止したという。

　2019 年 10 月、欧州司法裁判所（CJEU）は、メタ社のプラットフォーム上のヘイトスピーチの投稿を削除する責任に関する訴訟の判決を下した。事件は、オーストリア緑の党の元党首であるエヴァ・グラウィシュニッヒが、フェイスブック上の自分を中傷する投稿の削除をメタ社に要求したことに端を発する。CJEU は、メタ社が当該コンテンツへのアクセスをローカルだけでなくグローバルに削除しなければならないかどうか、またこの義務が同一人物に対する類似の（しかし同一ではない）ヘイトスピーチ投稿にもおよぶかどうかについて裁定を求めた。判決のなかで CJEU はメタ社は違法とされた中傷的コメントと同一または同等の投稿をすべて特定するよう命じられる可能性があるとした。CJEU は、EU 法には地域的制限がないことを指摘した。こうして、欧州のヘイトスピーチ規範は法域を超えて広がりをみせるようになったのだ。

　なお、拙著『サイバー空間における覇権争奪』で紹介したように、ドイツでは、2018 年 1 月 1 日から、「ネットワーク強制法」（NetzDG）が施行された。少なくとも 200 万人以上の登録ユーザーをもつソーシャル・ネットワーク・プロバイダーに対して、通告を受けてから 24 時間以内に「明白に不法な」

内容へのアクセスを排除ないし遮断しなければ、5000万ユーロ（約5600万ドル）の罰金が科せられることになった。こうして、さらに法的規制も整備されるようになり、先に紹介したDSAが誕生するのである。

　DSAにより、欧州委員会はプラットフォームに対し、コンテンツの詳細な調整方針を利用者に開示するよう求めるとともに、利用者が削除の決定に異議を唱えることができる手段など、さまざまな保護手段を提供する。このような透明性は、プラットフォームが許容されるコンテンツの過剰な削除に関与していないことを確認する一方で、合法的な削除要求への対応を維持することを目的としている。

　ディスインフォメーションについては、フェイスブック、グーグル、ツイッター、モジラのほか、広告主や広告業界の代表が2018年10月にオンライン上のディスインフォメーションの拡散に対処するための自主規制的な行動規範、「ディスインフォメーションに関する2018年実践コード」に合意した。これは、同年年4月に発表された欧州委員会のコミュニケーションで示された目標達成を目的とし、政治広告の透明性からディスインフォメーションの提供者のデミネーションに至るまで、さまざまな領域で21のコミットメントを定めている。さらに、マイクロソフトは2019年5月に、TikTokは2020年6月に署名した。

　2022年6月16日には、強化された「ディスインフォメーションに関する実践コード」が2018年版の改訂プロセスに参加した34の署名者によって署名され、発表された。署名者は、ディスインフォメーションの拡散を防止すること、政治広告の透明性を確保すること、利用者に権限を与えること、ファクトチェッカーとの協力を強化すること、研究者がデータにアクセスしやすくすることなど、いくつかの領域で行動を起こすことを約束した(2023年5月、Xは欧州委員会に実践コードからの脱退を通告した［資料を参照］)。

　ディスインフォメーションもDSAへと収斂することになる。DSAは、EUのディスインフォメーション規制やヘイトスピーチ規制に取って代わるものではなく、どのような言論を排除しなりればならないかという実質的な基準を提供し続けるものだが、プラットフォームに対して、禁止されているコンテンツへのアクセスを迅速に削除または無効化することを求める、拘束力のある手続き上の義務を提供している。DSAはまた、プラットフォームの透明性と説明責任義務を強化し、たとえば、ユーザーが特定の広告を見る理由や広告の背後にいる人物をユーザーに開示することを義務づけ、未成年

者や、人種、民族、宗教、政治的信条、性的指向などの保護カテゴリーに基づく個人を対象とした広告など、特定の慣行も禁止される。非常に大規模なオンライン・プラットフォームは、年1回のリスク評価と外部監査に関する追加的な義務を遵守するほか、コンテンツ・モデレーション（適正化）の決定に関するデータを研究者や当局と共有する必要がある。このようにプラットフォームのデータへのアクセスが強化されることで、規制当局は、アルゴリズムがどのように機能し、オンラインコンテンツをどのように適正化しているかに関するプラットフォームの主張をよりよく検証できるようになる。

　こうした EU の規制に対して、アメリカでは、2022年4月、バイデン大統領は米国務省にサイバースペース・デジタル政策局を設置することを発表した。ただし、これは、世界中で台頭するデジタル権威主義と闘うための国務省民主主義・人権・労働局の既存の取り組みを補完するものにすぎない。要するに、EU 規制に比べて、アメリカは及び腰なのだ。これに対して、オーストラリアは EU のディスインフォメーション規範を忠実に模倣し、2021年2月に「ディスインフォメーションとミスインフォメーションに関するオーストラリア・コード」を発表した。その結果、アドビ、アップル、グーグル、メタ、マイクロソフト、Redbubble、TikTok、ツイッターなどの企業は、同コードに署名しており、オーストラリアでも EU に触発されたコンテンツ・モデレーション（適正化）を実践することを約束している。

　ただし、ディスインフォメーションを理由に過剰ともいえる言論封殺をはかるブラジルのような国もある。WP は、「世界でもっとも積極的なディスインフォメーションの告発者の一人であるアレクサンドル・デ・モラエスがいる」ブラジルについて報じている。モラエスは最高裁判事11人のうちの1人で、ネット上での虚偽の主張と戦うための拡大した権限を与えられた人物である。モラエスは、2022年のブラジル大統領選の投票前、公的機関を弱体化させた疑いのある人物を調査、検閲、起訴する「選挙裁判所」の権限の拡大解釈を求めた。最高裁は同裁判所のトップであるモラエスに、問題のあるコンテンツの即時削除を命じ、従わない企業には罰金や営業停止処分を科す権限を与えた。その結果、モラエスは何十人もの人物に対して逮捕状を発行し、ソーシャルメディア企業に対して数多くのアカウントを削除するよう要求してきた。

　そんな彼は2024年4月、民主主義を攻撃するために虚偽の情報を使用したとして告発された政治団体に対する現在進行中の犯罪捜査の対象として、

イーロン・マスクを加えたとのべた。一方、マスクが所有するソーシャルメディア企業 X は同月、ブラジルの裁判所から、非公開の「人気」アカウントをブロックするか、高額な罰金を科すよう命じられたと発表した。代わりにマスクは、これまで停止していたブラジルのアカウントの制限を解除するとのべた。結局、4 月 15 日、X がブラジルの最高裁判所に書簡を送り、X がその命令に従うことを保証したことが明らかになる。こうして、国によって、行政や司法などの権力を握る者が言論弾圧を簡単に行いうることが明らかになったのである。

（2）プライバシー

すでに紹介した GDPR は個人データ保護を定めた規定をもつ。その意味で、ヨーロッパではプライバシーを守るための包括的な法整備が進んでいるといえる。プライバシーをめぐっては、拙著『サイバー空間における覇権争奪』において、2009 年の「マドリードプライバシー宣言」を出発点とするヨーロッパでのプライバシー保護の動きを紹介したことがある。ここでは、アメリカと EU との間のデータ移送問題にしぼって、論じてみたい。

まず、2000 年からほぼ 15 年間、EU から米国へのデータ移転を促進するために「セーフ・ハーバー枠組」（Safe Harbor Framework）が機能してきたという話からはじめよう。1995 年の「データ保護指令」には、十分な情報保護の仕組みが保障されていない第三国への EU 加盟国の個人情報の移転が禁止されていたが、これでは米国と EU との信用情報紹介といったビジネスにまで支障をきたすことから、欧州委員会と米商務省との間でセーフ・ハーバー枠組が合意されたのである。欧州法のもとで適切とみなされるものに一致するかたちでヨーロッパから米国へのデータ移転を認めるもので、米国のデータ輸入者は通告・選択・安全保障・アクセス・誠実・施行などの面で 7 原則に従うことが義務づけられた。ところが、2015 年 10 月、EU の司法裁判所はこのセーフ・ハーバー枠組を無効と認定したのだ。

この背後には、エドワード・スノーデンによる暴露という事件があった。セーフ・ハーバー枠組への批判は 2010 年ころからあったが、2013 年夏、エドワード・スノーデンが「プリズム」と呼ばれる、検索履歴、e-mail の送受信履歴、その内容、ファイル転送先、ライブ・チャットを含む情報を国家安全保障局（NSA）職員が収集するシステムの存在を明らかにした結果、EU 加盟国の個人情報も秘密裏に米国政府によって収集されていることがわかっ

たのだ。この結果、セーフ・ハーバー枠組が EU から輸出される個人データへの米政府のアクセスを促しているのではないかとの批判が噴出した。こうした背景のなかで、司法裁判所の無効判決がくだったことになる。

　欧州委員会と米商務省はセーフ・ハーバー枠組に代えて「プライバシー・シールド枠組」（Privacy Shield Framework）を適用することで 2016 年 2 月に合意した。これが包括的なデータ保護のための「一般データ保護規則」（GDPR）にも盛り込まれることになった。同枠組も米企業が遵守を公的に証明しなければならない七つのプライバシー原則の受け入れをもとにセーフ・ハーバー枠組よりも厳しい規制がとられている。このプライバシー・シールド枠組協定は 2016 年 8 月に発効した。

　プライバシー・シールドは、大幅に強化されたプライバシー保護、強化された執行メカニズム、および米政府による個人データへのアクセスに関する新たなセーフガードを具体化するよう交渉された。たとえば、米国家安全保障機関による個人データの悪用の可能性に関する個人の苦情に対応する独立したオンブズマンの任命がアメリカに義務づけられた。

　ただ、大きな問題が再び起きる。欧州委員会、欧州議会、欧州データ保護委員会はいずれも、2017 年と 2019 年の同協定の見直しにおいて、アメリカのプライバシー・シールドの実施について懸念を表明したのだ。そして、2020 年 7 月、欧州司法裁判所が再びプライバシー・シールドを無効とする判決を下す。アメリカの広範な監視慣行は「比例性テスト」に違反しており、したがってアメリカにデータを移転された人の基本的権利を保証していないと判断したのである。同裁判所はとくに、アメリカの監視法が、EU 域内を含む海外での情報データの大量収集を、司法の監視下に置かれることなく可能にしていることに懸念を示した。同裁判所はまた、アメリカの諜報活動の外国人対象者が、自らに関わる監視活動に対してアメリカの裁判所で異議を申し立てることができない場合に利用できる救済メカニズムが不十分であることも問題視した。

　2020 年 7 月には、プライバシー・シールド枠組を適用する協定に 5380 の企業が署名していたから、この判決はプライバシー・シールドに頼ってデータ移転を行っていた数千の企業に大きな打撃を与えた。

　判決は、アメリカの監視法と慣行の改革を求めているといえる。監視活動の透明性の向上、監視の目的と対象の制限、監視によって不必要に収集された情報のタイムリーな削除、違法な監視に対する裁判所の命令による救済措

置の確立などへのアメリカ側の対応を迫っている。これまでヘゲモニー国家であったアメリカとえども、同盟国の市民の市民権を強化することなしに、同盟国に国家安全保障政策を一方的に押し付けることはできないのであり、国家を超えた監視活動には、国家を超えた法的権利の承認が必要であることを、同判決は明確に示しているのだ。別言すると、データ移送に関するプライバシー問題は、アメリカ自身の帝国主義に対するヨーロッパ帝国主義からの反発を引き起こしている。

　なお、2022 年 3 月、バイデン大統領とフォン・デア・ライエン欧州委員会委員長は共同声明を発表し、アメリカと EU が EU から米国へのデータフローを回復するための EU- アメリカ・データ・プライバシー枠組みに関する予備的合意に達したことを明らかにした。その直後の 2022 年 10 月、バイデンは「アメリカのシグナル・インテリジェンス活動のためのセーフガード強化に関する大統領令」に署名した。この大統領令は、諜報活動は「有効な諜報活動の優先順位を高めるために必要な場合にのみ、... その優先順位に比例して」実施されることを義務づけている。EU の法理論にある「必要」と「相応」の文言がこのように取り入れられているのは、米国当局による情報収集が制限されたものであり、市民の自由とプライバシーを尊重するという欧州の価値観を反映したものであることを EU に保証するための米国の努力の一環であると読み取ることができる。この命令はまた、欧州市民が自分の個人情報が米国法の下で違法に取り扱われたと考えた場合、「独立した拘束力のある審査と救済を受ける」ための新たなメカニズムも設定している。彼らの申し立ては、まず行政府の市民的自由保護担当官によって審理され、その後、米国政府以外の裁判官で構成されるデータ保護審査裁判所によって審査される可能性がある。

　他方で、米国内には、EU のような包括的な個人情報データ保護法はない。2016 年 3 月 31 日に、連邦通信委員会（FCC）がインターネットサービス事業者（ISP）向けのプライバシーガイドラインとして通達（Notice of Proposed Rulemaking）を出したにすぎない。翌年 3 月、共和党が支配する議会は、FCC が数カ月間取り組んでいたブロードバンドのプライバシー規制を覆す投票を行った。これらの規制は、個人情報を広告に使用したり、特定のユーザーの嗜好情報に基づいてプロファイルを作成したりする前に、同意を得ることをケーブル会社や電話会社に義務づけるものだった。

　ただ、カリフォルニア州では、2018 年 6 月、カリフォルニア消費者プラ

イバシー法（CCPA）が制定された（施行は 2020 年 1 月 1 日）。GDPR ほど厳格ではないにしろ、保護すべき個人情報が明確化された。消費者が個人的にインターネット事業者に提供した情報を消去する権利は認められているが、第三者が勝手に流した情報を消去させることはできない。GDPR では、消去を要請できるのだが、カリフォルニア法はそうなっていない。加えて、同法には女性へのプライバシー配慮が欠けているとの批判もある。なお、CCPA は、その後 2020 年にカリフォルニア州プライバシー権法（CPRA）へと拡大され、2023 年に CCPA に完全に取って代わった（GDPR とさらに整合）。ヴァーモント州では、個人情報を売買するデータ・ブローカーに登録を義務づける規制法が 2018 年 10 月に施行された。

　2008 年 10 月、イリノイ州で生体認証情報プライバシー法が制定され、その後、ワシントン州やテキサス州でも同種の法律ができている。2024 年 4 月 17 日、コロラド州のジャレッド・ポリス知事はアメリカで初めて、脳波が真に個人的なものであることを保証しようとする法案に署名した。同州の現行の個人情報保護法における「センシティブ・データ」の定義を拡大し、脳、脊髄、そして全身にメッセージを伝達する神経ネットワークから生成される生体データや「神経データ」を含めるというのだ。バージニア州の消費者データ保護法、ニュージャージー州とミネソタ州で導入された法律は、データの「管理者」と「処理者」を区別することで GDPR を模倣している。ニュージャージー州では、すべてのデータ処理は合法的、公正かつ透明でなければならないという GDPR の基本原則を引用している。

　こうした流れを受けて、2024 年 4 月、上院商務委員長のマリア・キャントウェル（ワシントン州選出）と下院エネルギー・商務委員長のキャシー・マクモリス・ロジャース（ワシントン州選出）は「アメリカン・プライバシー権法」（American Privacy Rights Act）を提案した。統一的なデータ収集基準を設け、ユーザーにターゲット広告を含む特定のデータ慣行からオプトアウト（ユーザーが許諾［パーミッション］しない意思を示す行為）する権利を与えるものである。企業が消費者に特定の製品を提供するために必要な情報のみを収集することを義務づける一方、人々が自分のデータにアクセスしたり削除したり、デジタルサービス間でデータを転送したりできるようにする。この法案によって、これらの企業が享受してきた訴訟からの全面的な免責が廃止され、企業がデータ削除要求に応じなかったり、機密データを収集する前に明示的な同意を得なかったりした場合に、個人が訴訟を起こすことが可能と

なる。ただ、本書執筆時の2024年4月末現在、法案の可否は不透明だ。

日本では、2003年5月に制定、2005年4月に完全施行された個人情報保護法があるが、プライバシー保護などの観点から十分とはいえない。それでも、日本の個人保護レベルがEU並みと判断され、2019年1月からEU域内の個人データの域外持ち出しを例外的に認める移転先として日本は承認されている。

なお、2024年4月5日付のWPは、「米議会の二つの重要な委員会のリーダーたちは、アメリカ人の個人データをオンラインで保護することを目的とした国家的枠組みについて合意に近づいている」と報じた。

（3）デジタル課税

デジタル課税をめぐっても、米国とEU加盟国は厳しく対立した。拙著『サイバー空間における覇権争奪』で指摘したように、G20で最初にデジタル経済という言葉が登場した2013年のサンクトペテルブルクサミットでは、「デジタル経済の成長が国際的な課税にとって挑戦となっている」と共同コミュニケで指摘している。

ヨーロッパでは、テック企業による節税が問題化する。アップル、グーグル、マイクロソフト、ツイッターの欧州本社がアイルランドの首都ダブリンに、シスコ、ネットフリックス、テスラの本社がオランダのアムステルダムに、アマゾンとペイパルの本社がルクセンブルクにあったのは、現地の税制を利用した節税が重要な理由であった。

こうした状況を受けて、2016年、欧州委員会はアイルランドに対し、アップルからの未払い収入130億ユーロを取り戻すよう命じた。欧州委員会によると、アップルは過去10年間に米国外で得た2000億ドル近い利益に対して4％という、際立って低い税率を支払うことで競合他社よりも「不当な優位性」の恩恵を受けていた。低税率を正当化するために、アップル社は1991年にアイルランドの税務当局が下した裁定に頼っていたが、欧州委員会はこの裁定がEUの国家補助規則に違反していると判断したのである。その結果、欧州委員会はアイルランドに対し、アップルから未払いの税金を取り戻すよう命じた。しかし、2020年、EUの一般裁判所は欧州委員会の決定を覆す（欧州委員会は現在、この決定を不服として欧州司法裁判所［CJEU］に上訴している）。

他方で、EU加盟国が個別の判断で、国内デジタルサービス税（DST）を導入する動きが広がる。これは、デジタル企業が経済価値を生み出す国、た

とえばその国にいるユーザーにデジタルサービスを提供する国が、そのデジタル企業に対して課税権をもつべきだという考えを反映した税制だ。フランスは2019年にDSTを制定した最初の国であり、フランスのユーザーに提供されるデジタルサービスに対して3％の課税を課している。オンライン広告、オンライン・プラットフォーム、オンライン・マーケット・プレイスなどのデジタルサービスは、この法律のデジタルサービスの定義に該当する。フランスのDSTは、アマゾン、アップル、グーグル、メタなどの米国の大手ハイテク企業を含む約30社に適用される。すでにDSTを導入している欧州諸国には、EU圏外のイギリスに加え、オーストリア、ハンガリー、イタリア、ポーランド、ポルトガル、スペインがある。

　ただ、欧州委員会自体は2018年の段階で、デジタル課税に関する欧州全体の解決策を実施することを模索し、公正なデジタル課税の概念をEUの規制モデルに組み込むと同時に、加盟国レベルでの複数の国内デジタルサービス税（DST）の出現を防ぐことをめざしていた。この取り組みはその後、デジタル課税に関する2020年の提案へと発展する。課税案は、EU域内の年間売上高が5000万ユーロ以上の企業がオンラインで販売する商品やサービスに対して0.3％の課税を行うというものであった。しかし、欧州委員会は、国際的な税制改革に関する経済協力開発機構（OECD）の同時交渉で妥協点を見出す努力に集中するため、2021年7月にデジタル課税の準備を保留することで合意する。

　他方で、アメリカはEUおよび加盟国レベルでのDST導入に反対してきた。米政府はこれらの措置を差別的とみなし、大部分が米系企業を標的にしていると主張した。このため、EU諸国で最初にDSTを導入したフランスは、アメリカの怒りの的となる。米通商代表部（USTR）は2019年7月、フランスのDSTに対する正式な調査を発表する。1974年通商法301条に基づき、USTRが特定の政策や慣行が不合理または差別的であり、アメリカの通商に負担や制限をかけると結論づけた場合、アメリカは外国からの輸入を制限する権利がある。その調査の結果、USTRはフランスのDSTが意図的にグーグル、アップル、フェイスブック、アマゾンを対象とする一方で、仏企業がより成功している領域のデジタルサービスを除外している点で差別的であると結論づけた。その報復として、アメリカは、特定の仏原産の高級品に25％の関税を課すと発表した。ただ、アメリカは2021年1月、他の欧州諸国のDSTに関するUSTRの調査結果が出るまで、この関税を一時停止した。

2021 年 6 月、USTR は 1 年にわたる調査を終了し、オーストリア、スペイン、イタリア、イギリスが課すデジタルサービス税が米国企業を差別しており、国際的な租税原則と矛盾していることを明らかにした。調査結果を受け、USTR はこれらの指定国からの 20 億ドル以上の輸入品に 25％の関税を課すと発表したが、同時に OECD レベルでの交渉を完了させるため、関税を最長 180 日間停止すると発表した。

　つまり、アメリカとヨーロッパで生じたデジタル課税をめぐる決定的な対立を避けるには、OECD 内で解決策を見出す必要性があったのである。ただ、アメリカはトランプ大統領の任期中には、交渉中に一定の進展はあったものの、アメリカと EU の不一致と緊張が続いたため、最終的な合意は見送られた。バイデン政権になって、2021 年 4 月、一連の妥協案が発表され、OECD 交渉の妥結に向けて重要な後押しをした。この交渉の突破口を受け、OECD は 2021 年 10 月、136 カ国がついに世界的な税制改革に関する合意に達し、2023 年末までに実施することを約束したと発表する。

　この合意には二つの柱がある。第一の柱はデジタル企業に限定されるものではなく、特定の収益基準を満たす企業全般に適用される。この点に関する最終的な妥協案は、デジタル経済を他の経済と区別して扱うべきではないという米国の立場を反映したものである。しかし、これはまた、市場管轄区域がその管轄区域で創出された価値を認める課税権限を得るという EU の要求も反映している。協定の第二柱では、規定された収益基準を満たす企業に対し、15％という世界的な最低法人税率を導入している。これは、有害な税制競争を緩和し、競争条件を公平にし、公正な競争を促進することを目的としている。

　OECD の合意後、米国は 2021 年 6 月に欧州諸国に対して、一時的に停止していた懲罰的関税を課さないことに合意した。さらに、フランス、イタリア、スペイン、オーストリア、イギリスは、OECD 改革の第一の柱が実施されれば、国内の DST を廃止することに合意する。2023 年末までに新たなグローバルな税制が施行された場合、これらの欧州諸国は、移行期間中にグローバルな租税協定のもとで企業が支払うことになる税額を超過して徴収された税額を企業に控除する。

　この OECD 協定は、米欧の水平的な争いを、国際機関の協定が解決に導くことを示している。ただし、アメリカ議会がこの OECD 協定を国内で実施するために必要な法案を実際に可決できるかどうかは 2024 年 4 月末現在、

不透明だ。

（4）AI 規制

　AI 規制をめぐっても、アメリカとヨーロッパの間には溝がある。この点については、拙著『知られざる地政学』〈上巻〉のなかで詳しく論じた（244 ～ 263 頁）。2023 年 11 月 6 日付で独立情報フォーラムのサイトに、拙稿「「知られざる地政学」【連載 11】AI 規制に関する最新動向」を公表しておいた。ここでは、AI 規制をめぐる米欧の違いに絞って論じたい。

　結論からいうと、ここでも EU はアメリカよりも一歩も二歩も進んでいる。欧州委員会は 2021 年 4 月 21 日、欧州議会に対して、「人工知能に関する調和された規則（人工知能法）を定め、特定の連合立法を修正すること」を求める提案を決めた。同提案を修正した交渉指令案が 2023 年 5 月 11 日、域内市場委員会と自由権規約委員会によって賛成 84 票、反対 7 票、棄権 12 票で採択された。この提案の第 3 条では、定義として、「「人工知能システム」（AI システム）とは、附属書 I に記載された技術およびアプローチの一つ以上を用いて開発され、人間が定義した所定の目的に対して、コンテンツ、予測、推奨、または相互作用する環境に影響を与える決定などの出力を生成できるソフトウェアを意味する」と定められている。「附属書 I に記載された技術およびアプローチ」とは、①機械学習アプローチ（教師あり学習、教師なし学習、強化学習を含み、深層学習を含む多様な方法を用いる）、②知識表現、帰納的（論理）プログラミング、知識ベース、推論・演繹エンジン、（記号）推論、エキスパートシステムなどを含む、論理・知識ベースのアプローチ、③統計的アプローチ、ベイズ推定、探索・最適化手法 —— だ。

　欧州議会は 2024 年 3 月 13 日、安全性と基本的権利の遵守を確保しイノベーションを促進する、世界初の包括 AI 規制（AI 法）の最終案を可決した。2023 年 12 月に加盟国との交渉で合意されたこの規則は、賛成 523 票、反対 46 票、棄権 49 票で欧州議会により承認された。この法律は、官報に掲載されてから 20 日後に発効し、発効から 24 カ月後に全面的に適用される。ただし、禁止行為の禁止（発効から 6 カ月後に適用）、実践規範（発効から 9 カ月後）、ガバナンスを含む AI 汎用規則（発効から 12 カ月後）、ハイリスクシステムに対する義務（36 カ月後）は例外となる。

　EU は、AI 技術は人間の利益のために存在し、人間の監督も受けなければならないと主張している。提案された AI 法に道を開いた EU の 2019 年版「信

頼できる AI のための倫理ガイドライン」は、AI に対する人間中心のアプロー
チを強調し、「AI システムは人間を不当に従属させたり、強制したり、欺い
たり、操作したり、条件付けたり、群れを作ったりすべきではない」と指摘
している。欧州委員会の 2020 年白書も同様に、個人の権利を尊重し、人間
としての尊厳を保ちながら、個人の生活を向上させる人間中心の AI の重要
性を強調している。ゆえに、EU の政策的要請は、必要な場合にアルゴリズ
ムを無効にし、基本的権利に対するリスクを確実に軽減できる自然人によっ
て AI が監督されることも必要としている。

　EU の AI 法規制は、この種のものとしては世界初のものである。多くの
ハイテク企業は AI に関連するリスクを軽減するためにさまざまな倫理規範
を各社別に採用してきた。このような倫理規範は、より良い企業活動を導く
ことはできても、その義務がより広く公共の利益を反映することを確実にす
るための民主的プロセスを通じて生み出される法的拘束力のある義務に取っ
て代わったり、遅らせたりすることはできない。したがって、AI に関する
拘束力のあるルールを追求することで、EU はその規制モデルの基盤として
法の支配と民主主義の優位性を確認しようとしたわけである。

　これに対して、バイデン大統領は 2023 年 10 月 30 日、「AI の安全、安心、
信頼できる開発と利用に関する大統領令」に署名した。AI の開発と利用を、
八つの指導原則と優先事項に従って進め、管理する方向性が示されている。
同日、米国、フランス、ドイツ、イタリア、日本、イギリス、カナダ、欧州
連合（EU）を含む G7 は、人工知能（AI）に関する国際指導原則と、広島 AI
プロセスの下での AI 開発者の自主的行動規範に合意した。

　アメリカの大統領令は、AI の軍事利用という安全保障にかかわる軍事・
情報分野と、それ以外の分野とを峻別している。前者については、国家安全
保障に関する覚書の作成が指示されており、「覚書は、国家安全保障システ
ムの構成要素として、あるいは軍事・諜報目的で使用される AI のガバナン
スに対処するものとする」と明記されている。

　興味深いのは、米大統領令にも G7 の国際指導原則にも、AI を利用して作
成したことを示す「ラベルづけ」を奨励する方向性が示された点だ。前者で
は、バイデン政権下で、「効果的なラベリングとコンテンツ証明メカニズム
の開発を支援し、アメリカ人が、コンテンツが AI を使用して生成されたも
のとそうでないものを判断できるようにする」と書かれている。国際指導原
則には、「組織はさらに、ラベル付けや免責事項など、他の仕組みを導入す

ることが奨励される」と記されている。

　なお、7 カ国主要先進国 G7 は、2023 年 4 月 30 日、G7 デジタル・技術相会合において、「責任ある AI」の推進などを盛り込んだ共同声明を採択し、生成 AI については、今年後半に改めて G7 で会合の場を設けガイドラインの策定をめざすとした。6 月の G7 広島サミットの冒頭の会合で、生成 AI についての議論が行われ、閣僚級による議論の枠組み「広島 AI プロセス」をもとに国際的なルール作りを進行することで各国が合意した。

　国家主導の規制をとる中国では、近年、AI 規制を強化している。第一に、2021 年 11 月 16 日に開催された 2021 年国家インターネット情報弁公室の第 20 回会議において審議・採択され、工業情報化部、公安部、国家市場監督管理総局の同意を得た「インターネット情報サービスのアルゴリズム推薦管理に関する規定」（互联网信息服务算法推荐管理规定）が重要である。同規定は 2021 年 12 月 31 日に公布され、2022 年 3 月 1 日以降に施行された。AI アルゴリズムによって労働が行われる労働者の権利を保護する規定がある。とくに、AI は休日と医療資格を考慮し、賃金詐欺を防止しなければならないとされている。

　第二に、2022 年 11 月 3 日に開催された 2022 年国家インターネット情報弁公室の第 21 回会議において審議・採択され、工業情報化部および公安部の同意を得た「インターネット情報サービスの深層総合管理に関する規定」（互联网信息服务深度合成管理规定）がある。同規定は、2022 年 11 月 25 日に公布され、2023 年 1 月 10 日以降に施行された。AI が生成した画像、人間の発話を模倣したメッセージ、実在の人物を使用した音声や映像に特別なタグを付けることが義務づけられている。

　第三に、2023 年 5 月 23 日に開催された国家インターネット情報弁公室2023 年第 12 回会議において審議・採択され、国家発展改革委員会、教育部、科学技術部、工業情報化部、公安部、国家ラジオテレビ総局の同意を得た「生成人工知能サービス管理暫定弁法」（生成式人工智能服务管理暂行办法）が重要である。同法は、2023 年 7 月 10 日に公布され、同年 8 月 15 日以降に施行された。開発者は検閲当局が承認したコンテンツのみを使用するよう強制されている。それは「社会主義的価値観」に合致し、人種、国家、宗教、その他の理由で差別されないものでなければならない。

　2024 年に注目すべき動きは、中国が EU の足跡をたどり、独自の包括的な AI 法を発表するかどうかである。これ以上は割愛するが、先行する中国

に学ぶべきであることはいうまでもない。その意味で、「米国とその同盟国は、AIの法律と政策について中国と協力すべきである」という論文は必読であると書いておきたい。

3　アメリカ帝国主義の変質

　第四章の最後に取り上げたいのは、アメリカが市場主導規制モデルからEUの権利主導型モデルへの接近を余儀なくされているだけでなく、中国の国家主導規制モデルにも近づきつつあるというアメリカ帝国主義の変質についてである。それは、政府主導で外国の個別企業に圧力かける一方で、国内企業や国内投資に積極的な外国企業に補助金などの助成を行うというかたちをとっている。

　そこで、まず、アメリカが行っている個別の外国企業を標的にした「攻撃」についてみてみよう。近年、もっとも有名なのは、トランプ政権が行ったファーウェイ叩きであろう。トランプ大統領当時の2019年5月15日、国家安全保障上のリスクが疑われる外国企業の通信機器の米領土内での使用を禁止する大統領令「情報通信技術とサービスのサプライチェーンの安全確保」が発布された。その主な標的は中国のファーウェイ・テクノロジーズ（華為技術、以下、ファーウェイ）であった。当時、アメリカ政府は電気通信事業者が重要インフラである第五世代ネットワーク（5G）を展開するために必要なネットワーク機器の購入において、ファーウェイ製品を排除することで、自国のネットワークの安全保障上のリスクを削減しようとしたのである。ファーウェイ製品の排除はアメリカ国内だけでなく、同盟国に対しても同様に働きかけられた。とくに、「ファイブ・アイズ」諸国（オーストラリア、カナダ、イギリス、ニュージーランド、アメリカ）では成功を収めてきた。

　ただ、すでにファーウェイ製品を使用していた場合、その対象機器を削除する必要が生まれた。ファーウェイ製部品はネットワークで広く使用されていたため、ファーウェイ製品の排除には、代替ネットワーク機器サプライヤーの問題が浮上したのである。ファーウェイの既存の競合他社（ヨーロッパの機器サプライヤーであるノキアやエリクソンなど）を検討することに加え、疑

いのある機器を禁止している国の通信事業者や規制当局は、スマートフォンなどのエンドユーザーデバイスを無線通信でコアネットワークにつなげる無線アクセスネットワーク（RAN）をオープンなもので代替しうるかが調査された。その結果、「オープンRAN」（Open RAN）モデルがアメリカで推奨されるようになるのだ。

バイデンが売り込むオープンRAN

オープンRAN技術はもともと、2010年代後半、AT&Tやチャイナ・モバイルのような企業が共同で取り組み、アメリカとは特別な関係のない国際化されたコンセプトとして生まれた。その後、トランプ政権はこの黎明期の技術を推進しはじめる。バイデン政権になって、この技術が市場投入の準備が整うにつれ、オープンRANの推進を強めている。

2024年2月12日付のWPは、「バイデンがインド、フィリピン、サウジアラビアなどの首脳に（オープンRANの採用・使用を）個人的に訴えたことはこの問題がワシントンにおける最優先事項であることを反映している」と書いた。アメリカはオープンRANモデルを自国だけでなく、他国にも採用してもらうことでスマートフォンのインフラをめぐる通信機器競争に米系企業を復帰させようとねらっているのだ。そのために、国務省、商務省、国防総省、国家電気通信情報管理庁（NTIA）、米貿易開発庁（USTDA）、米国際開発庁（USAID）、米国際開発金融公社、米輸出入銀行が協力してオープンRANを推進している。

WPは、議会がオープンRANと半導体セキュリティ技術の開発と採用を促進するために、5年間で5億ドルを国務省に割り当て、NTIAは、オープンRAN技術の研究、テスト、促進に10年間で投資する15億ドルの基金を有している。新興国における優先的なインフラ・プロジェクトのためにアメリカの商品やサービスを輸出することで、アメリカの雇用創出を支援することを使命とするUSTDAは2020年以降、14の新興国のオープンRANインフラ整備に780万ドルを割り当てている。ほかにも、NTIAは2月12日に、オープンRANデバイスのテストセンターを開設するために4200万ドルの助成金を提供することを発表した。オープンRANの世界的普及をめざして、AT&T、ベライゾン、アメリカの複数の大学とともに、日本のNTTドコモとインドのリライアンス・ジオがオープンRANプロジェクトのメンバーに加わっている。

オープン RAN が日米 VS 欧州の対立へ

　ただし、オープン RAN 構想は、安全保障上の理由を建前にしながら、アメリカの利益を優先しようとする「帝国主義的」な政策の色彩が濃厚だ。オープン RAN は、これまでスマートフォンなどの通信インフラを支配してきた中国のファーウェイと中興通訊（ZTE）、そして北欧のエリクソンとノキアのシェアを奪う結果をもたらす。とくに、ヨーロッパ地域の有力企業であるスウェーデンのエリクソンとフィンランドのノキアが打撃を受ける政策には、ヨーロッパ側はきわめて懐疑的だ。

　2023 年 10 月には、イギリスの科学技術革新省、オーストラリアのインフラ・運輸・地域開発・通信・芸術省、カナダのイノベーション・科学・経済開発省、日本の総務省、アメリカの国家電気通信情報管理庁は「電気通信に関する世界連合」（GCOT）の結成に関する共同声明を発表した。「オープンな分離、標準に基づくコンプライアンス、実証された相互運用性、実装の中立性に関する原則を支援するための選択肢を検討する」とされており、オープン RAN の普及がめざされている。

　よく知られているように、2019 年秋、アンゲラ・メルケル首相（当時）はファーウェイの 5G 展開への参加を禁止しないと発表した。メルケル首相の指導の下、ドイツ議会は新しい IT セキュリティ法を可決し（2021 年 5 月施行）、政府は「信頼できない」電気通信事業者が製造した機器をドイツのモバイルネットワークの一部から締め出す権限を得た。しかし、ファーウェイや ZTE の機器に同権限が行使されたことはない。ただ、ドイツ国内で中国製機器に依存しすぎると、アメリカ政府がドイツをロシアから切り離すために爆破させたとみられるガス PL、「ノルドストリーム」と同じように、アメリカ政府の意趣返しによって、ドイツの通信網が大混乱に陥りかねない。

　このためドイツ内務省は 5G ネットワークにおけるファーウェイと ZTE の機器の使用を削減するよう通信事業者に強制する計画を進めている。2023 年 9 月のロイター電によると、ドイツテレコムやボーダフォンのような通信事業者は、2026 年 10 月 1 日までに RAN とトランスポートネットワークに占める中国製コンポーネントの割合を最大 25％まで削減する必要がある。ただ、ドイツテレコムとボーダフォンはすでにファーウェイと ZTE のコンポーネントを使用していないため、5G コアネットワークにおける中国製コンポーネントの使用禁止は「問題ない」。テレフォニカは 2025 年までにこれ

らを置き換える予定だ。つまり、アメリカの圧力や脅迫に耐えかねて、ドイツは中国製機器の排除を急速に進めている。

　記憶にとどめるべきは、ドイツ政府は 2023 年 7 月、初の「対中戦略」を発表し、重要な分野における中国への経済的依存からの脱却をめざしたことである。これは、同年 6 月 20 日に公表された「欧州経済安全保障戦略」に関する共同声明のなかで示された EU の方針に対応したものである。同戦略では、EU が経済的開放性とダイナミズムを最大限に維持しながら、経済安全保障に対するリスクを最小限に抑えることが目的とされている。こうした EU 全体の対中戦略を考慮しながら、ドイツ全体としてはあくまで慎重に対中政策を見直している。

　他方で、ヨーロッパ側がオープン RAN に接近する動きもある。2023 年 12 月、AT&T はスウェーデンの巨大企業エリクソンと最大 140 億ドル相当の 5 年契約を結び、2026 年までに AT&T の無線トラフィックの 70% をオープン RAN 対応機器とすると発表した。エリクソンは「2、3 年後」に自社のすべてのモバイルネットワーキング製品をオープン RAN 対応に移行させる予定だという。エリクソンはライバルではなく同盟関係に入ることになったのだ。こうして徐々にオープン RAN 勢力が広がりをみせている。

アメリカ政府による日本企業叩き

　他方で、アメリカの帝国主義は米政府による日本企業叩きとしても具現化している。初期の段階では、1981 年、オタワ G7 サミットで当時のロナルド・レーガン大統領が、シベリアからヨーロッパへのパイプライン（PL）建設向けに日本のコマツ（小松製作所）がソ連に設備を売却するのを阻止するよう、鈴木善幸首相に要請したことに関係している（Agathe Demarais, Backfire: How Sanctions Reshape the World against U.S. Interests, Columbia University Press, 2022 を参照）。レーガンは、このガス PL が国家安全保障上の脅威であり、クレムリンがガス輸出代金をソ連軍の戦力強化に使うだろうと主張した。コマツの契約は 8500 万ドルにのぼったが、鈴木はレーガンの要求に応え、契約を保留するようコマツに要求した。

　だが、その 10 日後、米商務省はコマツが中止を求められた契約について、米企業キャタピラーに輸出許可を与える。爾来、米政府は同盟国を犠牲にして、自国の経済的利益を高めるために安全保障という言葉を使いたがっているとの認識が広がった。ただ、この事実はいつの間にか忘れ去られてしまう。

とくに、米政府を批判的にみる姿勢に欠ける日本のマスメディアは日本国民に米政府の「悪辣さ」を十分に伝えていない。

このアメリカの新帝国主義が近年になって、再び猛威をふるうようになっている。その犠牲者となったのは東京エレクトロンである。アメリカの対中半導体チップへの規制強化の煽りを受けた結果だ。

2022年10月、バイデン政権は中国の技術的・軍事的進歩に歯止めをかけるため、中国がアメリカの半導体チップ製造技術にアクセスするのを厳しく制限する措置を含む、一連の包括的な輸出規制を発表した。商務省産業安全保障局（BIS）が発表したもので、もともとはトランプ政権時代の「2018年輸出管理改革法」およびその施行規則である輸出管理規制の権限に基づき実施された。同法は、大統領に、①国家安全保障を守るため、アメリカ人（法人を含む）または外国人による輸出、再輸出、品目（商品、ソフトウェア、技術）の移転、および②特定の核爆発装置、ミサイル、化学兵器または生物兵器、化学兵器前駆体の全工場、外国の海上核プロジェクト、外国の諜報サービスに関連するアメリカ人の活動(所在を問わず)を規制する権限を付与している。

この商務省の措置は、核爆発のモデル化、極超音速兵器の誘導、反体制派や少数民族を監視するための高度なネットワーク構築などにスーパーコンピューティングを利用している中国の軍事計画の進行を遅らせることを主な目的としていた。この新規制は、トランプ政権による通信大手のファーウェイに対する取り締まりと似ているが、その範囲ははるかに広く、数十社の中国企業に影響を及ぼしている（NYTを参照）。さらに、より包括的な政策を確立し、さまざまな中国のテクノロジー企業への最先端技術の輸出を停止し、中国自身が高度なチップを生産する初期の能力を遮断するねらいもあった。

バイデン政権による対中半導体チップ規制強化によって、電子部品製造の重要な工程の一つであるリソグラフィー技術で市場を支配しているASMLホールディング（オランダ）や、半導体製造装置メーカーの東京エレクトロンがもっとも打撃を受けた。2023年1月、岸田文雄首相もマルク・ルッテオランダ首相もバイデンの要求を受け入れた。日本の場合、2023年3月31日、西村康稔経済産業大臣（当時）が先端半導体の製造装置23品目の輸出管理を厳しくする措置を新たに行うと発表したのである。同措置に沿った経済産業省令の改正案は、同年7月23日に施行された（オランダも9月に追随した）。

東京エレクトロンは、中国にも半導体製造装置を輸出してきたから、この輸出規制強化によって収益に打撃を受けた。今回の新たな規制を受けて、年

間営業利益の見通しを 25% 近くも引き下げたこともあったが、2024 年 2 月には、2024 年 3 月期の連結営業利益見通しを前年比 28% 減の 4450 億円へと上方修正するまでに至っている。

　興味深いのは、2023 年 12 月 11 日、ニューヨーク州のキャシー・ホーチュル知事（民主党）は、同州が IBM、マイクロン・テクノロジー、アプライド・マテリアルズ、東京エレクトロンと共同で 100 億ドルのチップ・テクノロジー・センターに 10 億ドルを投資すると発表したことである。このプロジェクトは、「チップスおよび科学法」に基づく 110 億ドルの資金調達に対する同州の入札を強化するものだという。東京エレクトロンはアメリカで今回受けた損失の一部を補塡できそうな状況にあるらしい。

　こうしたアメリカの帝国主義は個別企業を狙い撃ちにしているために恣意的であると指摘しなければならない。IT 以外でいえば、下院において、国家安全保障上の懸念から中国の開発受託製造（CDMO）大手への委託制限を盛り込んだ「バイオセキュア法案」が 2024 年 1 月以降、審議されている。議会で超党派の支持を得ているバイオセキュア法は、中国のバイオテクノロジー企業を顧客やサプライヤーとする企業との政府契約を打ち切ることを提案している。有利な連邦政府との契約を打ち切るという脅しを使って、アメリカ企業と中国のゲノム解読装置メーカーや、減量注射薬などの高分子医薬品メーカーとの関係を断ち切ろうとしているのだ。具体的には、BGI（100カ国以上で事業を展開している。同社は出生前検査やコビッド 19 やその他の病気の診断用綿棒を供給している。同社はライバル企業と同様、患者の匿名化されたデータを保管する代わりに、健康診断を安価で提供している。そのデータは最先端の医薬品開発に使われる）、WuXi AppTec（創薬と製造を請け負う世界最大の企業）、MGI Tech（医療機器サプライヤー）などである。

　ただし、「抜け穴」もある。2023 年 10 月に The Economist が報じたところでは、同月 9 日、バイデン政権は、サムスンと SK ハイニックスという韓国のチップメーカー 2 社に対し、中国国内の工場にこの新しい制限に該当する装置を設置する無期限の免除を認めた。その 4 日後、台湾のチップ製造の覇者である台湾積体電路製造股份有限公司（TSMC）も免除を受けた。アメリカ政府がなぜこうした「抜け穴」を認めたのかはよくわからないが、米政府が国家主導型規制を一部で取り入れていることは間違いない。

WTO の機能不全

欧米日といった資本主義諸国はここ数十年、競争の土俵を均等にし、貿易障壁を築くのではなく、取り払うことで、民間企業同士の公正な競争を促進してきた。世界貿易機関（WTO）は各国が貿易の約束をかわすことができた、関税貿易一般協定（GATT）プロセスに代わる拘束力のある紛争解決システムとしてアメリカ主導で 1995 年に設置された。その結果、ある国がルールに違反したか、そうでなければ国家間の交渉を台無しにしたかを判断する 2 段階のプロセスがつくられる。第一段階では、紛争処理小委員会（アドホック・パネル）が事実と適用される WTO 規則を評価し、違反があったかどうかを判断する。その後、締約国はパネルの決定を、紛争解決機関（DSB）によって設置された常設機関である上訴機関（Appellate Body）が見直すよう要求することができ、同機関はその決定を支持または覆す権限をもつ。同機関は 7 人で構成され、裁定には最低 3 人が必要となる。各メンバーの任期は 4 年で、一度だけ再任することができる。この仕組みによって、公正で開かれた貿易の原則を世界全体のルールが遵守されるはずだった。

しかし、このアメリカの市場主導型規制モデルは瓦解しはじめる。トランプ政権は「Make America Great Again」（MAGA）の掛け声のもとで、輸入品に対する高関税を課すことで、一部のアメリカ製製品を優遇して国内生産を活性化させようとした。主に中国からの輸入製品を含む数千のカテゴリーの輸入製品に関税を課した。2018 年はじめには、トランプ政権は大型家庭用洗濯機と太陽電池モジュールの 2 件について、関税という形でセーフガード措置を適用した。同年 3 月 23 日から、トランプ大統領は輸入鉄鋼とアルミニウム製品にそれぞれ 25％と 10％の追加関税を国家安全保障関税として課すよう命じた。他方で、トランプ政権は退任する上訴機関メンバーの後任となる新メンバーの任命を阻止することで、上訴機関は 2019 年 12 月以降、機能不全に陥ってしまったのである。もはやこの段階で、アメリカは市場主導型規制を断念したと指摘できるだろう。

自国優先主義はバイデン政権下でも継続する。たとえば、バイデン政権はトランプ大統領の鉄鋼・アルミニウム関税を残すことを選択した。さらに、2024 年 4 月 17 日、中国の鉄鋼・アルミニウム製品に 25％の関税をかけるよう要求した。これは、トランプ大統領が一部の製品に対して発動した関税に追加されるものだ。バイデンはまた、鉄鋼労組に対し、政権が中国の造船補

助金を調査し、メキシコと協力して中国の関税逃れを阻止するとのべた。

　WTO軽視もつづいている。論文「バイデン政権の通商政策」は、「アメリカはWTOを貿易協定交渉の場として復活させることにほとんど関心がない」と指摘している。第一に環境物品協定やデジタル貿易協定など、アメリカが提唱する専門的な貿易協定は、ほとんどのWTO加盟国の賛成を得られないため、アメリカは包括的な多国間貿易協定にも関心がない。第二にアメリカは交渉の場としてWTOではなく、経済協力開発機構（OECD）やG7、あるいは米国・メキシコ・カナダ協定(USMCA)の国家間紛争メカニズムなど、他の交渉の場を利用するのが一般的となっている。

　さらに、「アメリカはWTOの紛争解決制度や上訴機関の復活には関心がない」とも、論文は指摘している。WTOの上訴審に関する2020年米通商代表部（USTR）報告書は、WTOにおける全紛争の4分の1が米国の法律や措置を争ったもので、合計で155件の紛争が米国に対して提起され、そのうちの約90％が米国の法律や措置がWTOの義務と矛盾しているとの判断に至っていると指摘している。つまり、アメリカにとって不都合な判断が上訴機関によって下されている以上、こんなものはないほうがいいというわけだ。

　たとえば、アメリカの中国からの輸入品に対する関税は、トランプ大統領によって、国際法上の米国の義務を考慮することなく、何万もの製品に対して事実上「気ままに」課されたものであった。このため、この関税は、GATT第一条（最恵国待遇）、第二条（関税の拘束）、第一一条（割当）、第一九条およびWTOセーフガード協定と表面的に矛盾していた。そのため、WTOパネルは中国からの輸入品に課された三〇一条関税はGATT第一条および第二条に違反すると裁定した。だが、アメリカはこの中国関税のケースで不利な裁定を不服として上訴し、事実上、紛争解決機関（DSB）の行動を阻止した。上訴機関が機能していないため、中国関税案件の上訴を審理することができないのだ。このパネル裁定はDSBでは採択されず、今後も採択されることはないだろう。

　2024年2月26〜3月2日(未明)に開催されたWTO第一三回閣僚会議でも、WTO改革は実現されなかった。この結果、上訴機関で審議されるべき約30の未解決の不服申し立てが宙に浮いたまま放置されている。

補助金はアメリカ帝国主義の一形態
　バイデン政権は、アメリカ経済の主要部門に補助金を支給する四つの法律

という形で、広範囲におよぶ産業政策を採択した。市場に任せるのではなく、国家が干渉する国家主導型規制へと舵を切ったともいえる。バイデン政権の「バイ・アメリカン」政策は、アメリカン・レスキュー・プラン法（2021年）は約 400 億ドルの産業補助金を、インフラ・雇用法（2021年）は約 1 兆2000 億ドルを、インフレ削減法（2022年）は電気自動車と再生可能エネルギーへの補助金約 3690 億ドルを、チップスおよび科学法（2022年）は半導体チップ技術への補助金 2527 億ドルを追加する。これらの法律は、自由貿易の理想から遠ざかり、保護主義への傾斜を意味している。ここでは、アメリカ政府がグリーンエネルギー産業にどのような補助金を出して、同産業を育成しようとしているかについて説明したい。この補助金も外国との競争に勝利するために打ち出したアメリカの帝国主義的ふるまいの一つである。

　バイデン大統領は 2022 年 8 月 16 日、「インフレ削減法」(Inflation Reduction Act of 2022、以下「IRA」) 案に署名した。IRA には、①再生可能エネルギーの導入を後押し、②電気自動車（EV）技術の導入を促進、③建物および社会のエネルギー効率を改善させる ―― といった趣旨の気候・エネルギー関連規定が盛り込まれており、これらに今後 10 年間に 3690 億ドルの税額控除とその他の政府直接資金（補助金）が投じられる。自然エネルギー、核エネルギー、化石燃料から作られる温室効果ガス排出量の少ない水素を、炭素を回収して利用することを公式に支援しようとするもので、風力発電や太陽光発電のような再生可能エネルギーと同じ税額控除を核発電にも適用できるようにしている点が注目される。

　しかも、バイデン政権は補助金を大統領選でのバイデン勝利に結びつけようとしている。WP は、バイデン政権幹部が 2024 年 1 月 29 日、「選挙を前にして全米の製造業を活性化させるための一連の政策の一環として、18 州（そのほとんどが激戦州または共和党優勢州）に対して 1 億 5000 万ドルの研究資金を提供することを発表した」と報じた。全米の半導体工場や研究施設に520 億ドルという途方もない額の補助金を投入しようとしているとも伝えている。バイデンは補助金を他国とも不公正競争に利用するだけでなく、選挙対策としても活用しようとしているのである。

　バイデン大統領はインフレ削減法に署名する前の 2022 年 8 月 9 日、高度なチップ製造をアメリカに取り戻すための 520 億ドル規模の補助金、税額控除、その他の優遇措置のパッケージを定めた「チップスおよび科学法」に署名した。これを受けて、2024 年 4 月、同法に基づいて、アメリカ政府は最

先端のマイクロチップ・メーカー、台湾積体電路製造股份有限公司（TSMC）に最大 66 億ドルの助成金を支給することを明らかにした。TSMC の米国初の主要拠点となるフェニックス工場の建設を支援する。同社はすでに同地に 2 工場の建設を約束しており、助成金の一部はフェニックスに第三の工場を建設するために使用される予定で、TSMC は対米投資総額を 400 億ドルから 650 億ドル以上に増やす計画だという（ただ、TSMC は台湾工場を増強しつづけ、その多くがアップルや Nvidia といった米顧客向けになるとみられているから、どこまで最先端半導体がアメリカで製造されるかは疑問だ）。同月 15 日には、韓国の大手ハイテク企業サムスンがテキサス州オースティン地域に先進的なコンピューター・チップ製造施設を建設するために 64 億ドルの補助金を出すと発表する。商務省のプレスリリースによると、サムスンとの契約には、職業訓練のための約 4000 万ドルが含まれており、政府はこのプロジェクトによって今後 5 年間で 1 万 7000 人以上の建設雇用と 4500 人以上の製造雇用が創出されると見込んでいる。はっきりいえば、カネで雇用を生み出し、大統領選への備えとしているのだ。

　ほかにも、同年 2 月には、ニューヨーク州に広大なコンピューター・チップ工場を新設するために 15 億ドルを拠出することが決まった。ほかに、戦闘機に使用されるチップを製造する防衛請負会社 BAE システムズに 3500 万ドル、マイクロチップ・テクノロジーに 1 億 6200 万ドルを供与することになっていた。加えて、3 月 20 日になって、バイデン大統領はインテルに 85 億ドルの助成金を授与した（NYT を参照）。この助成金は、アリゾナ州、オハイオ州、ニューメキシコ州、オレゴン州における同社の建設計画を支援するためのもので、これらのプロジェクトは 1 万人以上の製造業雇用とおよそ 2 万人の建設業雇用を創出する見込みだという（助成金に加え、連邦政府はインテルに 110 億ドルの融資を行う予定である。インテルはまた、5 年間で 1000 億ドル以上かかると予想される米国での拡張プロジェクトの費用の 25％ をカバーできる連邦税額控除を請求する予定である）。ただし、「アメリカでのチップ製造拡大計画は障害に直面している」との報道もある。

　ほかにも、アメリカ政府はテック企業に働きかけて、中国を困らせようとする動きをみせている。マイクロソフトは 2024 年 4 月 16 日、アラブ首長国連邦（UAE）の人工知能大手「G42」に 15 億ドルを投資すると発表した。「ペルシャ湾地域とその先で技術的影響力を行使するのはだれかをめぐってワシントンと北京が争うなか、中国を締め出すためにバイデン政権が画策した取

引である」と、NYT は報道している。もはや、アメリカ政府は民間企業に対して、国家の利益を最優先とする政策を強制しているようにみえる。少なくとも、国家と民間企業の結託が当然という時代を迎えたことを印象づける出来事だといえるだろう。

競争的産業政策への転換

二つの法律の制定からみて、この時期、米政府は、「民間競争重視から競争的産業政策へ」という政策転換を行ったとみなすことができる。政府が国家安全保障や成長に不可欠と考える分野を支援するために経済に介入するという産業政策の採用は、国家と資本が結束して国益優先策をとるという帝国主義の政策そのものではないか。だからこそ、この政策転換はヨーロッパにもすぐに波及した。アメリカだけでなくヨーロッパもまた、国家主導型規制を取り入れようとしているのだ。それは、中国やロシア、そして日本のモデルに近づいているといえなくもない。

インフレ削減法を受け、ヨーロッパは 2023 年、国家補助に関する厳しい規制を緩和し、各国政府がクリーンエネルギー産業により多くの補助金を提供できるようにする。各国は現在、ケース・バイ・ケースでパッケージを提供している。ドイツは電池メーカーのノースヴォルト社に約 9 億 8000 万ドルの国家補助を支給している（NYT を参照）。こうした動きとは別に、ウルズラ・フォン・デア・ライエン EU 委員長は 2023 年 9 月、欧州議会で年次一般教書演説を行い、欧州委員会が中国からの電気自動車に対する補助金について調査を開始することを明らかにした。たとえば、NYT によると、バッテリーのみを動力源とする世界最大の自動車メーカー、中国の BYD の年次報告書によると、2008 年から 2022 年までの政府補助金は総額 26 億ドルにのぼる（これには、BYD の地元にあるタクシー会社が BYD の電気自動車のみを購入するようにするなどの他の支援は含まれていない）。

本来、EV の普及は、気候変動や原油価格を懸念する欧米政府にとって、たとえその EV が中国製であろうと決して否定すべきものではない。グローバル・コンサルティング会社アリックスパートナーズが 2024 年 3 〜 4 月に世界のバッテリー電気自動車（BEV）販売台数の 80% 以上を占める 8 市場の 9000 人の回答者を対象に調査したところ、「アメリカの 73% を含む多くの消費者が、中国以外のメーカーの同様の BEV よりも 20% 安い価格であれば、中国製 BEV を検討すると回答している」。つまり、消費者は EV の製造地な

どあまり重視していない。国家がでしゃばることでEV産業自体が歪められてしまいかねないのだ。

産業政策はリスクが高い

　国家による産業政策は必ずしも成功するとはかぎらない。外交問題評議会のイヌ・マナクが論文「ノスタルジアの呪縛：米国の産業政策」のなかで正しく指摘するように、「アメリカにおける近代産業政策批判の核心は、産業政策が一定の成功を収めることもあれば、失敗することも多々あるということである」。

　たとえば、2022年にリチャード・ビーソンが公表した記事「日本の産業政策はアメリカの良いモデルではない」では、「1955〜90年までの日本の産業政策が、部門別成長、規模の経済を持つ産業、生産性成長、「競争力」を高めたという主張を裏付ける証拠はない」と指摘されている。アメリカ政策研究財団の報告書で、日本の産業政策の「黄金時代」（1955〜90年）の経済データを分析すると、産業政策が、自動車や電気機械など、日本経済のより急成長している部門や技術的に進んでいる部門の生産性の伸びを高めたという考え方を裏づける証拠は何も見つからなかったという。むしろ、政府の努力のうち、実際には政治的支持のある低成長産業や衰退産業に不釣り合いな量が費やされたのであった。

　日本の例が示すように、産業政策の最大の問題は政治的介入という脅威である。官僚だけによる政策決定であっても、それが有効である可能性は低いうえに、その政策決定に官僚による政治家の忖度や政治家自身による介入が反映されている場合、産業政策は決して成功しないだろう。アメリカではすでに、トランプ支持者を味方につけ、彼らの不満に対処しなければ、トランプが再び大統領に返り咲くのではないかという恐怖が高まっているため、バイデンはトランプのポピュリスト的保護主義を倍加させようとしている。

背後にある「テクノロジー主権」という考え方

　第四章の最後に、アメリカが国家主導型規制に傾きつつあるもう一つの現象について論じたい。それは、安全保障という理由づけによって、テクノロジーの移転を防止しようとする動きである。この防止策を国家主導で行い、テクノロジーの輸出規制を強化する政策が広がりをみせているのである。

　すでに紹介したように、アメリカは通貨に対する国家主権を利用して、世

界中の決済通貨であるドルを取り扱う金融機関に対して、ドル決済を禁止するといった制裁措置を制裁対象国以外の第三国に対しても科すことができる。この「二次制裁」と呼ばれる制裁を使って、アメリカという主権国家の既得権を守りつづけようとしてきた。これと同じように、アメリカにある企業が特許をもつようなテクノロジーを守るため、安全保障上の理由から、最先端テクノロジーの輸出を制限したり禁止したりすることも近年、頻繁に行われるようになっている。アメリカ発祥の最先端テクノロジーの敵対国への移転を厳しく規制する権利として、国家が「テクノロジー主権」なるものを保有しているとみなすのだ。

　きっかけは1994年3月末に、ココム（対共産圏輸出統制委員会：旧共産圏諸国に対する戦略物資統制のための枠組み）が解消されたことを踏まえ、1995年12月、新たな輸出管理体制の設立について関係国間で政治的な申合せが行われ、1996年7月の設立総会をもって発足した「ワッセナー・アレンジメント」（WA）だ。WAは特定の対象国・地域に的を絞らずに、すべての国家・地域およびテロリストなどの非国家主体を対象に輸出を規制している。中国は参加していないが、ロシアは参加している。規制対象となる汎用品・技術リストには、先端材料(超伝導材料、セラミック)、材料加工（工作機械、ロボット)、エレクトロニクス（集積回路、半導体）、コンピューターなどが含まれている。

　近年、国家が先端技術であるテクノロジーに関連する交易に積極的に介入する必要性が高まり、それを裏づける「テクノロジー主権」（technological sovereignty）といった考え方が台頭しつつある。ここでは2021年公表の欧州議会報告「ヨーロッパのテクノロジー主権を可能にする主要テクノロジー」をもとに説明したい。

　まず、「テクノロジー主権」への関心は、2020年2月、欧州委員会が公表した「コミュニケーション：ヨーロッパのデジタルの未来を形づくる」において現れている。そこには、「テクノロジー主権」が「データインフラ、ネットワーク、通信の完全性と回復力を確保することからはじまる」とされている。通信分野にかかわる、いわゆる「デジタル主権」と関連づけられていたことがわかる。テクノロジー主権のためには、「ヨーロッパが独自の主要能力を開発・展開するための適切な条件を整えることが必要」とされ、それによって、「もっとも重要な技術について世界の他の地域への依存を減らすことができる」とある。ヨーロッパにとってのテクノロジー主権は「デジタル時代におけるヨーロッパ独自のルールと価値を定義する能力」を意味し、ゆ

えに、2020 年 2 月に、ウルズラ・フォン・デア・ライエン欧州委員会委員長は、「ヨーロッパが自国の価値観に基づき、自国のルールを尊重しながら、独自の選択を行うためにもつべき能力」とテクノロジー主権を定義している。

　他方、議会報告では、「現在のところ、EU には（世界的にも）技術主権の共通の定義はない」としたうえで、ヨーロッパのテクノロジー主権を、「欧州市民の福祉と企業の繁栄に必要な重要テクノロジーを開発、提供、保護、保持するヨーロッパの能力であり、グローバル化した環境において独自に行動し、決定する能力である」と定義している。そのうえで、①テクノロジー（重要テクノロジーにおける強力な知識基盤、強力な産業、強力なネットワークを維持することにより、ヨーロッパの研究開発能力を発展させる）、②経済（主要実現可能テクノロジー［KETs］における主導的地位の達成と維持、研究開発を市場製品に転換する能力、第三国への依存を減らすことを目的としたバリューチェーンに沿った多様な資源へのアクセス）、③規制（ヨーロッパの価値観を反映したグローバルな規制、基準、慣行に影響を与えるための適切な政策と基準の策定）—— という 3 要素が含まれているとする。要するに、EU の主要テクノロジーたるデジタル分野の技術の研究能力を発展させて、第三国への依存度を減らし EU の世界への影響力を守る政策を EU として行うと宣言している。

　これをヨーロッパだけに限定せずに一般化すると、科学やテクノロジーがもたらす利益を世界中であまねく分かち合うのではなく、主権国家およびそれに属する企業が開発したテクノロジーおよびそれを利用した製品・サービスについて、その取引や貿易を主権国家が制限する能力をテクノロジー主権と考えているといえるだろう。

　2023 年 7 月に公表された論文「イノベーション政策の新たなフレームとしてのテクノロジー主権」では、テクノロジー主権は、「何かに対する（領土的）主権ではなく、国際システム内の国家レベルの主体性、すなわち政府行動の主権として構想されるべきである」と主張されており、同主権を、「それ自体が目的ではなく、イノベーション政策の中心的目的である国家競争力の維持と変革的政策のための能力構築を達成するための手段」として定義している。テクノロジー主権は、「国家または国家連合が、その福祉、競争力、行動力にとって重要であると考えるテクノロジーを提供する能力」であり、「一方的な構造的依存なしにこれらを開発したり、他の経済分野から調達したりできる能力」と解釈されている。テクノロジー主権は、「国家または超国家連合がグローバルな社会技術システムを形成し、指示する野心に関連す

るものである」ため、国家または超国家連合主導で、企業や大学などの組織
と連携したテクノロジーの開発や利用のための補助金の供与、第三国へのテ
クノロジー輸出の禁止や制限、サプラインチェーンへの規制といった形式を
とる。

オーストラリアで起きている問題

だが、不可思議なのは、こうしたテクノロジー主権が鉄のカーテンが崩壊
して以来、少なくとも自由貿易における経済的利益の保護を強調してきた、
これまでのグローバルな国際協力を基本とする政策に逆行する考え方にみえ
る点だ。すでに、「超国家連合」として、2021 年 9 月、当時のバイデン米大
統領、ボリス・ジョンソン英首相、スコット・モリソン豪首相によって明ら
かにされた新たな安全保障協力の枠組（AUKUS）加盟国間で、テクノロジー
主権を放棄して軍事に関連するテクノロジーの移動を円滑化する動きがあ
る。これを受けて、英国とオーストラリアは 2024 年 3 月 21 日、新たな防衛・
安全保障協力協定に調印した。両国の国防相と外相の協議の一環としてキャ
ンベラで署名されたこの新条約は、一方が他方を攻撃した場合に他方が介入
することを義務づける本格的な相互防衛条約にはならなかった。しかし、両
国は新たな脅威について「協議」することを約束し、豪州沿岸を拠点に活動
する英潜水艦のローテーションの一環を含め、互いの領土に部隊を駐留させ
やすくする「地位協定」が盛り込まれた。

AUKUS は本来、マラッカ海峡などの海洋ルートを守るための核潜水艦
によるネットワークを構築するねらいをもつ。こうした軍事協力以外にも、
AUKUS は軍事分野での重要性が増す AI やサイバー、量子テクノロジーの
分野での 3 カ国間協力も推進する。防衛産業における供給網（サプライチェー
ン）の統合も探るとされている。その意味で、米英豪にカナダ、ニュージー
ランドを加えた、「ファイブ・アイズ諜報同盟」（Five Eyes Intelligence Alliance)
に AUKUS がきわめて近いことがわかる。これは、1943 年の英米通信傍受
協定（BRUSA Agreement）をもとにこれら 5 カ国は最初に 1948 年ごろ、「エシュ
ロン」という軍事目的の通信傍受体制を構築したことで知られている。

これだけ密接な関係がある以上、軍事に関連するテクノロジーの移転に
ついて規制を緩和し合う「超国家連合」に AUKUS を位置づけようとする動
きは当然かもしれない。2023 年 11 月 30 日、豪州議会に国防貿易管理修正
法案が提出された。法案は議会委員会に送られ、2024 年 4 月に委員会の報

告書が提出される予定である。修正点は、AUKUS 協定の下での豪州の公約を実施するものであり、AUKUS パートナー間の技術移転を促進するために、豪州から英国および米国へのほとんどの規制品目の供給に関する許可を取得する必要性を削除するものである。つまり、豪州の本来保有しているテクノロジー主権は放棄される。

　このように、テクノロジー主権に関連した「囲い込み」の動きがはじまっている。これは、かつての関税同盟が結局、第二次世界大戦勃発の一因になったのと同じように、テクノロジー主権に基づくブロック化がアメリカおよびその同盟国と、中国およびその同盟国との対立を深め、武力衝突につながる要因になるかもしれない。その意味で、テクノロジー主権の動向は今後の世界にとってきわめて重要だ。そう考えると、ロシアでの「日本とカナダは AUKUS に引きずり込まれる　非核軍事技術分野での協力が目的だ」という報道は注目に値する。2024 年 4 月 8 日に発表された米英豪の国防相の共同声明には、「日本の強みと、3 カ国との緊密な 2 国間防衛パートナーシップを認識し、我々は AUKUS の「柱となる II 高度能力プロジェクト」における日本との協力を検討している」と明記されている。これを受けて、4 月10 日にワシントンで実施された日米首脳会談では、人工知能（AI）、半導体、クリーンエネルギーに関する研究機関の協力が合意された。日本は「アジア太平洋版 NATO」をめざす AUKUS に明らかに引きずり込まれつつあるのだ。

　ついでに書いておくと、アメリカは中国による台湾侵攻を抑止する名目で、太平洋で中国と戦う準備を進めている。アメリカは最新鋭のトマホーク巡航ミサイルを日本に送り込み、海上で船を破壊するための新しい海兵隊連隊を沖縄に設立したし、フィリピンとの間では、2023 年 2 月、新たな軍事基地共有協定を発表し、2014 年に国防総省に開放された 5 カ所に加え、人道的任務のためにフィリピンの 4 カ所を米軍が利用できるようにした（NYT を参照）。オーストラリア政府は同国北部で米海兵隊を受け入れており、東部にある三つの基地のうちの一つは、まもなくアメリカ製の最新鋭攻撃型潜水艦の新たな拠点となる。米国はまた、パプアニューギニアとも新たな安全保障協定を結んでいる。

中国・ロシアによるテクノロジー主権の推進

　アメリカや EU などで広がりをみせているテクノロジー主権には、本当は、中国やロシアによる国家主導型規制モデルを模倣した部分もある。たとえば、

中国は「インターネット主権」なる言葉を使って、グローバルなデジタル・ガバナンスは、インターネットのドメイン名システムや「アドレス帳」を管理する非政府組織、ICANN（Internet Corporation for Assigned Names and Numbers）のような民間主導の組織から、中国がより大きな影響力を行使できる国連のような国家主導の組織に移行すべきだという見解を提唱した。2011 年、中国はロシアとともに国連総会に「情報セキュリティに関する国際行動規範」の採択を求めた。提案された行動規範は、サイバー攻撃を抑止する規範に重点を置くと同時に、インターネットに関連するあらゆる公共政策における国家の主権的権利を確認するものであった。同規約は、中国、カザフスタン、キルギス、ロシア、タジキスタン、ウズベキスタン（当時）からなるユーラシアの政治・経済・安全保障同盟である上海協力機構によって 2015 年に更新され、国連に再提出された。同法案が採択されることはなかったが、中国はその後も同様の政策を提唱しつづけている。

中国は 2016 年 10 月、中国共産党中央政治局の集団学習会で、サイバー空間の安全保障強化を打ち出し、同年 11 月、「サイバー安全法」を採択（2017 年 6 月施行）、同年 12 月、「国家サイバー空間安全戦略」、2017 年 3 月、「サイバー空間国際協力戦略」を発表した。こうして、中国は国家主導でサイバー空間を規制する姿勢を鮮明にしている。同年 6 月に中国国家情報法が施行され、その第六、一三条で国営企業であろうとなかろうと企業や個人の諜報活動への支援・協力が義務づけられた。

中国は「サイバー空間の主権」（サイバー主権）は国家主権の重要部分と位置づけているのが特徴だ(国家サイバー空間安全戦略)。①各国がインターネット・セグメント（プログラムの一部分で他の部分とは独立してコンピューターにロードされ、実行できる）への完全なコントロール権をもつ、②各国がいかなる外部からの攻撃からもインターネット・セグメントを防御できる、③すべての国はインターネット上のリソースを利用する平等な権利をもつ、④インターネットのナショナル・セグメントへのアクセスを可能とする、ドメイン名や IP アドレスの対応づけ、メールの宛先ホストを指示するためのシステム・サーバー（DNS ドメイン・サーバー）を他国はコントロールしてはならない ── というのがサイバー主権の四つの基本原則である。

サイバー安全法でも、第一条で同法の目的として主権・治安を守ることが掲げられている。加えて、サイバー空間を通じて国家の安全などへの損害、国家政権や社会主義制度の転覆煽動、経済・社会秩序を乱すデマ情報の伝播

が禁止されている。さらに、中国当局が海外の機関、組織、個人に対しても法的責任を追及し、資産凍結などができるとしている。

　中ロは 2015 年 5 月、国際情報安全保障分野での相互協力協定に署名した。インターネットのナショナル・セグメントに対する国家主権原則の拡大で 2 国は協力していくことになった。さらに、2016 年 6 月、プーチンと習近平はサイバー空間の発展を促進したり、国際的な情報安全保障を確かなものにしたりするために 2 国間の戦略的アプローチを強化する共同声明に調印する。インターネット主権を情報空間における国家主権の継続・拡張とみなすことを中ロが合意したことになる。

　その結果、2017 年、中国はブラジル、ロシア、インド、南アフリカとともに BRICS 首脳宣言を発表し、「すべての国家はインターネットの進化と機能、そしてそのガバナンスに対等な立場で参加すべきである」と強調した。中国は同年、インターネット・ガバナンスにおける国連の役割に関するポジションペーパーを発表し、サイバースペースに対する見解を再確認した。中国は、国連がより大きな役割を果たすことで、米国主導や EU が支援するマルチステークホルダー・ガバナンス・モデルで中心的な役割を担ってきた民間セクターや市民社会が犠牲となり、政府の役割が強化されることになると主張してきた。

　他方で、ロシアは、デジタル経済は国家主権の領域であり、インターネットは政治的コントロールに従うべきだという中国のビジョンをますます共有するようになっている。ウクライナ侵攻後、ロシアはインターネットを国家統制とプロパガンダのツールとして展開する動きをさらに強めている。デジタル経済に対する権威主義的支配を主張することで、ロシアは国家主導のデジタル権威主義的ビジョンの普及に貢献している。

　プーチンは 2019 年に「主権インターネット法」に署名し、同年 11 月 1 日から発効させた。ロシアのサーバーだけで運営される自律的なロシアのインターネット（RuNet）向けにロシア自身のためのドメイン名や IP アドレスの対応づけ、メールの宛先ホストを指示するシステム・サーバー（DNS ドメイン・サーバー）創出し、海外からインターネットを遮断されても国内のインターネットを保護するという名目で、通信連邦法と、情報・情報技術および情報保護に関する連邦法を改正したのである。これにより、インターネット事業者に連邦通信・情報技術・マスコミ監督庁（Roskomnadzor）が提供する「脅威に対抗する技術手段」のインストールが義務づけられる。また、緊急時の

ネットワーク管理のための中央センターが Roskomnadzor に設置された。情報の暗号による保護に関するルールやインターネット事業者に前記のドメイン・サーバー・システムの利用を義務づける規定は 2021 年 1 月から施行となる。これは、政府がソーシャルメディア大手や外国のウェブサイト運営者に対し、ロシア国内に事務所を開設することを義務づけさせもので、インターネットに対する主権管理をさらに強化したことになる。

この法律は、データのローカライズを義務づける 2014 年の法律に基づくものである。データ・ローカライゼーションは、ロシアで事業を行う外国企業に対し、ロシア国民の個人データをロシア国内にあるデータベースで収集、保管、処理することを義務づけるもので、データに対するロシアの主権管理をさらに強化するものである。

2016 年、Roskomnadzor は、マイクロソフトの LinkedIn がデータ・ローカライゼーション法に違反していることが発覚したため、同国内での LinkedIn をブロックした。2020 年、ロスコムナゾールはフェイスブックとツイッターに対し、同法違反で罰金を科すと同時に、2021 年 7 月までにロシア領内にデータベースを構築できなければ、追加で罰金を科すと脅した。同様の理由で次に標的にされたのはグーグルであり、Roskomnadzor は 2021 年 6 月に同社に対する訴訟を開始した。2016 年の「ヤローヴァヤ法」とその 2018 年の改正は、これらの要求にさらに拍車をかけている。この法律は、ハイテク企業に対し、ユーザーの通信（画像、テキストメッセージ、音声メッセージを含む）を保持し、このデータをローカルに保存し、要求に応じてこの情報をロシア当局に引き渡すことを求めている。

こうしたインターネットを含むサイバー空間における国家主権の重視はテクノロジーを安全保障と結びつけて、国家主導でそのテクノロジーを守るというテクノロジー主権の主張へと広がりをみせるのである。その意味で、アメリカも EU も、中国やロシアの国家主導型規制モデルに近づいている部分があると指摘せざるをえないのだ。

TikTok 禁止の悪夢

テクノロジー主権は、インターネット上の情報を国家が監視し、必要に応じて、アクセスそのものを禁止する措置にまで至る。中国がグーグルの検索エンジンやフェイスブック、インスタグラムなど、アメリカの大手ハイテク企業が製造した製品へのアクセスをブロックしていることは有名だ。ベネズ

エラやニカラグアのような国はすでに、政府がオンラインコンテンツをより
コントロールできるようにする法律を可決済みだ。

　アメリカでは、約 1.7 億人のアメリカ人に利用されている TikTok がやり
玉にあがっている。まず、ホワイトハウスは 2023 年 2 月、連邦政府機関に
対し、政府の端末から TikTok を削除するよう指示した。2024 年 3 月、下院
エネルギー・商業委員会は、TikTok が親会社との関係を断ち切らなければ
米国での使用を禁止するよう求める法案を提出し、ホワイトハウスの支持を
受けた同法案は 3 月に可決された。しかし、上院は何もしなかったため、4
月 20 日、下院は上院の動きを強める目的で、TikTok を所有する中国のバイ
トダンス（ByteDance）に TikTok の売却を迫る法案を再び通過させたのであ
る（なお、その前日、アップルは、政府の命令により、メタ傘下のアプリ「WhatsApp」
［メッセージング・サービス］と「Threads」［X のようなデジタル会話アプリ］を
中国のアプリストアから削除したと発表した）。

　3 月の法案では、6 カ月以内に米国政府を満足させる買い手に売却するこ
とが義務づけられていた。同社が買い手を見つけられなかった場合、アプ
リストアはアプリのダウンロード提供を停止しなければならず、ウェブホス
ティング会社は TikTok をホストできなくなるというものだった。これに対
して、新法案は、TikTok 売却の期限を 6 カ月から 9 カ月に延長し、バイト
ダンス社が TikTok 売却に向けて前進した場合、大統領はさらに 90 日を追加
できる。もしその間に TikTok の売却を拒否したり、実行できなかったりし
た場合、モバイルアプリストアやウェブホスティングプロバイダーは、米国
内のユーザーへのアプリ提供を禁止され、事実上全国的に禁止されることに
なる。上院は 23 日に法案を 79 対 18 の圧倒的多数で可決し、24 日朝、バイ
デンは法案に署名した。

　ここに、大統領選に勝利するためには、何でもするというバイデンとい
う政治家の本質がよく現れている。それを説明するために、米国内での
TikTok の規制をめぐる変遷について説明しよう。

　まず、2020 年 8 月 6 日、当時のトランプ大統領は大統領令により、TikTok
と WeChat（中国のソーシャルメディアアプリだで、アメリカにいる移民が故郷の
人たちと話す唯一の方法であることが多い）をそれぞれ 45 日以内に禁止すると
した。だが、この試みは連邦判事によって覆された。同判事は、政府はアメ
リカ人の言論の自由を侵害することを正当化するのに十分な害悪の証拠を示
していないとした。モンタナ州は 2023 年 5 月 17 日、同州知事が「モンタナ

人の個人データや機密個人情報が中国共産党に収穫されないよう保護する」とする法案に署名し、州内での TikTok の販売と使用を全面的に禁止する最初の州となる。しかし、TikTok が訴訟を起こし、モンタナ州の連邦判事は同年 11 月、TikTok の州レベルでの禁止が 2024 年から施行されることを阻止した。

　他方で、バイデン大統領は 2022 年 12 月 29 日、4126 ページに及ぶ歳出法案に署名し、限定的な TikTok の禁止を承認した（NBC を参照）。この禁止令は、法執行、国家安全保障、安全保障研究目的の限定的な例外を除き、連邦政府の約 400 万人の職員が、連邦政府機関が所有するデバイスで TikTok を使用することを禁止するものであった。ホワイトハウスは 2023 年 2 月、連邦政府機関に対し、30 日以内に政府用デバイスからアプリを削除するよう通達し、さまざまな都市が政府職員のダウンロードを禁止した（NYT を参照）。にもかかわらず、2024 年バイデンは、2024 年 2 月 11 日に正式に TikTok に参加した。大統領選を控えて、TikTok を利用する若者を取り込む狙いがあったからだ。それにもかかわらず、バイデンは TikTok 禁止法案に署名したのである。この変節はバイデンの節操のなさを浮き彫りにしているといえまいか（もっともトランプも TikTok への参加を検討しているから、どっちもどっちというところろか）。

　実は、インド政府（情報技術省）は 59 の中国製のアプリを遮断することを決定したと 2020 年 6 月 29 日に発表した。そのリストの筆頭には、当時、6 億 1000 万回以上インストールされていた TikTok の名前があった。情報技術省は、「Android や iOS プラットフォームで利用可能な一部のモバイルアプリが悪用され、ユーザーのデータが不正に盗まれたり、インド国外にあるサーバーに送信されたりしているという報告をはじめ、さまざまな情報源から多くの苦情を受け取っている」として、データのセキュリティや、公序良俗の問題に影響するプライバシーの侵害を理由に TikTok などの中国製アプリをブロックしたのである。

　ほかにも、イギリスとその議会、オーストフリア、カナダ、EU 執行部、フランス、ニュージーランド議会を含む他の国や政府機関は、公式デバイスからのアプリの使用を禁止している。台湾のデジタル問題担当大臣、唐鳳（オードリー・タン［2024 年 5 月に就任する卓栄泰・次期行政院長（首相）に合わせて退任］）は 2024 年 3 月、TikTok は「国家安全保障上の脅威を表す危険な製品」とのべた。

　このように、国家安全保障上の脅威を理由にして、国家がサイバー空間における情報提供者を露骨に選別する動きが世界中に広がりつつある。これは、「検閲」による禁止という弾圧行為と解釈することもできる。アメリカで露骨な国家による、こうした規制が実施されれば、他国への波及が急速に進むだろう。

第5章
アメリカ支配の栄枯盛衰

1　国際法の変遷とアメリカによる支配

　ヘゲモニー国家としてイギリスおよびアメリカはその主導権を発揮して、国際法の解釈をリードしてきた。ここではまず、イギリスが世界のヘゲモニーを握ったことで、二つの無関係な国際法が並存するようになった点に注意を促したい。西欧中心的世界秩序は生成するや否や海陸に分裂し、陸は主権国家の閉鎖的領土に分割され、海は国家から自由となったとみなすことができる。

　沿岸国の主権が武器の射程範囲に応じて主張されたが、三海里領海説（当時の大砲が陸地から海に向けて届く範囲に基づく）が確立するに至って、いわば公海としての海の自由もまた確立したのである。海戦は、戦闘員のみの戦争ではなく、敵国民、敵と通商して敵の経済力に資するすべての者を敵とみなす全面的敵概念に立脚する。敵の私有財産も捕獲権の対象であり、海戦法特有のものとして国際法の承認する封鎖は被封鎖地域住民全体に無差別に適用される。陸上での戦争は陸上国家間戦争であり、交戦国正規軍間の武力対決を意味し、戦争を正規軍間のものに限定することによって、住民や私的財産を保護しようとする。つまり、フランスを中心に陸を基軸とする国際法とイギリスを中心に海を基軸とする国際法という二つの対立する法概念の世界が広がる。

　この視角に立てば、拙著『復讐としてのウクライナ戦争』で説明したように、カール・シュミット著『大地のノモス：ヨーロッパ公法という国際法における』において、「16世紀から20世紀までの400年間、ヨーロッパの国際法の構造は、新世界の征服という特殊な出来事によって決定されてきた」と記述された理由がわかるだろう。陸上における土地収用（land appropriation）をめぐる国際ルールとしての国際法がいわゆる「新世界の征服」時代以降、海の占有もこの歴史の一部となり、そのとき、大地のノモスは固い土地と自由な海の間の特定の関係にかかわることになったのだ。「ノモス」はギリシャ語で、その後のすべての測定の最初の尺度、空間の最初の分割と分類として理解される最初の土地占有、原初の分割と配分を意味する言葉だ。国際法の歴史も土地収用の歴史として理解されなければならない。

　大雑把にいえば、16世紀から20世紀までの国家間ヨーロッパ国際法、す

なわち、ヨーロッパ公法は、人々の世界を支配する命令の正統性を決定づけてきたキリスト教会（カトリック）と帝国に支えられた中世の空間秩序を、まさに国家間の公的な法律に基づく秩序に変更させた。『復讐としてのウクライナ戦争』では、「中世の国際法からヨーロッパ公法への転換は、「神学的＝教会的な思考体系」から「法律的＝国家的な思考体系」への移行に対応している」ことになる」としておいた。

　この移行は「新世界の発見」によって加速する。西欧では、「神学的＝教会的な思考体系」はカトリック中心であったから、ローマ教皇庁がポルトガルやスペインが「発見」した新大陸の土地収用を認める勅令を出すというかたちで権威づけられていたが、新世界を主体的に開発する国家の権限が強まり、30 年戦争を終結させた 1648 年のウェストファリア条約によって教会から国家への移行が決定的になったのである。

　こうして生まれたヨーロッパの国際法（ヨーロッパ公法）は、国家間法、ヨーロッパ 10 カ国の秩序を守る取り決めとして主権国家というただ一つの軸をもつものであり、中世の神聖な帝国や皇室を排除するものだった。いわば、ヨーロッパの共通の土地に住み、同じヨーロッパの「家族」に属する personae publicae（公人）として考えることができるようになったことで、それぞれが相手を正義の味方と認めることが可能になる。その結果、「戦争は決闘に似たものとなった」とシュミットは指摘している。決闘が正不正を問われないのと同じように、国際法が「国家間」法であるかぎりは正戦も不正戦もありえなくなったのだ。

英米国際法という流れ

　ところが、ヨーロッパ公法とは別の国際法の流れが生まれ、イギリスがヘゲモニー国家となることでヨーロッパ公法は大きく後退する。シュミットは『リヴァイアサン：近代国家の生成と挫折』のなかで、「ところが周知のように、英米国際法論は大陸の戦争概念・敵概念を受け入れなかった」とのべている。その理由として、「イギリスが大陸諸国と同程度の「国家」とならなかったからである」と説明している。

　1856 年のパリ会議で海賊が正式に廃止されるまで、国家が支援する privateer（私掠船 [しりゃくせん]）は海戦に積極的に参加していた。この私掠船こそ、国家の認可・命令・監督下に海軍旗を掲げて他国の商船拿捕や軍艦襲撃を行う武装船であり、とくにイギリスはこの私掠船を使って巨万の富

を築く。この海賊はカトリック国（スペインなど）の船を略奪し、プロテスタントの国（イギリス）の君主にも大きな利益をもたらしたのである。とくに、蒸気船の登場でイギリスの優位は決定的となる。南北戦争ではすでに大砲を積んだ蒸気船が用いられており、「ここに近代的な産業戦争、経済戦争の時代が始まる」と、シュミットは『陸と海と』のなかで指摘している。

　シュミットは、「イギリスのコモンローは、公法と私法の二元論も、ヨーロッパ大陸を規定する「国家」の概念も否定している」とした。だからこそ、イギリスはヨーロッパのどの国家でも、私的で国家のない部分と直接関係を築くことができ、大英帝国の海の自由に基づく自由貿易・自由経済を前提とする国際法への道を拓くことが可能だったのである。そして、イギリスはヘゲモニー国家に昇り詰めることに成功する。

　だが、その絶頂期にあるなかで、イギリスの植民地から独立したアメリカは、ヨーロッパ中心主義から離脱する過程において、イギリスに代わるヘゲモニー国家に向けた胎動をはじめる。いわゆる「西半球」（Western Hemisphere）という概念の登場によって、アメリカが特別の地位を勝ち得るのだ。1823年12月2日、米大統領ジェームズ・モンローは議会への教書のなかで、アメリカとヨーロッパの相互不干渉の原則を表明し、ラテンアメリカ諸国へのいかなる干渉もアメリカに対する非友好的態度とみなすことを宣言する。いわゆる「モンロー・ドクトリン」の宣言だ。これ以降、グリニッジ標準時の西経20度の大西洋を通る線で区切られた「西半球」という空間概念が、ヨーロッパ中心主義の世界観に対抗して、もはやヨーロッパ中心主義ではない新しい世界観を打ち出すのである。この動きは20世紀の新しい国際法へとつながっている。

植民地がヨーロッパ中心の空間秩序を突き崩す

　早期の産業革命を経て産業化に成功したヨーロッパ諸国は相次いで海外に植民地を求めた。しかし、この植民地主義こそ、ヨーロッパの共通の土地に住み、同じヨーロッパの「家族」に属するという空間秩序を突き崩すことになる。個別主権国家の利害だけが優先されるようになったからだ。これを、シュミットは、「19世紀末になると、ヨーロッパの列強とヨーロッパ国際法の法学者は、自らの国際法の空間的前提を意識しなくなっただけでなく、自らの空間構造と戦争の括りを維持するための政治的本能、共通の力を失ってしまったのである」と総括している。

　この過程は、ヨーロッパ公法にとって重要であった、文明人、半文明人（野蛮人）、野生人（未開人）の区別を溶解させる。大陸空間関係の事実やヨーロッパ母国と海外植民地の土壌状態の区別と同様に、法的には重要ではなくなってしまったからだ。植民地の土壌は、ヨーロッパ諸国の土壌と同様に、国家の領土となったのである。ヨーロッパ中心の空間秩序という考え方が放棄されたのである。これは、国際法への見方そのものを変える。1890年ころまで、国際法の概念がそもそもヨーロッパ特有の国際法であるという見解が支配的だったが、そうした見方が時代遅れとなり、変革を迫られるのである。

アメリカの台頭

　足早に説明すると、モンロー・ドクトリン以降、西半球において地歩を固めたアメリカは第一次世界大戦に際しても、参戦したのは1917年4月であり、事実上中立を保った。その後、アメリカは孤立主義から介入主義へと移行する。その典型が前述した1928年の不戦条約（ブリアン・ケロッグ協定）であろう。だが、その前段として、アメリカは西半球において、新しい国際法の基準が生まれる。「トバール主義」だ。

　これは、1907年にエクアドルの外相カルロス・トバールが提唱した、合法政府擁護の主張である。新政府の承認に際して、憲法違反および武力を用いて成立した政府の承認を拒否すべきというもので、同年12月、コスタリカ、グアテマラ、ホンジュラス、ニカラグア、サルバドールの平和友好条約で採用される。アメリカはこの「トバール・ドクトリン」を支持し、民主的な合法性と正統性が国際法の基準であることが重要視されるようになる。ウィルソン大統領は、西半球におけるこの民主的正統性の基準を、国際法上の原則のレベルまで引き上げる。それ以後は、民主的な憲法を持つという意味で合法的な政府だけが認められるようになるのだ。民主的、合法的といった言葉の実際の意味を定義・解釈・承認するのはアメリカということになる。こうして西半球では、「中南米のあらゆる国の憲法や政府の変更を、アメリカがコントロールできるようになった」と、シュミットは指摘している。この経験がアメリカの世界的な介入主義の淵源となるのである。

　他方で、18世紀から19世紀にかけてのヨーロッパ公法は、反乱軍を交戦国、戦闘員として承認することを一種の法制度として発展させてきた。それは、ある主権国家が他の主権国家の内政に介入しうるという問題を提起する。その典型的な例が、ヨーロッパの主要国によるギリシャの反乱軍の承認

（1821年）である。衰退しつつあったオスマン帝国に対して、ジュゼッペ・ガリバルディ率いるイタリアの革命家（1859年）が交戦国として認められたのだ。これは、ヨーロッパの大国がヨーロッパの弱小国に対して行った政治の表れであったが、ヨーロッパ共通の国際法という空間秩序が崩壊するにつれて、そのような承認は意味をなさなくなる。このため、スペイン内戦（1936～39）では、もはやどの国も交戦国として承認されることはなくなる。

　ヨーロッパ公法という空間秩序の衰退とアメリカによる新しい国際法基準の隆盛とが第二次世界大戦を機に後者の圧倒的優位をつくり出し、それがロンドン協定から国際連合憲章へとつらなってゆく。この過程は、ヨーロッパ公法（国際法）がイギリスやアメリカによって着実に骨抜きにされた期間であったといえる。この点については、大澤真幸が『〈世界史〉の哲学　近代篇2』においてつぎのように記している（281頁）。

　「新大陸の発見を契機にしてヨーロッパ公法が生まれたことを考慮すれば、海に進出し、海を取得したイギリスこそは、第二段階の第二段階たる所以を具現していると言える。が、同時に、イギリスが我がものとしているその海のエレメントを媒介して、ヨーロッパ公法を骨抜きにする第三段階への道が拓かれる。「イギリス的なもの」は「アメリカ」によって代表される第三段階に順接しているのだ。」

　イラク戦争やウクライナ戦争における米英の固い結束はこうした歴史的な物語のなかでこそ理解されなければならないといえるだろう。

ヘゲモニー国家アメリカ：外部からの支配①

　第一次大戦以降にヘゲモニー国家となったアメリカはその主導権を第二次大戦後に確立する。それは、現在の国際法として息づいている。

　アメリカの世界支配は、国際法を通じてなされるものと、あえて国際法体系の外部にとどまることで好き勝手にふるまうものによって保たれてきた。ここでは、わかりやすい後者から説明してみよう。

　「海洋の憲法」と呼ばれる国連海洋法条約（UNCLOS）は1974年から1982年まで交渉され、最終化された。UNCLOSを構成する320の条文と九つの付属書は、間違いなく歴史上もっとも包括的な国際法の成文化である。1994年11月に発効した。現在、締約国は169カ国にのぼる（国連サイトを2023年10月23日に閲覧）。しかし、当初、レーガン政権は深海底採掘に関する意見の相違を理由に同条約への加盟を拒否した。1994年に条約が改正された

にもかかわらず、上院はこの問題に関する公聴会の開催を拒否した。2004年にようやくインディアナ州のリチャード・ルーガー上院議員が公聴会を開き、上院外交委員会は全会一致で条約の採択を勧告したが、上院はそれ以上の措置を取らなかった。アメリカはいまも UNCLOS に署名していない。

　この身勝手ともいえるアメリカの不参加は、アメリカの国家主権を手放したくないというヘゲモニー国家としての矜持を示しているといえるかもしれない。アメリカは、UNCLOS に参加しないことで、UNCLOS における発言力をもつことができない。国際慣習法として UNCLOS を尊重するだけでは、その発言力は著しく損なわれている。それでも、アメリカの主権を手放さないことで、事実上、好き勝手な政策を堅持できている。

　ただ実際に何が起きているかというと、UNCLOS の枠内にあるロシアや中国の行動に十分に対応できていないという事態が起きている。北極圏については、UNCLOS は大陸棚の領有権主張と資源採掘のプロセスと制限を明確に定めているが、アメリカの不参加の UNCLOS はロシア独自の主張に十分対抗できていない。

　深刻なのは南シナ海だ。中国は 1982 年 12 月 10 日に UNCLOS に署名し、1996 年 6 月 7 日に批准しているが、いわゆる「九段線」の歴史的先例に基づき南シナ海の広大な領土を主張し UNCLOS を無視している。本来であれば、アメリカが UNCLOS に率先して加盟し、中国に対して島や歴史的先例に基づく領有権主張のプロセスを明示している UNCLOS の遵守を求めることで、中国の覇権主義（hegemonism）を封じ込めることにつながるはずだが、アメリカは UNCLOS の外に位置することで、自らの主権保持に固執している。結局、中国の南シナ海における国際法無視を正当化しかねない事態に陥っている。

　深海についても書いておこう。1994 年、国際海底機構（ISA）は UNCLOS に基づいて、国家管轄権のおよばない海域（ABNJ）で行われる海底鉱業活動を規制・管理する国連機関として設立された。ISA は、三種類（ポリメタリック・ノジュール［多金属団塊］、重金属硫化物ないし海底巨大硫化物、［コバルトを多く含む］フェロマンガン・クラスト）の深海底鉱床について探査・開発（すなわち商業的回収）契約を発出することができる。ISA は深海採掘の監督を任されている。

　アメリカからみると、アメリカがこの条約に加盟すれば、ISA に権限を委譲することになり、公海におけるアメリカの主権が損なわれかねない。ゆえ

に、アメリカは UNCLOS にも ISA にも加わろうとしていない。ただ、1980 年、米議会は UNCLOS が整うまでの暫定措置として、「深海底硬質鉱物資源法」（DSHMRA）を制定した。DSHMRA は米海洋大気庁（NOAA）に対し、米市民による国家管轄権外区域（ABNJ）での海底採掘活動を規制する権限を与えた。アメリカは UNCLOS の締約国ではないため、ISA を通じて海底鉱物資源の探査または開発のための ISA 契約を求めることに関心のある企業のスポンサーになれない。アメリカは国内法に基づき、アメリカを拠点とする企業（ロッキード・マーチン社など）に探査ライセンスを認可している。今後、ABNJ における商業的回収許可を認可する可能性がある。

ISA の任務の一部は、「深海底に関連する活動から生じうる有害な影響から海洋環境を効果的に保護することを確保する」ことだ。ABNJ における深海底採掘（水深 200 メートル以深で行われる採掘活動）は、商業的回収の可能性を求めて海底を探査する契約を結んでいる事業体はあるものの、まだ行われていない（2024 年 4 月現在）。ISA は UNCLOS 締約国に対して、海底鉱物資源の探査・開発の契約を出すことができ、公営および民営の採掘企業との間に 31 件の探査契約を結んでいる。これらの ISA 探鉱契約のうち、中国は現在、クラリオン・クリッパートン断層帯（CCZ）を対象とする多金属ノジュールの探鉱契約を 3 件、多金属硫化物の探鉱契約を 1 件、コバルトリッチなフェロマンガン地殻の探鉱契約を 1 件保有している。中国が深海開発を ISA の枠内でリードしている。

ヘゲモニー国家アメリカ：外部からの支配②

アメリカは、国ではなく個人に対する訴えを審理する国際刑事裁判所(ICC)にも参加していない。国際社会が懸念するもっとも重大な犯罪を管轄する ICC 設立を決めた国際刑事裁判所ローマ規程は 1998 年に国連総会が招集した外交会議で採択された。戦争犯罪、人道に対する罪、ジェノサイド、そしてまだ定義されていない侵略の罪を訴追するため ICC が 2002 年に正式に設立される。しかし、ビル・クリントン政権時代のアメリカは 2000 年に、ローマ規程に署名したものの、結局、クリントン大統領はジョージ・W・ブッシュ大統領に対し、この条約を上院に提出しないよう申し送った。ローマ規程は、政治的操作に対する慎重なセーフガードを欠き、国連安全保障理事会への説明責任を果たすことなく広範な権限をもち、状況によっては非締約国の国民や軍人を管轄すると主張することで国家主権を侵害する、重大な欠陥のある

制度であると結論づけたからである。

　アメリカはローマ規程に拘束されず、米国人に対する ICC の権限を認めないと主張しつづけることで、ヘゲモニー国家としての特別な地位を維持しようとしているようにみえる。だが、それはアメリカの身勝手な世界支配を主張するにすぎず、何の正当性もない。

　それだけではない。トランプ政権は、ICC がアフガニスタンにおける米軍の犯罪を調査しはじめたとき、ICC が米国の主権を侵害したと非難した。ファトゥ・ベンソウダ ICC 検事と ICC の裁判管轄部門の責任者であるファキソ・モチョチョコは当時、アメリカの制裁の対象となった。彼らはアメリカへの入国を禁止され、米国内の資産があれば凍結された。2021 年にバイデン大統領が就任したことで、国務省は制裁を解除したが、アメリカは依然として「裁判所の行為に強く同意しない」という注意書きがあった。

　アメリカは国際司法裁判所（ICJ）には加盟している。ICJ は 1945 年の国際連合設立憲章により、加盟国間の紛争を解決するために設立された。ICJ は通常、国連総会と安全保障理事会によって選出された 15 人の裁判官で構成されている。ただし、アメリカは 1986 年、ICJ がニカラグアに戦争賠償を支払う義務があるとの判決を下した後、ICJ の強制管轄権から脱退した。国連加盟国間の法的紛争を仲裁するという ICJ の管轄権そのものを拒否したのである。アメリカはまた、2005 年、メキシコ人死刑囚に関する事件で領事関係に関するウィーン条約の義務を果たさなかったとする裁判所のスタンスにも反対した。こうして、アメリカはまったく傍若無人な態度をとりつづけている。

　興味深いのは、2024 年 1 月 11 日、南アフリカが ICJ においてイスラエルに対するジェノサイド（大量虐殺）の訴えを起こしたことである。皮肉にも、ホロコーストの再発を防ぐために 1948 年に制定されたジェノサイド条約に基づく告発だ。最終的な判決にはおそらく何年もかかる。すでに ICC は 2021 年にイスラエルとパレスチナ武装勢力によるガザとヨルダン川西岸での戦争犯罪の疑惑について調査を開始しており、ジャーナリストの殺害を含む 10 月 7 日以降の戦争犯罪の疑惑についても調査するとしている。イスラエルによるガザへの砲撃を数週間以内に停止させることを求める暫定措置については、ICJ は同月 26 日、差し止め命令とほぼ同等の一時的な命令である「暫定措置」を認めたものの、ガザでの停戦命令は下さなかった。

　これは、ウクライナがジェノサイド条約に基づきロシアを提訴した後、

2022年に即時停戦を命じたICJの態度と大きく異なっている。ロシアが自衛を主張する根拠は国際法上なく、戦争をやめるべきだと判断した一方、イスラエルには正当防衛の主張がある程度妥当すると、裁判所が暗黙のうちに認めたことになる。だが、イスラエルの建国自体にまでさかのぼると、こんな判断に疑問符が突きつけられても仕方あるまい。

　20人以上の国連人権専門家が2024年2月23日、ガザで使用される武器のイスラエルへの輸出を停止するよう各国に求めたとWPが伝えている。同日、4人の上院民主党議員は、バイデン政権に対し、イスラエルへの今後の米軍援助が「すでに破滅的な状況をさらに悪化させる」ことのないよう求めたという。アメリカによる武器供与は、イランや北朝鮮によるロシアへの軍事支援とどこが違うのか。よく考えなければならぬ問題だろう。

　ICJは3月28日、これまでで最も強い文言で、飢饉が到来するなか、人道援助がガザに確実に届くよう、イスラエルに対し、国連との協力や援助のための陸路横断地点を増やすなど、具体的な措置をとるよう命じた。しかし、裁判所の権限と申し立ての重さにもかかわらず、裁判所にはイスラエルに命令を遵守させる手段はない。

　アメリカ連邦法には、アメリカ政府は説明責任を果たすことなく重大な人権侵害を犯したと認められた外国の軍隊への援助を拒否しなければならないというリーヒー法がある。NYTによると、米国務省はイスラエルの大隊ネツア・イェフダがイスラエル占領下のヨルダン川西岸でパレスチナ人に対して「重大な人権侵害」を行っていると判断したにもかかわらず、バイデン政権は、イスラエルがこの部隊のメンバーの責任を追及する措置をつづける限り、ヨルダン川西岸地区での人権侵害で告発された問題の軍事部隊への軍事援助を差し控えるつもりはないという。バイデン政権自体が人権軽視に傾いているのだ。

宇宙でも身勝手なアメリカ

　ついでに、宇宙でも身勝手なアメリカという話をしておきたい。「2015年商業宇宙打ち上げ法」によって、米国民による宇宙資源の所有や販売が認められたのである。条文には、「本章に基づき小惑星資源または宇宙資源の商業的回収に従事する合衆国市民は、合衆国の国際的義務を含む適用法に従い、入手した小惑星資源または宇宙資源を所持・所有・輸送・使用・販売することを含む権利を有する」と書かれている。

　これは、1967 年に締結された宇宙条約の条項を巧妙に回避したものと指摘することができる。同条約第二条には、「月その他の天体を含む宇宙空間は、主権の主張、使用または占領の手段、その他のいかなる手段によっても、国家による占有の対象とされない」と記されている。一般的に、財産権は国家主権の行使によって国家が国民のために確保するものである。アメリカで採掘事業が鉱物を所有するのは、政府が主権を行使することによって所有権を認めるからである。商業宇宙打ち上げ法の文言は、暗黙のうちに宇宙条約の規定を認めているから、アメリカは月や小惑星を自国の領土だと主張するつもりはない。だが、米国民が天体から採掘した鉱物を所有する権利を認めているのである。国家による占有対象とされない月であっても、個別の主権国家に属する企業や個人による資源開発で獲得される資源は開発者の所有権が認められると、アメリカが勝手に主張しているのだ。

　2024 年 3 月 13 日付の WP は、ジェフ・ベゾスが設立した宇宙ベンチャー、ブルー・オリジンの元幹部とアポロ宇宙飛行士の二人組によって設立されたインタールーネ社が同日、1800 万ドルを調達し、月から物質を採取して持ち帰る技術を開発中であることを発表した、と報じた。安定した同位元素であるヘリウム -3 の採掘をねらっているという。同社は、早ければ 2026 年にも探査ミッションを実施する予定だ。

　このままでは、アメリカの勝手な主張がまかり通ってしまうだろう。

2　アメリカの新自由主義と新帝国主義

　つぎに、ヘゲモニー国家アメリカの横暴の背後にある思想的背景について語ろう。ここではまず、「リベラリズム」（自由主義）について整理し、そのうえで、帝国主義との関係について論じたい。

リベラリズムとは何か

　ここでは、すでに紹介したジョン・ミアシャイマーの本（John J. Mearsheimer, The Great Delusion: Liberal Dreams and International Realities, Yale University Press, 2018）に依拠しながら、リベラリズムについて考えたい。

彼は、「政治的自由主義」として、その核心が個人主義にあるとしている。つまり、個人の不可侵の権利という概念を非常に重要視するイデオロギーとして、政治的自由主義（以下、煩わしいので自由主義と記す）があると主張している。そして、この権利への関心が、地球上のすべての人が同じ権利をもつという普遍主義の基礎となり、自由主義国家が野心的な外交政策を追求する動機となると指摘している。

　ただし、自由主義は二種類に区別することができる。一つは、個人の自由を守ることを重視し、国家が果たすべき役割に懐疑的な立場だ。この立場には、人間が繁栄できる多くの生存様式（生活形態）、すなわち、*modus vivendi* があるという信念がある。この考え方を考察したジョン・グレイ著「リベラリズムの二つの顔」によると、生存様式は、人間が繁栄できるさまざまな生き方があることを認めており、リベラルな寛容を理想とする。

　もう一つは、だれもが機会均等を得る権利をもっており、それは政府の積極的な関与によってのみ達成されると考え、政府の積極的な役割を認める立場だ。政府の介入なしに個人の自由は守れないとみなすのである。この立場は、現状の不合理を改めることでより良いものを求めるという進歩主義を政府による介入に適用することで、結果としての個人の自由の実現に結びつけようとしている。

　このため、ミアシャイマーは前者を「生存様式リベラリズム」（*modus vivendi* liberalism）、後者を「進歩主義的リベラリズム」（progressive liberalism）と呼んでいる。実際には、「私たちは介入主義国家の時代に生きており、この状況がすぐに変わると考える根拠はない」として、自由主義とは「あらゆる意味で進歩主義的自由主義と同義である」と彼は書いている。

国家介入をどこまで認めるか：自由主義から新自由主義へ

　アメリカの実際の自由主義は序章の表Ⅰ-1に示したように、「新自由主義」と呼ばれている。19世紀前半にヘゲモニー国家であったイギリスの「自由主義」と1990年代以降の「新自由主義」の違いを知ることは、アメリカの介入主義を理解するうえで不可欠だ。

　イギリスの自由主義は、信教の自由、投票の自由、言論の自由、報道の自由、財産を持つ権利、商業の自由など、さまざまある個人の権利のうち、①政治面の宗教的差別の撤廃（1828年、公職に就ける人物をイギリス国教徒に限定する法［審査法］の廃止や、1829年、カトリック教徒でも公職に就けるように

218

した［カトリック教徒解放法制定］）、②選挙法改正による選挙権の漸進的拡大、
③自由貿易の促進（1846 年、外国からの穀物輸入を制限する法［穀物法］の廃止、
1849 年、イギリスに運ばれるヨーロッパ以外の産物、商品はすべてイギリスの船
で運ばれることを定めた法［航海法］の廃止、1833 年、東インド会社の中国貿易
独占権廃止）――によって、個人の自由を拡大した。社会政策に関連して、
1824 年に団結禁止法が廃止され、労働組合が多数結成されるようになる（法
的公認は 1871 年）。1833 年には、一般工場法の制定により、労働者保護の立
法措置がとられる。

イギリスの自由主義の径路

　このようにみてくると、イギリスの自由主義は政府の介入をむしろ制限・
抑制し、まさに個人の自由の拡大につながっているようにみえる。なお、イ
ギリスでは、後述するヨーロッパ大陸とは異なる自由主義への径路があった。
それを理解するためには、1626 年に死去したフランシス・ベイコン著『ニュー
・アトランティス』が未完遺稿として出版されたころまでさかのぼる必要が
ある。ペルーから中国と日本に向けて航海し、道の島ベンサレムに漂着した
という話だ。ベンサレムの中心は「ソロモンの館」であり、この「6 日間の
御業の学寮」とも呼ばれる施設は地上に建設されたもっとも高貴な創造物で、
教団ないし協会のようなものだった。ニュー・アトランティスでは、私有財
産・金銭・階級差別は温存されており、社会は家父長制に基づいている。ソ
ロモンの館では、科学の研究が厳密な分業のもとに行われ、そこでの成果を
この島の王国（国家）が独占するかたちになっている。

　同著はキリスト教の「千年王国」(millenium) の思想にかかわっている。
それは地上にキリストが再臨し、最後の審判までの 1000 年間、支配する現
世の天国を意味した。14 世紀末から、この世の終末が近いという意識が広
まり、その実現を求める運動が発生する。それは神に選ばれた者の倫理的完
全性を重視して、暴力に訴えてでも平等な社会を実現しようとするものだっ
たが、ベイコンは科学による全人類の幸福の実現をキリスト教的伝統のもと
で果たそうとしていたと考えられる。

　別言すると、彼のユートピア国家において、ベイコンは社会と科学におけ
る徹底した集団生活を提示し、宗教（本質的にはキリスト教）が前記のベン
サレムの人々に、賢明で道徳的に模範的な社会の構成員に対する崇敬の念を
植えつけつつ、規律への厳格な感覚も植えつける（規律は修道生活に携わる者

にとっても、研究者にとっても不可欠なものだ）。一方では自然と科学、他方では社会と宗教の同型的な構造は、政治的手続き、社会的プロセス、宗教的態度のパターンを規定し、個性への渇望を克服するというのである。こうして、「ベイコンが明らかに読者に明らかにしたいのは、ベンサレムの例が、科学の進歩が混乱や動乱をもたらすのではないかという不安から読者を解放するはずだということである」とスタンフォード大学資料は指摘している。ベイコンは科学による全人類の幸福の実現をキリスト教的伝統のもとで果たそうとしていたのである。この発想こそアメリカに順接している。

　ベイコンにとって、知識の獲得は、単に権力を行使する可能性と一致するものではなく、科学的知識は文明の拡大と発展の条件とみなされていた。したがって、知識と慈愛は切り離して考えることはできなくなっていたのである。なお、レイモンド・ウィリアムズ著『完訳　キーワード辞典』によれば、「science の前形は、ラテン語の scientia（知識）とフランス語の science で、14 世紀に英語に入ってきた」。このときは、「知識」そのものを意味していたが、ある特定の知識や技術をさすのに用いられることが多くなり、art（技芸）と相互に入れ替えて使える場合もしばしばあったという。だが、17 世紀半ばから、science はとりわけ「技芸」と区別されるようになり、それに「経験」と「実験」の区別が加わるのである。

　こうした状況のなかで、1660 年 11 月 28 日、イギリスでは、クリストファー・レンによるグレシャム・カレッジでの講義の後、最初の「学識経験者協会」（learned society）の会合が開かれる。ロバート・ボイルやジョン・ウィルキンスをはじめとする一流の数学者たちが加わり、同グループはすぐに王室の承認を得て、1663 年からは「自然知識を向上させるためのロンドン王立協会」（The Royal Society of London for Improving Natural Knowledge）として知られるようになる。

　ただし、当時、王立協会はラテン語の "Nullius in verba"、すなわち「だれの言葉も鵜呑みにしない」をモットーにしていた。「権威の支配に抵抗し、実験によって決定された事実に訴えることによって、すべての声明を検証するというフェロー（王立協会会員）の決意の表れ」であったと王立協会のサイトは説明している（ただし、19 世紀には、議会助成金制度が導入され、協会は独立した組織でありながら、科学の発展を援助することができるようになる。現在では、政府からの助成金、組織や個人からの寄付金や遺産から、毎年 4200 万ポンド近くを配分している）。当初は、フェローらの寄付金が協会の資金源と

なっていた（「科学を変えた17世紀の社会」を参照）。

　こうしたイギリスの流れに対して、20世紀初頭以降の欧州大陸では、自然科学の世界では有効だと考えられていた「合理性」（rationality）を、社会と経済に適用するという介入手法である「テクノロジー」（科学技術）によって、国家運営の技術化、経済統制の技術化、経済現象の分析そのものの技術化 —— といったかたちで広げようとした。ここにヨーロッパの新自由主義が生まれる。ただし、フランスやドイツの新自由主義は、後にアメリカで広まった新自由主義に比べて、その適用範囲が狭かった。社会保障分野に限られていたからだ。

　この見方は、ミッシェル・フーコー著『生政治の誕生』を参考にして紹介したものだ。このなかで、彼は、「サン＝シモンからナチズムに至るまで、そこにあるのは、介入をもたらす合理性、国家の成長をもたらす介入、技術的合理性のタイプに応じて機能する行政の確立をもたらす国家の成長であり、それらは最近2世紀ないし少なくとも最近の1世紀半の資本主義の歴史を通じた、まさにナチズムの遺伝子である」、と興味深い指摘をしている。

サン＝シモン物語

　そこで、ここでサン＝シモンの思想について話をしなければならない。ヨーロッパ大陸において、科学と慈愛との関連性に気づき、科学を宗教と結びつけたのが思想家アンリ・ド・サン＝シモン（1760 ～ 1825）であった。ケンブリッジ大学キングス・カレッジのガレス・ステッドマン＝ジョーンズは「サン＝シモンと社会主義的政治経済学批判のリベラルな起源」のなかで、「彼（サン＝シモン）の全般的に乱れた思想を際立たせていたのは、コンドルセやイデオローグに見られる科学的進歩への信頼と、反革命思想家、とくにシャトーブリアン、ド・メストル、ド・ボナールにみられる社会的・政治的秩序を束縛する力としての宗教の根源的重要性の主張とを結びつけた点であった」と書いている。

　フランスのルイ・ガブリエル・アンブロワーズ・ボナール（1754 ～ 1840 年）は、市民社会は政治社会と宗教社会の間の統一体であり、秩序なくして社会はあり得ず、権力なくして秩序はあり得ず、独自のインスピレーションの源泉なくして権力はありえないと主張していた。

　イギリスの歴史家ステッドマン＝ジョーンズは、「重力が自然現象であるように、市民社会は自然社会であった。人間が宗教社会や政治社会に憲法を

与えることができるのは、肉体に重さを与えることができるのと同じである」と書いている。そのうえで、ラテン語の religare（縛る）と語源をともにする宗教（religion）は、心を結びつける精神的秩序であり、統一と秩序の根源そのものであったと指摘している。

別言すると、1687 年に『プリンキピア』を刊行したアイザック・ニュートンに代表される科学によって、自然現象を貫く万有引力と同じように、市民社会に通じる原理として「産業」に注目したのがサン＝シモンだ。最初、サン＝シモンはニュートンを聖人に位置づけるところから出発した。サン＝シモン著「同時代人に宛てたジュネーヴの一住人の手紙（1803 年）」（『サン＝シモン著作集』第一巻所収）がそれを明らかにしている。

小冊子は、第一信として、ニュートンの墓の前で募金をする提案からはじまる。寄付者に各 3 人の数学者、物理学者、化学者、生理学者、文学者、画家、音楽家を指名させ、もっとも多くの得票を得た 3 人の数学者、3 人の物理学者、等々に寄付の収益を分けるという計画だ。この寄付ならびに使命は毎年、新たにやり直す。

この人類の 21 人の選良の集会は「ニュートン会議」と呼ばれる。イギリス部、フランス部、ドイツ部、イタリア部が設置され、各部会は最高会議に出席する常任代議員をもつ。部門としては、数学、物理学、化学、生理学、文学、美術、音楽を設ける。こうした構想を念頭に、神の言葉として、つぎのような印象深い記述がある。

「私がニュートンを私の隣に座らせ、彼に知識とすべての惑星の指揮とをまかせたことを覚えておくがよい。また、知識の最大の敵たる態度を示した人間（ロベスピエール）が闇の中に落とされたこと、そして彼が私の懲罰の執行者かつ受刑者として永遠にそこにとどまる運命にあるということを、覚えておくがよい。」

主は預言者に対し、ニュートンを自分の側に置き、すべての惑星の住民の啓蒙を任せたと告げた。この教えはサン＝シモンの教義の多くを生み出した有名な一節で頂点に達する。

「すべての人が働くであろう。彼らはすべて自分たちを一つの仕事場に結びつけられた労働者とみなすであろう。その仕事場での仕事は、人間の知性を私の神的な先見の明に近づけることを目的とする。ニュートンの最高評議会はこれらの仕事場を指導し、万有引力のもろもろの効果を十分に理解するためにその努力を傾けるであろう。」

　ニュートン会議は、「万有引力こそは、私が宇宙をして従わせた唯一の法則である」との神の言葉に根差した、全人類から選ばれた 21 人の学者と芸術家が地上における神の代表者となると構想されている。

　サン＝シモンを反面教師として高く評価していたフリードリヒ・ハイエクはその著書『科学の反革命』において、この小冊子について詳しく紹介している。ハイエクは、「このサン＝シモンの最初の小冊子を要約するにあたり、私たちは支離滅裂でとりとめのないアイデアのごちゃまぜに秩序をもたらそうと努めなければならなかった」とあえて指摘したうえで、つぎのように辛辣な批判を加えている。

　「それ（小冊子）は、中途半端に消化されたアイデアを口にし、常に自分の過小評価された才能と、自分の作品に資金を供給する必要性に世間の注目を集めようとし、新宗教の創始者として大きな権力とすべての評議会の議長職を終身提供することを忘れない、誇大妄想狂の空想家の発露である。」

「新しいキリスト教」の誕生

　サン＝シモンはその晩年において、「隣人を愛しなさい」という命令の代わりに、人間は社会の中で、各自が自己と人類の双方に有益な方法で道徳的・物理的な力を行使することに最大の利点を見出すように組織される（「産業体制」の誕生）との信念にたどりつく。そこで、サン＝シモンは、精神的統一の必要性を主張し、人間の兄弟愛を自己利益の縮図としてではなく、神の命令として提唱する。そこに生まれたのが「新しいキリスト教」である。

　サン＝シモンのこの新しい思想は、『新しいキリスト教　保守派と革新派の対話』（1825 年）に結実する。「新しいキリスト教組織は、その精神的な制度だけでなく、時間的な制度も、すべての人が互いに兄弟としてふるまわなければならないという原則から導き出される」とサン＝シモンは明言している。そこにあるのは、産業人（産業者）のなかに含まれる経営者、資本家、企業家、労働者、店員、小作人などの間の統合原理としての「新しいキリスト教」であった。津村夏央著「共和国から国民国家へ：サン＝シモンおよびサン＝シモン主義研究」にある言葉を借りれば、「〈産業者〉階級としての意識が根付くまでの間、組織化された労働を通じて万人が相互利益の恩恵に浴する〈産業社会〉が成立を見るまでの過渡期においても、人間的な善、生の目的、共同生活の意味のようなモラルの問題に解答を与えるものが、そして人々を〈産業社会〉の中に統合されるよう導くものが必要であった。それが

「新キリスト教」である」—— ということになる。

　他方で、「産業社会」への視線は、「労働」にスポットを当てることになる。歴史が進むにつれて、労働は、隠れた場所から、それが組織され「分化される」公的領域へと連れ出された。私的領域に閉じ込められていた労働は分業を通じて、公的領域に解放されたかにみえる。しかしその過程で、公的領域にかかわってきた「仕事」は抑圧されて、労働と仕事との区別が薄れ、労働が全面化する。私的所有に基づく公的領域の再構築がはかられることになる。

　なお、労働は、「労働するために食べ、食べるために労働しなければならない」という強制的反復である。キリスト教世界では、「働かざる者、食うべからず」の教えが聖なる義務としての祈りや労働と固く結びついていたから、労働のもつ強制的反復が労働による人間の束縛という発想につながり、その束縛からの解放という理想・希望をイメージさせることになる。「労働からの解放」が同時にキリスト教の否定を惹起する必然性は、宗教それ自体にあるというよりも、キリスト教が課してきた労働と祈りとの「聖なる義務」にあったと考えられる（「Orare est laborare, laborare est orare」（オーラーレ・エスト・ラボーラーレ、ラボーラーレ・エスト・オーラーレ）、すなわち、「祈りは労働なり、労働は祈りなり」というベネディクト会のモットーを思い出してほしい）。

　労働が全面化する過程は産業資本主義化の過程であり、社会主義や共産主義の思想に基づくユートピアの出現につながった。マルクスらのユートピアは「科学的」を僭称することで、「空想的ユートピア」を区別したが、実態は同じであった。ハンナ・アーレントはマルクスに典型的にみられる労働からの解放というユートピアを批判した。マルクスの理想社会では、「労働」が自己目的として営まれるようになり、強制的な労働からの解放が実現される。いわば、労働と政治からの二重の解放をめざすことになる。だが、アーレントはこのユートピアを強制的に実現しようとする試みが逆に全体主義を招き寄せていると考えたのである。必要なことは「労働」からの解放ではなく、「労働」と「活動」を区別し、人々の自律的な「活動」を政治のうちに取り戻すことであった。

アメリカの新自由主義＝介入的自由主義

　労働に対する新しい視角を提供したのはアメリカの新自由主義である。その新自由主義は、「ドイツの新自由主義やフランスの新自由主義と呼ばれるものが発展した文脈とさほど変わらない文脈で発展した」とフーコーは指摘

する。これは、自由を維持するために国家管理をどこまで認めるかという問題であり、「介入的自由主義」と呼ぶべきものだ。ヨーロッパの新自由主義が社会保障といった限られた分野における国家統制を推進し、その社会保障という国家介入によって個人の自由を確保しようとしたが、アメリカでは、この介入的自由主義がいわば一般化する。それを可能にしたのが人的資本論および犯罪と非行を分析する問題であったと、フーコーは指摘している。自由を守るために、国家管理や市場統制が広範囲に認められるようになるのだ。リベラルな状況のために、国家管理の強化という不自由が強いられるようになる。

人的資本論

そこで、アメリカにおける新自由主義にかかわる人的資本論の議論を論じたい。その新自由主義は、労働そのものを分析することはなく、むしろ絶えず労働を無化し、労働をもっぱら時間的要素に還元することによって無化してきた古典派経済学への批判に基づいて、基本的には、労働を経済分析の分野に再び導入しようとした。もちろん、マルクスは労働に注目したが、それは労働者の販売する労働力にスポットを当てたにすぎない。具体的な労働は、労働力へと変換され、時間によって測定され、市場に投入され、賃金として支払われる。それは、労働力を商品に変え、生産された価値の効果だけを保持する。

これに対して、人的資本論は、労働者の視点から労働そのものを経済分析の対象とする。労働を経済行動として、労働者自身が実践し、実行し、合理化し、計算する経済行動として研究するのだ。労働者にとって仕事とは何か、この仕事活動はどのような選択のシステム、合理性のシステムに従っているのか。そして、戦略的合理性の原理を労働活動に投影するこのグリッドから、仕事の質的差異がいかに経済的影響をおよぼしうるかがわかる。

労働者からみれば、賃金は労働力の売り値ではなく、収入だ。アメリカの新自由主義者たちは、ここで、所得とは、端的に言えば資本から生み出されるもの、あるいは資本から得られる収益であるから、賃金が所得であるとするならば、賃金は資本の所得ということになる。では、賃金が所得となる資本とは何か。労働者の視点から見れば、労働は、労働力とそれが使用される時間［の間］に抽象化されることによって還元される商品ではない。労働者の視点から経済用語で分解すると、労働には資本、すなわち適性や技能が含

225

まれる。他方では、所得、すなわち賃金が含まれている。

こうして、労働者の技能、能力によって構成される機械という「マシン・フロー・複合体」という観点からの分析が可能となる。それは、教育、文化、訓練といった要素がすべて、生産資本の構成というかたちで、経済とその成長に直接統合されうる。ゆえに、「継承」-「伝達」-「教育」-「訓練」-「レベルの不平等」というすべての問題は、均質化可能な要素として単一の視点から扱われ、資本の経済学に収斂する。そのとき、個人は企業として、すなわち、投資としてみなされるようになる。

たとえば、アメリカの新自由主義では、母親が子どもと過ごす時間、母親が子どもに与える世話の質、母親が子どもに示す愛情などを投資とみなす。子どもという人的資本への投資である。その所得とは何かというと、子どもが大人になったときの給料であり、母親が子どもの世話をして得られる満足感だ。こうして、投資、資本コスト、投資された資本の利益、経済的利益と心理的利益という観点から、母と子の関係全体を分析することが可能となる。フーコーは、「要するに、こうした新自由主義的な経済分析は、伝統的に非経済的な社会行動を経済学的な用語で解読しようとする試みなのである」とのべている。

犯罪や非行の分析

他方で、アメリカの新自由主義は、公的機関の行動をテストし、その妥当性を測り、その濫用、過剰、無益などを評価する方法を提供することで、介入的自由主義の範囲を拡大した。簡単にいえば、犯罪と刑事司法の機能について、「合理的な行動とは、環境変数の変化に敏感で、非ランダムに、体系的に反応するあらゆる行動」とみなし、環境変数に対する反応の体系性の科学としての経済学に基づいて評価することで、政府によるもっともらしい介入を可能にしたのである。

こうしてアメリカの新自由主義は介入的自由主義の範囲を広げた。これは、法の規則に従う政府であり、それでもなお経済の特殊性を尊重する政府であり、市民社会を管理する政府であり、国家を管理する政府であり、社会を管理する政府であることを必要とした。その際重視されたのは、合理性である。合理性に従って政府を規制しようとするのである。

結果として、アメリカの新自由主義は、「強力な私有財産権、自由市場、自由貿易を特徴とする制度的枠組みのなかで、個人の起業の自由と技能を解

放することによって、人間の幸福をもっとも増進させることができると提唱する政治経済実践の理論」となる。これはデーヴィッド・ハーヴェイ著『新自由主義の歴史』にある定義だが、国家は私有財産権を確保し、必要であれば力によって市場の適切な機能を保証するために必要な軍事、防衛、警察、法体系と機能を整えなければならない。国家の活動は政府による介入範囲の大幅な拡張を前提とするものであった。

　他方で、1970年代以降、政治経済的な慣行や考え方において、新自由主義への力強い転向が至るところでみられるようになり、規制緩和、民営化、社会提供の多くの分野からの国家の撤退が一般的となる。このとき、政府による介入拡大も、規制緩和や民営化も、合理性をもとになされたのである。その結果としての自由競争の結果は、自然淘汰として当然視されるようになる。これこそが新自由主義であった。そこには、自由市場システムを、社会の長期的な問題に対処するためのもっとも強力な潜在的な善の力のみなぎる場とみなし、そこでの実力主義に価値観を見出すという思想がある。

帝国主義の復活としてのアメリカの新自由主義

　これまでの説明を柄谷行人の説明に接合してみよう。彼は、アメリカの経済政策は1980年代以降、新自由主義と呼ばれるようになるが、この新自由主義はそれまでの自由主義の延長線上にあるのではなく、その否定であると指摘している（『憲法の無意識』）。しかも、新しいわけでもない。柄谷は、「新自由主義は新帝国主義と呼ぶべきもの」であるとしている。イギリスの帝国主義は、資本が海外に向かい、国民＝ネーションを斬り捨てることであったが、アメリカの新自由主義は、アメリカの産業資本の衰退を背景に、「もはや遠慮会釈なく、労働運動を抑圧し、社会福祉を削減する」ことで、資本の国際競争を展開するしかないという段階における「帝国主義」の復活である、と柄谷はみている。

　単なる帝国は、支配と服従に基づいている。帝国は領土拡大をめざすが、従属した諸国家は貢納さえすれば、帝国による干渉を免れることができる。これに対して、近代以降に生じた帝国主義は領土の拡大ではなく、交易の拡張だ。従属国に市場経済を浸透させて剰余価値を得ようとする。実際の帝国主義をみると、イギリスは実際には、領土の拡張と資源の獲得をめざした。

　他方で、アメリカの帝国主義は、金融資本への規制を解除し、社会福祉を削減し、資本への税や規制を縮小するという「新自由主義」という呼び名の「新

帝国主義」を意味している。「新自由主義＝新帝国主義」であり、「新帝国主義」という帝国主義の悪いイメージを断ち切るために、「新自由主義」というわけのわからない言葉が使われているにすぎない。このアメリカの新帝国主義においては、国際競争の名のもとでの弱肉強食が当然視され、自然淘汰が当たり前とされる。弱者への視線は「負け組」や「自己責任」といった言葉によって蔑みへと変化してしまう。その結果、「多様性、公平性、包括性」（DEI）を求める運動の偽善性を暴くことで、徹底した「公正さ」（fairness）を追求する。

主権者個人の合理性、国家の合理性をどう調整するか

フーコーによれば、合理性への調整は、二つの連続したかたちをとっている。権力が規制されるこの合理性においては、主権的個性として理解される国家の合理性が問題とされることがある。その時点で政府の合理性とは、主権者自身の合理性、つまり「私、国家」と言える人間の合理性である、とフーコーは指摘している。これは第一に、この「私」とは何なのか、政府の合理性を、自らの権力を最大化する主権者としての自らの合理性に言及する「私」とは何なのか、という問題を提起する。

さらに、そこには、契約の法的問題がある。市場のような、もっと一般的には経済過程のような、合理性が一元的な真理を完全に排除するだけでなく、一元的な真理も俯瞰的な視線も絶対に排除するような問題に関しては、「私」というふりをする主権者の合理性をどのように行使できるのか。それゆえ、新たな問題、すなわち政府規制の指標としての合理性の新たな形態への移行が必要となる。

政府を規制するのは、「私、国家」と言うことができる主権者個人の合理性ではなく、統治される人々、経済的主体として、より一般的には、利害の主体として、もっとも一般的な意味での利害の主体として統治される人々の合理性の問題だ。政府の合理性を規制する原理として機能しなければならないのは、この被統治者の合理性ということになる。別言すると、いかにして政府を規制するかは、統治術の合理化原理を、統治される人々の合理的行動にいかにして基礎づけるか、ということになる。

限界合理性（bounded rationality）

合理性は意思決定を左右する。たとえば、政府の管理や規制の問題は組織の意志決定に関連している。意思決定論で知られるハーバート・サイモンは

　まず、行政ないし管理（administration）は意思決定の世界であるとして、意思決定が管理論の中心課題であると主張した。意思決定の前提となる情報収集において、テストしたり証明したりできる事実と、科学的に証明できない個人・集団の選好・価値とを区別することを提唱し、検証可能な前者を前提として考えた。意思決定そのものは複数の代案からひとつを選択する過程ないし行為を意味しているが、彼の理論の基礎には、効率的管理合理性がある。この合理性は目的と手段という論理に基づいており、目的を達成するための最善の手段を選ぶことが課題とされる。ただし、彼は目的と手段の論理の限界に気づいていた。なぜなら手段と目的は全体として分離できず、目的はしばしば不完全で不明瞭であり、手段も目的も時間や状況変化によって影響されてしまうからである。そこで、彼は合理性が限定されているとした。したがって、制約された合理性、すなわち限界合理性（bounded rationality）のもとでの意思決定を問題にしたことになる。

　そのうえで、彼は、個人は限定合理性のもとにあるため、個人を取り巻く世界に対して効果的に対処するために集団や組織に加わる必要があることに気づくと論じた。組織において、我々は人間の行動を、我々の目標を獲得する合理的パターンにはめ込む方法を見出すのだ。ここに、古典的な効用最大化を前提とする economic man に代わって組織化・制度化された administrative man が登場する。administrative man は、組織の目標を意思決定の価値前提として受け入れ、協調的行動を習慣づけられる。この結果、合理性の意味合いがヒエラルキーに基づく上位権威者への従属という意味に変化する。administrative man は自らの効用を最大化するよりも、自分と組織の関係のなかで満足できる解決策を求めていることになる。administrative man は限定合理性を前提にせざるをえないけれども、組織において合理的（効率的）組織行動を探求しなければならないということになる。

　近代官僚制は部署ごとに「目的」ないし「目標」を設定し、局地的に命令を発し、服従を迫るという上意下達の情報伝達システムを前提とする。このシステムが可能なのは、その命令が合理性をもつように装うことができるからだ。「社会」や「国家」といったわけのわからない全体概念による要請を理由に、その命令が客観性をもち目的合理性があるかのように認識されてしまう。しかも、その命令は匿名で出される政令によって正当化されている。

目的合理性という罠

　この目的合理性は近代的な思考様式に支えられている。マックス・ウェーバーが官僚制を「もっとも純粋な形で存立しうるためのもっとも合理的な経済的基礎」をなすと評したのは、官僚制がどんな目的であれ、その目的の実現において合理的であると判断したためだ。ここでの目的合理性はマックス・ホルクハイマーのいう「道具的理性」（instrumentelle Vernunft）と同じ意味で使用している。彼は、啓蒙の理性は所与の目的達成の道具にすぎないという意味で「道具的理性」にすぎないとしたのである。

　にもかかわらず、この目的合理性や道具的理性は、「命令はそれが〝物化〟されることによって、リアリティを得、いかにもその命令に根拠があるように見える」という思考に支えられている。ここでいう「物化」（materialization, Verdinglichung）とは、アーレントの言葉で、「活動と言語と思考」という「触知できないもの」を「触知できるもの」に変形することによって、それらにリアリティをもたせ、持続する存在とすることである。建築空間が「物」となることで、逆に物化されたものによって「活動と言語と思考」が影響されるというのが近代以前の「世界」にあったというのである。

　留意すべきことは、アーレントのいう「物化」がいわゆる「物象化」と呼ばれる近代の特徴と類似している点である。「物象化」とは、目に見えない関係をあたかも物のような客体であるかのようにみせかけて人間を拘束することを意味している。個別の自立した人間が相互依存の関係によってつながっている近代市民社会はばらばらになってしまった諸個人を再び関係づける再・共同化を必要とする。わかりやすいたとえをすれば、懐中時計で個々の資本家が時間を計れるようになっても、そのばらばらな時間を再・共同化しなければ市民社会は成り立たないから、各国に「標準時」が設定され、時差が制度化される。

　これと同じような出来事が事物・他者・記号を媒介にした物象化のメカニズムが働くことになる。それぞれの様相は、貨幣（商品、資本）、国家（公権力、官僚制）、理念・科学・芸術等が神であるかのような特別な社会的性格を宿したものとして市民に映るようになる。それらはそれぞれ、価値、役割、意味の体現者に位置づけられ、貨幣という媒介物を得ることが人生の目的のように感じられたり、役割の上昇が欲求されたり、合理化された観念の体系としての科学のようなものが知らしめる意味がありがたがられたりするように

なるのだ。

　近代政府の目的合理性は、「物化」ないし「物象化」という思考に支えられており、その結果として、合理化された観念の体系として科学が崇められるようになるのだ。もちろん、国家による武器使用の観点から、兵器開発への政府支援といった直接的な援助もあったし、感染症予防としての衛生対策や予防薬開発といったこともあった。それ以外にも、基礎研究として、数学、物理学などの観念体系への支援も行われた。いずれにしても、自然科学の世界では有効だと考えられていた合理性を、社会と経済に適用するという介入手法である「テクノロジー」（科学技術）が崇拝対象にまで格上げされるようになる。

科学の宗教化から政治化へ

　このようにみてくると、科学はサン＝シモンによる「宗教化」を経て、アメリカの新自由主義による「政治化」へと変化してきたように思える。しかも、アメリカでは、目的をめぐる議論のないままに、目的に合わせた合理性だけが優先される科学およびテクノロジーが国家の恣意性のもとに急速な進化を遂げている。そこでの目的は、ヘゲモニー国家アメリカが恣意的に決めたものにすぎず、地球全体や地球の全住民への配慮を見出すのは難しい。

　フーコーは『生政治の誕生』の最後に、つぎのように書いた。

　「真実に基づく統治術、主権国家の合理性に基づく統治、経済主体の合理性に基づく統治術、そしてより一般的には、被統治者自身の合理性に基づく統治術。そして、これらの異なる統治術、統治術を計算し、合理化し、規制する異なるタイプの方法が、互いに重なり合うことによって、19世紀以来、政治的議論の対象となってきたのである。そこに政治が生まれるのだ。」

　21世紀の政治はヘゲモニー国家だったアメリカの経済主体の合理性が優先され、ヘゲモニー国家アメリカの合理性だけが優越するように運営されている。そこでは科学やテクノロジーが利用されている。いまでは、神に近い玉座にニュートンではなく、科学・テクノロジーを置き、その後ろで科学を操るアメリカの政治指導者の影がちらついているように思われる。自然科学の世界では有効だと考えられていた合理性を、社会と経済に適用するという介入手法であるテクノロジーが全面化し、いわば、「テクノロジーの上に人を置く」という仕組みが構築されているのだ。

3 「法の支配」の怖さ

　つぎに話したいのは、アメリカ人の思想の根底に流れている「発想」についてである。そのためには、彼らの法に対する意識を知る必要がある。それは、「法の支配」（rule of law）という物語だ。これは、イギリスからアメリカへとヘゲモニーが移ったことで、いわゆる英米法の見方が世界に大きな影響をおよぼすようになっていることに関係している。すでに、第二章第一節で説明したように、国際法においてもまた、イギリスからアメリカへのヘゲモニー継承によってヨーロッパ公法の流れが簒奪されてきた。ここでは、近代法制度における「法の支配」をめぐっても、困った事態が起きていると批判したい。

「法の支配」（Rule of Law）の虚構性

　岸田文雄首相は頻繁に「法の支配」の重要性を説く。それは、おそらく故安倍晋三元首相の影響だろう。安倍は 2014 年 10 月、国際法曹協会（IBA）が東京で開催した年次大会に招かれ、その場で「法の支配」について演説したことが知られている。そこで、「法の支配」は西洋を起源とする用語だが、アジアでも同様の考えがあるとし、吉田松陰や聖徳太子の「十七条憲法」を持ち出しただけでなく、法と正義の支配する国際社会を守ることが日本の国益であり、法の支配の実現に向け外交を展開する、とまでのべたという。安倍は「法の支配」の考え方は普遍的だとし、「人類愛によって結ばれ、助け合う人間が、合意によって作っていく社会の道徳や規範。それが法です」と演説した。

　だが、安倍のこの理解は一知半解なものでしかない。なぜなら「法の支配」は決して普遍的な見方ではないからである。

　法を意味する law は、あることをするか、しないかを、どちらかに決定する束縛を伴うものであり、その法が民主的手続きに則って制定されれば、その法が「正しい」ことを不可避的に内在することになり、法そのものへの懐疑の念を弱体化させ、法は束縛として人間を拘束することになる。しかも、この法は共同体を前提に制定されるものであって、神の命令としての自然法、すなわち、共同体を超えた普遍的な法ははるか昔に忘れ去られ、人間がつく

る共同体だけに通用する法が全盛の時代になってしまっている。

Rule of Law

　ここで、Rule of Law、すわなち「法の支配」と翻訳される概念を生み出したイギリスでは、「法の上に人を置く」ことが前提とされていたことに注意を喚起する必要がある。

「近代国家理論の重要な概念は、すべて世俗化された神学概念である」と看破したのはカール・シュミットだ（なお、私が『復讐としてのウクライナ戦争』を書いたのは、キリスト教神学を批判するためだった。関心のある方はこの視角から、この拙著をぜひ読んでみてほしい）。シュミットの神学にとって、神は、他になにものによっても基礎づけられることのない「人格的命令」の契機を保持している。本来、神の命令について人間が議論することは不遜であり論外であり、我々が神に従うのは、それが正義であるゆえではなく、神がそれを命じるからだ。神は、あらゆる規範的拘束から自由な絶対者となる。私は拙著『サイバー空間における覇権争奪』において、こうした時代を「神信頼」の時代と呼んだ。その時代に支配的であったのが「アイディール」(Ideal)である。アイディールは無矛盾の完全な状態としてすでにあるものであり、キリスト教徒にとって受けいれるべきものとしてあった。事実はまず神のもとにあり、その信憑性は問題にすべきものではなかった。そもそもフェイクかどうかは問うべきものではなかったのである。

　こんな時代が終わり、「社会契約」に基礎づけられた法治国家になると、法規範を超越した国家の「人格的命令」の契機は消失する。神に代わる人工的神である「リヴァイアサン」には、神として有無をいわさず、人間に命令を出すことはできない。国家の決断はその無誤謬性ゆえにではなく、「いかなる誤謬のかどによっても告発されえない」という意味で権威あるものとなるにすぎない。だからこそ、ホッブズは「真理でなく権威が法をつくる」と唱え、シュミットはこれを評価しているわけだ。

　そのうえで彼は、法規範を超越した国家の「人格的命令」の契機に代わって、「抽象的規範の客観的効力」、「抽象的に通用する秩序」が支配するようになると考えている。これらが国家権力の全能からその神的性格を導き出すことで権威となることによって、「法の上に人を置く」体制をホッブズは主張するに至る。「抽象的規範の客観的効力」や「抽象的に通用する秩序」が神的性格を帯びた権威となることで、リヴァイアサンによる立法化が正統性

をもつことになるのである。

　これに対して、ヨーロッパ大陸では、君主と臣民との間の服従契約は、相互的な約束にもとづく双務契約であり、君主の命令は自然法・神の法や公共の福祉に合致せねばならず、臣民はその限りにおいて君主への服従義務を負うとされてきた。しかし、この双務契約においては、君主の何らかの措置が、この自然法・神の法や公共の福祉に合致するかどうかを決定する権限がどこに帰属するかは、一義的に明確ではない。判定権の所在が君主にあるのか臣民にあるのかは明らかにならず、ここに主権は二元化しかねないことになる。この二元化を避けるために、「法」自体が神に近いものとして想定されることになるのだ。

　ここでジャン・ジャック・ルソーのいう、「人民主権」を思い浮かべる必要がある。この人民主権とは、各個人がそれぞれに裁判官であり判定権を有することを意味するものではない。主権者としての人民団体と臣民（subjects）としての各個人との契約において、両者の紛争を解決できる共通のいかなる優越者も実在しない以上、契約履行については、どちらか一方の契約当事者である主権者の判定に委ねられることになる。この主権者の二元性を回避するために、ルソーは、主権者としていかなる者にも制約されない命令であると同時に、絶対に誤ることのない規範を想定する。ルソーの主権者はその理念において、神の二つの属性である正義と権力の両方をかねそなえたものとなる。そこで登場するのが理性法としての自然法だ。その自然法は国家法に優越する権威であり、国家法は自然法に反することは何も命じてはならないことになる。神の法である自然法が国家法より上に立つことで、人間界での国家をめぐる闘争、抵抗権を認めることが可能となるというわけだ。

ホッブズとルソー

　ここまでの説明では、わかりにくいかもしれない。もう一度、ホッブズとルソーの思想をわかりやすく説明しよう。ホッブズにおいては、諸個人は相互の結合契約にもとづいて、一切の権利、意志と判断を単一の主権者たる国家に譲渡する。ここでは、主権者と臣民との約束は片務的であり、主権者は臣民の拘束から解放され無制約な主体となる。これは、人々のために神と話ができるというモーセと盟約（covenant）を結んだ人々が、モーセによって語られるすべてを神の言葉として受け容れることに対応している。「神奉仕」と同じように、共同体でしかない国家を神として崇めることが要請されている。

　このホッブズの社会契約論では、諸個人の自然権を譲渡された主権者たるリヴァイアサンが「法の上にたつ」ことなる。法自体をつくるわけだからだ。このリヴァイアサンは神として崇めることを要請されている権威をもった主権者を意味しているが、その実体は代理人たる人間なので、「法の上に人を置く」という体制とみなすことができる。

　こうした主権国家においては、国家がその主権を守るために暴力的に法を押しつけてくるという危険がつねにある。だからこそ、ここでは主権国家に対する抜きがたい不信感が生まれてくる。人間が自分の属する国家だけを前提に、その国家の主権保持を錦の御旗として、自国内での民主主義の手続きを経て、自国内の一部の人間集団の利害を代表する政策があたかも国民全体の総意であるかのようにふるまう結果、正義からかけ離れた行為が法によって規制されない事態が起きる。それはまさに、「法の上に人を置く」という社会契約思想そのものの結果とみなすことができる。

　これに対して、ルソーは「人の上に法を置く」立場にたった。「特殊意志」ではない、「一般意志」を具体化する、集合的な単一の人格としての「公民」が構成員として想定され、それが自発的に参加する「結社」（アソシエーション）としての政治体が主権国家であり、その主権に具体的に参画するのは市民と考えるのだ。ここでの「社会契約」は主権者たる国家に統治権を譲渡する、垂直的な「統治契約」ではなく、「公民が公民となる」ための水平的な「社会契約」であり、市民は公民となることが前提とされている。ゆえに、市民という名で個々人の独善的な利益だけを優先し、それを民主主義という手続きを盾にして国民の総意とする英米と異なって、独仏といった大陸諸国では、「公民」という立場に立つところに「正義」を考える必要が生まれる。

　一般意志についても説明しておこう。これは法の実定化に際して、自然法に反することはなく、誤ることがないとされている。それはすべての人間を救う「神の意志」に由来しているからだ。問題は、そうした意志がどう形成されるかにある。この一般意志は、国民各人の特殊意志の総和としての全体意志とは異なって人間がつくり出す秩序の外部にある。「全員意志」は「私的な利益」を追求する「個別意志」の「総和」だが、一般意志は「共通の利益」のみを追求するものであり、「全員意志」に基づく「集合体」と峻別される「結合体」が一般意志に基づく結合のあり方を示すことになる。だからこそ、こうした人の上に自然法に近い法がくるわけである。すべての人々の結合から形成される公的人格こそ「公共体」であり、その構成員は「公民」（citoyen）

と呼ばれている。

　一般意志から公民へのつながりにおいて重要なことは、ルソーがあくまで「一般性」と「意志」に注目した点だ。時空を超えた、あるいは神と向き合うような普遍性を議論の対象としていたわけではなく、あくまで「キリスト教共同体」という共同体を適切な規模たる真の社会に置き換えようと試みたにすぎない点に留意しなければならない。

テクノロジー優先のアメリカ

　「法の上に人を置く」英米法体系と、「人の上に法を置く」大陸法体系の違いを理解するには、いま進みつつある自律型の航空機や自動車の普及について考えればいい。2024年2月4日付で「Wired」に掲載された情報によれば、サンフランシスコ市内だけで、タクシー会社2社が2023年8月までに合計800万マイル（約1287万キロ）の自律走行を記録している。アメリカ全体では軍所有のものを除いて、85万台以上の自律型航空機（ドローン）が登録されている。その結果、事故も頻繁に起きている（関心のある読者は米運輸省道路交通安全局（NHTSA）のサイトを参照してほしい）。

　恐ろしいのは、自律型兵器についてはウクライナ戦争が実験場となっていることだ（自律型兵器については、拙稿「「キラーロボット」の恐怖：自律型AI兵器規制の困難にどう向き合うか」や拙著『サイバー空間をおける覇権争奪』を参照）。アメリカは2017年からAIを戦争に持ち込むプロジェクト、「プロジェクト・メイヴン」（Project Maven）に着手している。たとえば、戦争に革命をもたらす可能性のある新世代の自律型無人機の開発が行われており、そのための実験場として、ウクライナ戦争は格好の場となっている。だからこそ、NYTによれば、プロジェクト・メイヴンは、「現在では、ウクライナの最前線でテストされている野心的な実験に成長し、ロシアの侵略者と戦う兵士たちにタイムリーな情報を提供する米軍の取り組みの重要な要素を形成している」という。つまり、最新のテクノロジーを実験するうえでも、ウクライナ戦争の継続が望ましいと考える人々がアメリカにたくさんいる。

　安全性の保証という問題が明確になっていない段階にあっても、こうした無謀とも思える「実験」が行える理由は、まさに「法の上に人を置く」思想のもとで、法律が整備されていなくても、人間ができることはやってみて、その後問題が起きた場合には、訴訟で対応すればいいという思想が広がっているからなのだ。だからこそ、遺伝子組み換えによる安全性が疑わしいな

かでも、それを規制せず、「L－トリプトファン」(LT) という補助食品を摂取した人が多数死亡する事件がアメリカで起きた。昭和電工 (現レゾナック) が組み換え DNA 技術で製造した LT が原因であった (拙著『知られざる地政学』上巻を参照)。

　いま話題になっている生成 AI にしても、著作権侵害といった問題が指摘されていたにもかかわらず、テクノロジーが先行し、問題の解決は後回しという状況になっている。

　これに対して、大陸法がいまでも多少とも有力なヨーロッパでは、こうした新しいテクノロジーの導入にはアメリカよりも慎重さが際立っている。なぜなら「人の上に法を置く」大陸法体系では、人を守る法の整備が優先されるからだ。

安倍・岸田首相が英米法を重視している怖さ

　わかってほしいのは、どうやら故安倍首相も岸田首相も、ここでいう「法の上に人を置く」というホッブズ的な社会契約を前提に英米法を重視しているという点である。本人自身がここでの議論を知っているとは思わないが、自らがリヴァイアサンになろうとしているかにみえる「独裁者」指向の人物にとってホッブズ流の社会契約論のほうが都合がいい。それはヘゲモニー国家アメリカおよびその大統領も同じである。

　「法」を自然法の近くに想定する「人の上に法を置く」というルソー流の社会契約論をとっていれば、法の改竄はずっと起きにくいはずだ。神に近い法を冒涜することなどできないだろうから。どうやら「法の支配」の重要性を説く人たちの立場そのものが「法」を軽視する国づくりにつながっているように思える。だからこそ、アメリカは、「二次制裁」というかたちで、アメリカと当該制裁対象国以外の第三国にまで制裁を科してきたのであった。

腐敗防止による域外適用

　アメリカは世界中でいち早く 1977 年に海外腐敗行為防止法 (Foreign Corrupt Practices Act, FCPA) を制定したことで、米国流の腐敗防止への考え方を世界中に広げた。同法は、米企業が外国公務員、政治家、公共事業の受託者に賄賂を支払うことを禁止している (ニクソン大統領を辞任に追い込んだウォーターゲート事件の捜査過程で、大規模な闇資金ルートと外国公務員への贈収賄が明らかになったことが背景にある)。だがこれでは、国際商取引におい

て米企業だけが不利になる。そこで、企業がビジネスを獲得するために外国公務員に賄賂などを支払うことを禁じる条約が国際的に必要になり、それが1997年11月に署名され、1999年2月に発効した。「OECD・国際ビジネス取引における外国公務員に対する賄賂闘争取り決め」（通称：OECD反賄賂取り決め、外国公務員贈賄防止条約）だ。

アメリカは、1997年の外国公務員贈賄防止条約を受けて、その内容を反映させるため、早速、1998年にFCPAを改正した。外国の企業や個人が米国にいる間に不正支払いを行う場合も、同法が適用されることになった。これは、外国企業がドル建てで契約を結んだり、Eメールがアメリカに関連づけられたりしているだけでもFCPAの対象となることを意味している（とくに、2018年3月に制定されたCLOUD［Clarifying Lawful Overseas Use of Data］法によって、アメリカは同盟国と2国間協定を締結し、深刻な犯罪やテロと闘うことを名目にして、電子証拠がどこにあろうと、その電子証拠に直接アクセスできるようになった）。

これこそ、アメリカにとって「新しい武器」の入手を意味していた。実際に、FCPA上の犯罪によって25カ月服役したフランス人が書いた本、『アメリカン・トラップ』によれば、「国際商取引に不可欠のツールとなったEメールが、アメリカにあるサーバー（グーグル社のGメールやマイクロソフト社のホットメールなど）を経由してやりとりされたり、保存されたりしただけで法を適用する対象なりうるとしたのである」。つまり、「FCPAは、自国の産業を弱体化させうる法律から一変して、外国企業に介入できる、経済戦争を勝ちぬくためのこのうえない手段になったのだ」といえる。

アメリカ以外の超国家企業も現地政府への贈賄により、利益を確保する工作を実際には継続していた。有名なのは、フランスの石油会社Elf（2000年からTotalの傘下）がカメルーン、コンゴ、ガボン、アンゴラなどで行った贈賄工作である。1990年代、仏企業Totalと米企業Unocalは、ミャンマーでの石油PL建設に際し、現地政府と協力の上、建設に支障となる少数者カレン族に対して強制移住や強制労働をさせたといわれている。

ゆえに、新たな手段が必要となった。欧州評議会は1999年1月27日に、「腐敗に対する犯罪法取り決め」を採択し、それは2002年7月1日発効にした。国連のレベルでも、腐敗防止条約が2003年10月31日に採択され、2005年12月14日に発効に至る。

しかし、実際には、アメリカだけがFCPA違反を「武器」として使いつづ

けている。『アメリカン・トラップ』によれば、「2004年には、FCPA違反で企業が支払った罰金の総額は1000万ドルに過ぎなかったのに対し、2016年には27億ドルまで急増している」。2001年9月11日の同時多発テロ直後に制定された米国愛国者法がテロとの戦いを名目として、米政府機関に外国企業やその従業員に対する諜報活動を行う権限を大幅に認めた結果、アメリカ政府は個別の外国企業を狙い撃ちすることが可能となったのだ。

それだけではない。前記の外国公務員贈賄防止条約(OECD反賄賂取り決め)に加盟した各国は、アメリカが各加盟国の企業を事実上訴追することを認めることになったのである。だが、各加盟国は報復として米企業を訴えようとしても、そのための法的手段がない。だからこそ、アメリカはFCPA違反を名目に、外国企業に鉄槌を下すことができるのだ。まさに、アメリカ帝国主義の実態がここに隠されているのである。

ここで、『アメリカン・トラップ』の「エピローグ」にある記述を紹介したい。辛酸をなめた筆者の心の叫びを受け止めてもらいたいのだ。

「アメリカを甘くみてはいけない。大統領が民主党だろうと共和党だろうと、あるいはカリスマだろうと極悪人だろうと、さしたる変わりはない。ワシントンの政府はつねに産業界の限られたグループの利益のために動いている。つまり、アメリカの大企業——ボーイング社、ロッキード・マーティン社、レイセオン社、エクソンモービル社、ハリーバートン社、ノースロップ・グラマン社、ジェネラル・タイナミクス社、GE社、ベクテル社、ユナイテッド・テクノロジーズ社など——のためだ。……中略……しかし、今日、状況はいくらか変化し、目覚めるべきときが来た。ドナルド・トランプの出現で、アメリカはいっそう手段を選ばず、その帝国主義はますます露わになっている。」

これからわかるように、アメリカの帝国主義は、法の上に大企業を置くことで、その利益確保のために展開されている。とくに、狭義の軍産複合体が多いことに留意しなければならない(軍産複合体については拙著『知られざる地政学』〈上巻〉を参照してほしい)。

なお、「法の上に人を置く」もとでは、法を裁く側の判事が何百万人もの女性に使用されている中絶薬を違法とする驚くべき判決を下すこともできる。この保守派の判事目当てに戦略的に訴訟を起こす、「ジャッジ・マンダリング」(ある政党などに有利になるように選挙区の境界を操作することを指す、「ゲリマンダリング」から派生)さえ起きているのだ。

まとめると、「法の上に人を置く」ことで「法の支配」を説くイギリスがヘゲモニー国家になって以降、ヨーロッパ公法を海洋から突き崩すようになり、そのイギリスに順接するアメリカは第三段階としてさらにヨーロッパ公法を骨抜きにし、返す刀で、アメリカの恣意的な解釈に基づく国際法を可能にした。その典型が報復としての制裁であったり、脅迫としての二次制裁であったりする。あるいは、反腐敗名目による個別企業やその経営者への攻撃も可能だ。イギリスの第二段階、アメリカの第三段階は、自由主義から新自由主義への移行に対応するだけでなく、科学のテクノロジーへの移行、すなわち合理性への全面依存に対応しているように思える。

4　「テクノロジーの支配」
　：科学の宗教化からテクノロジーの政治化へ

　ヘゲモニー国家アメリカが独我論的な唯我独尊の外交政策を長くつづけてきた背後には何があるのだろうか。しかも、すでに指摘したように、民主主義を輸出しようとして、何度も失敗し、当事国を混乱に陥れるだけでなく、何十万、何百万人もの死傷者を生み出したにもかかわらず、そのリベラルな覇権主義はいまもつづいている。

信念の恐ろしさ
　不可思議なのは、過去の失敗に懲りずにリベラルな覇権主義を継続するヘゲモニー国家アメリカの精神構造だ。おそらくアメリカの新自由主義にその原因の一つがある。すでに解説したように、アメリカの新自由主義では、自由を守るために、国家管理や市場統制が広範囲に認められるようになる。つまり、リベラルな状況のために、国家管理の強化という不自由が強いられる。これは、リベラルで民主的な世界を生み出すために、ヘゲモニー国家アメリカ流の法や秩序、ルールを世界中に押しつけるという、他国にとっての不自由を強いることと同じ構図だ。しかも、新自由主義はアメリカ政府の介入対象を大幅に広げたから、世界中の国がアメリカの新自由主義の犠牲となりうるようになる。

それだけではない。その新自由主義を実践するために、アメリカは戦争を厭わない。もっといえば、軍国主義的なのだ。その証拠として、アメリカはイラク、シリア、旧ユーゴスラビアにおいて、国連安全保障理事会の決議なしに武力を行使した歴史をもつ。だからこそ、世界最大の軍事費を毎年、何十年もの間、費やしてきたともいえる。いわば、新自由主義という「信念」がヘゲモニー国家アメリカを突き動かし、リベラルな覇権主義に基づくアメリカの外交政策として世界中に害をなしている。そうであるとすれば、この信念について分析しなければならない。

『信念の倫理学』

イギリス・ケンブリッジの数学者であり哲学者でもあるウィリアム・キングドン・クリフォードは、1877年に『コンテンポラリー・レビュー』という雑誌に「信念の倫理学」を発表した。「信念とは、我々の意志決定を促し、我々の存在のすべての凝縮されたエネルギーを調和して働かせる神聖な能力であり、我々自身のためではなく、人類のためにある」と書くクリフォードは、自分の信念の一つ一つに十分な証拠を持つ義務があるという厳格な原則を擁護している。そのためには、「どんな単純な心も、どんな無名の地位も、信じるものすべてを疑うという普遍的な義務から逃れることはできない」とまでのべている。あるいは、「......その信念が不十分な証拠に基づいて受け入れられているのであれば、その喜びは盗まれたものである。それは、実際にはもっていない力を私たちに感じさせることによって、私たち自身を欺くだけでなく、人類に対する私たちの義務に背いて盗むものであるため、罪深いものなのだ」という。この論文の最後では、「不十分な証拠に基づいて信じることは、すべての場合において間違いである。疑い、調査することが推定である場合、信じることは推定よりも悪い」と指摘している。

この厳格な信念だけを信じるのであれば、新自由主義はずいぶん昔にその不十分な証拠を突きつけられて修正を迫られていただろう。そもそも信念たりえなかったかもしれない。

もちろん、別の考え方もある。アメリカの思想家、ウィリアム・ジェームズは、1897年に出版された『信じる意志とその他の大衆哲学論集』のなかで、クリフォードの主張を紹介しつつ、厳しく批判している。証拠不十分で心を閉ざすことで、嘘を信じるという恐ろしい危険を冒すくらいなら、何も信じるなと、クリフォードは勧めているとしたうえで、「私自身は、クリフォー

ドに同調することは不可能だと思う。真理か誤りかに対する私たちの義務の感情は、いずれにせよ、私たちの情熱的な生活の表現にすぎないことを忘れてはならない」と書いている。ときとして不十分な証拠に基づいて信念を形成せざるをえないこともあるというのがジェームズの考えだ。

カントの主張

ここで、イマヌエル・カントの思想によって補助線を引いておきたい。スタンフォード大学のサイトにある The Ethics of Belief には、つぎのような記述がある。

「イマヌエル・カントにとって、十分な理論的証拠がない場合に信念（あるいは信仰）を正当化することができる考慮事項は、一般的に（専らではないが）道徳的なものである。たとえば、ある命題 p（たとえば、人間の意志は非両立論的に自由であるという命題）に対して、一方にせよ他方にせよ十分な証拠がなく、p の真理に立つことを要求する道徳的な目的を設定し、自分がもっている証拠が p の真理の方向を指し示している場合、人は p を真とすることが許される（時には要求されることさえある）。この「真とすること」（ドイツ語では「Fürwahrhalten」）は、「理論的」な根拠ではなく「道徳的」な根拠に基づいて正当化され、「知識」（Wissen）ではなく「信念」（Glaube）や「受容」（Annehmung）として数えられる（Kant 1781/1787, Chignell 2007）。」

『純粋理性批判』は、ニュートン科学の登場で、啓蒙主義の誇りであり、人間の理性の力に対する楽観主義の源であった近代科学が、自由な理性的思考が支持すると期待されていた伝統的な道徳的・宗教的信念を弱体化させる恐れがあった時代において、科学も道徳的・宗教的信念もともに救出する根拠を基礎づけたことで知られている。別言すると、理性自身による理性批判が、伝統的な権威に助けられることなく、抑制されることなく、ニュートン科学と伝統的な道徳と宗教の両方に確実で一貫した基礎を確立することを示すことに成功したのだ。

よく知られているように、カントはそのために、科学を外観の領域に限定し、超越的形而上学、すなわち、人間の可能な経験を超越する事物それ自体についての先験的知識は不可能であることを暗示している。わかりやすくいえば、「神、自由、不死に対する信念は、厳密に道徳的な根拠をもつものであり、道徳的な根拠に基づいてこれらの信念を採用することは、それが誤りであることを知ることができれば、正当化されないからである」ということになる。

カント自身、「信仰の余地をつくるために、私は知識を否定しなければならなかった」とのべている。「知識を外見に限定し、神と魂をそれ自体では知りえない領域に追いやることで、神や魂の自由や不死に関する主張を反証することが不可能になり、道徳的な議論によって信じることが正当化されることになる」。

　この点については、拙著『サイバー空間における覇権争奪』の注において、つぎのように書いておいた。

　「カントは「物自体」（Ding an sich）と現象（Erscheinung）を区別することで、後者については人間理性が創造者たりえることを示した。つまり、人間理性が見るものは、物それ自体においてある姿ではなく、物のわれわれにとっての現われでしかないというわけだ。人間理性は少なくとも現象界を存在せしめ、それに合理的構造を与える「超越論的」（transzendental）主観ということになり、神的理性の後見なしにそれでありうることになった。」

　理論哲学は、われわれの知識が厳密に制限されている外見を扱い、実践哲学は物事それ自体を扱うが、それは物事それ自体についての知識をわれわれに与えるのではなく、実践的な目的のために、物事に関する特定の信念の合理的な正当性を提供するだけである。

　カントによれば、人間の理性は必然的に魂、世界全体、神についての観念を生み出す。そしてこれらの観念は、それらに対応する超越的な対象についての先験的知識をもっているかのような錯覚を不可避的に生み出す。しかし、これは幻想だ。「実際には私たちはそのような超越的な対象について先験的な知識をもつことはできないからである」。にもかかわらず、カントはこれらの幻想的な観念が積極的で実際的な用途をもつことを示そうとする。こうしてカントは、道徳の形而上学と呼ぶ実践的な科学として再構築する。カントの見解では、魂、世界全体、神についての我々の観念は、それぞれ人間の不死、人間の自由、神の存在についての道徳的に正当化された信念の内容を提供するが、それらは思弁的知識の適切な対象ではないというのである。

プラグマティズムの祖ジェームズ

　このカントの実践的な科学のもとで道徳的に正当化された信念に、さらに「緩い」見方を持ち込んだのがジェームズなのだ。重要なのは、そのジェームズが「プラグマティズム」の祖であることだ。スタンフォード大学の資料によれば、彼は19世紀後半の課題となっていた、「事実に対する科学的忠誠

心」と「人間的価値に対する昔からの信頼、そして宗教的であれロマン主義的であれ、その結果として生じる自発性」とをいかに調和させるかを示すため、プラグマティズムを「媒介哲学」として提示したのである。プラグマティズムは、「そうでなければ延々とつづくかもしれない形而上学的論争を解決するための方法」として提示されたのだ。

　たとえば、信念と真理の関係について、ジェームズは、「真理とは、信念のあり方においてそれ自体が善であると証明されるものなら何でも、また、明確な割り当て可能な理由によって善であると証明されるものなら何でも、その名称である」と主張した。これは、「真理」とは、私たちの思考方法における便宜的なものにすぎないとみなすことを意味している。ゆえに、ある信念は、それをもつことが幸福と充足に寄与するという事実によって、真実となりうることを示唆している。

　ジェームズはさらに踏み込んで、ある種の場合（とくに宗教的・道徳的信念に関わる場合）には、十分な証拠がないにもかかわらず信じることは、単に許されるだけでなく、積極的に称賛に値する、あるいは要求されることさえあると示唆している。ここに、我田引水とも独我論ともいえる身勝手な信念が確固とした地位を得ることになる。

　アメリカの新自由主義への信念がこうした「十分な証拠がない」ままに、いまなお存続しているのは、まさにジェームズの唱えたプラグマティズムのおかげなのである。

宗教的経験と神

　ジェームズはほかにも、興味深い主張をしている。それは、有名な著書『宗教的経験の多様性』のなかにみられる。宗教的経験こそ宗教の核心であるとみなしたジェームズは、宗教を、「個々の人間が孤独の状態にあって、いかなるものであれ神のような存在と考えられるものと自分が関係していることを悟る場合だけに生ずる感情、行為、経験である」とした。この見方は、個々人と神との関係を強く結びつけ、そこに信念を見出す機会を提供する。

　ここで紹介した話を、The Economist で見つけた記事の冒頭にある、「アメリカの福音主義者たちは、“What would Jesus do”（イエスならどうするか）という WWJD の文字で飾られたブレスレットを身に着けている」という一文と関連づけてみよう。福音主義については第一章第一節で説明した。聖書を重んじる彼らは、一説には、2014 年の福音派プロテスタントの成人の数は

約6220万人で、2007年の約5980万人から増加している。この推計が正確かどうかはわからないが、少なくとも共和党の大統領候補者選びに大きな影響力をもつといわれる福音派（エバンジェリカルズ）の多数がWWJDを座右の銘としているとすれば、彼らは日常生活においても一種の宗教的経験に出合い、そこで信念を見出していることになる。彼らの支持するアメリカの外交政策は、こうした信念をもつ政策を立案・決定する者と、それを強く支持する信奉者によって長くつづいているのではないか。

　クリフォードがいう「十分な証拠」がなくても、自分のなかで「イエスならどうするか」と自問自答したときに得られる答えこそ、信念となりうることになる。しかも、それは神との約束、すなわち「盟約」（covenant）として、揺るがせにできない拘束力をもつ。

アメリカ人の精神性

　つぎに、アメリカ人の精神性を少し別の視点から考察してみよう。神に近接する地位を占めるようになった科学やテクノロジーと、信念との関係を考えるためである。そこにあるのは、「物化」ないし「物象化」という思考に支えられた目的合理性を根幹とする、合理化された観念の体系として科学を神の隣に座らせて、神と同じように崇められるようにしながら、その科学への「信仰」、「信奉」をアメリカだけでなく世界全体にまで広げることで、ヘゲモニーを堅持しようとする信念ではないか。このとき、国家介入によって、合理性は社会と経済にまで広範囲に適用されるようになり、テクノロジーという手法が広がる。

　このテクノロジーの背後で、テクノロジーを操ることができれば、「法の上に人を置く」という「法の支配」と同じように、「テクノロジーの上に人を置く」ことが可能となる。この人の場所に、アメリカのエスタブリッシュメントが座りつづけることができれば、彼らによる支配は長くつづく。テクノロジーと法を支配下に置くことができれば、神に近い統治が可能になるというわけだ。

　別言すると、事物（モノ）・他者（ヒト）・記号（コトバ）を媒介にした物象化によって、貨幣、国家、科学といったものが神であるかのような特別な社会性をもつようになり、それらのなかで、合理化された観念の体系である科学がもっとも優位に立ち、神に近接するのだ。「科学の宗教化」が可能となる。もちろん、科学は神そのものではないから、この科学を神による支配

と同じように利用するには、科学の上に立つ人間という仕組みを構築する必要がある。この科学が合理性をもとに全面化するとき、テクノロジーが科学と同じような場所を占めるようになり、そのテクノロジーを統治する仕組みをつくるのが政治の仕事となる。ここに「テクノロジーの政治化」が起きるのだ。

アメリカ政府の科学補助

テクノロジーの政治化は国家による科学への補助という制度によって進んできた。その大きな成功例が核兵器開発のための「マンハッタン計画」だ。映画「オッペンハイマー」を機に、アメリカ政府が「20億ドルのプロジェクトにどのように資金を提供したのか？」、「議会はその資金を承認したのだろうか？」について調べた記者の記事が2024年1月にNYTに掲載された。そのなかには、「議会が原爆への資金供給に賛成したとき、議論も討論もなかったことが判明した。20万人以上の死傷者を出し、原子時代の到来を告げることになる大量破壊兵器の製造に8億ドル（現在の136億ドルに相当）を承認しつつあることを知っていたのは、議会全体でわずか7人の議員だ」と書かれている。

いずれにしても、このとき、国家が核兵器開発というテクノロジーに介入することで、国家は大きな利益を得た。この成功体験以降、国家はきわめて意図的にテクノロジー支援に乗り出す。拙著『知られざる地政学』〈上下巻〉は、米政府がテクノロジーへの支援という介入を通じて、その開発に伴って生まれた知的財産権の保護により自国企業を保護しつつ、安全性の担保されないままのテクノロジーを全世界に広げ、米政府および米系企業の影響力や利益を拡大し、そのヘゲモニーの維持・拡大に利用してきた事実を分析したものである。

その〈上巻〉でも指摘したように、第二次世界大戦後、米政府の科学への支援は大きく増加する（第二次世界大戦前のアメリカの科学の多くは、裕福な実業家と企業の研究所によって賄われていた。The Economist によれば、アメリカの近代的なシステムは、とくに慈善団体のロックフェラー財団に負うところが大きい。同財団は、黄熱病の原因究明など、具体的で明確なプロジェクトに助成金を出した）。図Ⅳ -1 に示したように、科学全体への資金供給に占める政府資金の割合をみると、1960年代前後にその比率が急上昇したのだ。1960年代半ばまでに、米連邦政府はGDPの0.6％を研究費に費やした。その結果、イン

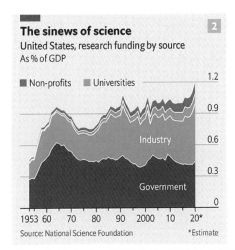

The sinews of science
United States, research funding by source
As % of GDP

■ Non-profits ■ Universities

Industry

Government

1953 60 70 80 90 2000 10 20*

Source: National Science Foundation　*Estimate

図Ⅳ-1　アメリカの科学資金に占める資金供与源泉別割合の推移（単位：GDP 比％）
（出所）https://www.economist.com/science-and-technology/2023/11/15/new-ways-to-pay-
for-research-could-boost-scientific-progress

ターネット、GPS、宇宙望遠鏡などの発明がなされた。同割合はいったん低
下した後、ほぼ横ばいがつづいている。1980 年代以降、産業による科学研
究費の増加が目立つようになっている。

　現状では、500 億ドル近い予算を持つ世界最大の医学研究助成機関である
米国立衛生研究所（NIH）が大学に提供する資金の半分以上を有期グラント
として支給している。全米科学財団（NSF）が 2022 年に分配した 86 億ドル
の約 70％は同じ仕組みだ。この助成金に応募する科学者は 15 ページほどの
助成金提案書を書かなければならない。提案書は他の研究者たちによって採
点され、それによって委員会が助成金を出すかどうかを決定する。NIH の助
成金の約 80％、NSF の助成金の 90％は、こうした査読を経ている。

　しかし、こうした査読は決して「合理性」や「客観性」を伴っていない。
なぜか。合理化された観念の体系として科学であっても、個別の科学分野を
一元的な真理に基づいて合理性で割り切ることはできないからである。査読
の評価にしても、過去の研究評価に基づく「学閥」といった偏見から逃れる
ことは難しい。ましてや、革新的な研究については、評価自体が困難だ。

　だからこそ、合理性を装ったまま、科学ないしテクノロジーを恣意的に利
用することが可能であるともいえる。それが「テクノロジーの政治化」とも
呼べる現象を引き起こしているのである。たとえば、安全性が確認できない

まま、遺伝子組み換え技術を広範に利用するための研究を助成しながら、農薬メーカーや種苗会社を儲けさせるといったことが政治家主導で簡単に行える（具体的な「テクノロジーの政治化」を詳細に考察したのが拙著『知られざる地政学』〈下巻〉である）。

　このテクノロジーの政治化は、すでに第三章でのべた「テクノロジー主権」と関連している。「わかりやすくいえば、テクノロジー主権は、国家または超国家連合がグローバルな社会技術システムを形成し、指示する野心に関連するものである」ため、国家または超国家連合主導で、企業や大学などの組織と連携したテクノロジーの開発や利用のための補助金の供与、第三国へのテクノロジー輸出の禁止や制限、サプラインチェーンへの規制といったかたちをとる」と書いておいた。だからこそ、帝国主義の競争状態にある国々はテクノロジー主権に固執するのである。

　バイデン政権が研究資金助成を露骨に「政治化」していることも書いておきたい。2024 年 1 月 29 日付の WP は、バイデン政権幹部が同日、選挙を前にして全米の製造業を活性化させるための一連の政策の一環として、18 州（そのほとんどが激戦州または共和党支持［赤］州）に対して 1 億 5000 万ドルの研究資金を提供することを発表したと報じた。これまで共和党支持者が多かった州に研究費を助成して、大統領選の票に取り込もうという「セコイ」判断が透けてみえる。

神に近接するイーロン・マスク

　いま起きているもう一つの現象は、個人が神に近づくというものだ。図IV-1 からわかるように、政府とは別に、「産業」として個人が会社を通じて巨額の資金をテクノロジーの研究開発に投じることが行われている。その典型がイーロン・マスクだろう。

　彼については、「イーロン・マスクがどんなに偉くなっても、法の上に立つべきでない」という意見がある。そこで、この意見について詳しく説明してみよう。この意見を掲載したのは、WP の編集会議である。2024 年 1 月 6 日付の WSJ が「イーロン・マスクが違法薬物を使用、テスラとスペース X のリーダーを憂慮」という記事を公表したことを受けて、マスクを放置する政府に対して厳しく対処するよう迫る内容の記事を公表したのだ。「この国は、この男にこれほどの自由裁量を与えなければならないほど、創造的な思想家を渇望しているのだろうか？」と書き、マスクの傍若無人なふるまいを

非難しつつ、それを看過している政府を批判したのである。

　たしかに、マスクが率いる SpaceX 社は、サービスが行き届いていない世界中の地域にブロードバンド・インターネットを提供する計画の一環として、1000 機以上の「スターリンク」衛星を低軌道に投入し、それがウクライナ戦争におけるウクライナ軍の情報交換に役立っている。マスクが支配下に置くテクノロジーの一部は、たしかに政府レベルの科学技術よりも高い水準にある。だからこそ、そのテクノロジーの力によって、マスクは政府の上にも、法の上にも立ちうるだけの力をすでに保有している。

　もちろん、アメリカ政府は、科学やテクノロジーだけでなく、軍事力という武器も手にしているから、実際にはマスクよりもずっと神に近い立場にあるといえる。だが、今後、マスクのような個人がテクノロジーを味方につけて、強大なテクノロジーを独占できれば、神のように世界全体に影響力をおよぼすことができるようになるかもしれない。

　たとえば、人工知能（AI）研究によって、人間の知能と同等かそれを超える真の人工知能（artificial general intelligence, AGI）を発明することができた人物は、神にもっとも近接する場所に座ることができるかもしれない。合理化された観念の体系としての科学がより進化すればするほど、科学およびテクノロジーそのものをどう制御・統治すべきかが問われていることになる。いまのところ、ヘゲモニー国家アメリカという国家がそうした科学・テクノロジーを統治しているようにみえても、一個人がその座を奪う可能性が芽生えはじめているのではないか。そんな懸念が現実のものとなりつつあるように思われる。

「神に定められた」トランプ

　2024 年はアメリカの大統領選の年である。ここまでの話をこの卑近な選挙に関連づけて語ってみよう。トランプはおそらく福音派の多くの人々の支持を集めて、共和党の大統領候補者となるだろう。理由は簡単だ。それが、「神の定め」である、と多くの福音派の人々がみなしているからだ。「不十分な証拠」がなくても、自分のなかで「イエスならどうするか」と自問自答したときに得られる答えは、「神によって定められている」（Ordained by God）トランプを支持することでなければならないのだ。

　ただし、福音派も一枚岩ではない。たとえば、イスラエルのためにロビー活動を行う福音派のグループである、「クリスチャン・ユナイテッド・フォー・

イスラエル」（CUFI）はアメリカのイスラエル支援を阻止してきた、下院の共和党議員で構成される議員連盟、「フリーダム・コーカス」への圧力を強めている。

2024年1月14日付のWPの記事に登場する、アイオワ州でのトランプ党員集会のキャプテンを務めるポール・フィギー牧師は、トランプが司法制度や民主党に酷使されているとみてきたことを指摘し、前大統領を殉教者（martyr）になぞらえたという。彼は他の候補者の可能性を否定し、より高い力がトランプを再び大統領に戻すと確信しているとのべた。どうやら、ウィリアム・ジェームズからつづくアメリカの伝統的な思想がトランプ政権の誕生を促しているようにみえる。

ここに、歴史の転換点があると指摘したい。アメリカは神との盟約として「リベラルな覇権主義」という外交政策をとりつづけてきた。しかも、科学やテクノロジーを政治が操ることで、神に近接するそれらの権威を政治に転化することも実践してきた。だが、相次ぐ戦争による行き詰まりや、テクノロジー分野でのアメリカの独走が困難となってきた状況に直面して、これまでエスタブリッシュメントが構築してきたこうした既存体制を批判するトランプが神に選ばれようとしている。

おそらく、「神に定められた」トランプという信念の出どころの一つは、「フライオーバー・カントリー」（頭上を飛行機で通過されている地域）に住む白人層のエスタブリッシュメントへの反発にある。主要都市である、東海岸のワシントンDCやニューヨークと、西海岸のロサンゼルスやサンフランシスコの間だけ、政治家やビジネスマンが飛行機で行き来しても、頭上を飛び越される、すなわち、「フライオーバー」される側からすると、自国民さえ見捨ててきた既得権益保持者たるエスタブリッシュメントは報復対象となる。

トランプ自身はエスタブリッシュメントを倒して、自分が新たなエスタブリッシュメントになりたいだけかもしれないが、少なくともアメリカ内部からエスタブリッシュメント層を崩すことができれば、従来の外交戦略は再考を迫られるだろう。エスタブリッシュメントを批判するトランプは、ヘゲモニー国家アメリカの力の源泉である、「法の上に人を置く」という「法の支配」と、「テクノロジーの上に人を置く」という「テクノロジーの支配」の「人」の部分、すなわち、エスタブリッシュメントへの攻撃を特徴としている。

第6章
アメリカの外交戦略

1 あまりに宣教師的

この章では、アメリカの外交戦略について論じたい。その外交戦略は長い間、基本的に変わっていない（1973 年に刊行されたアーネスト・メイの『歴史の教訓』には、国務省の官僚に関する未来を予測して、「外交・安全保障問題関係の官僚全体については、あまり変化は見られない」と書いてある。その予測は的を射ていたといえるだろう）。

いまでも、ヘゲモニー国家アメリカの外交戦略の根幹をなしてきた、ジミー・カーター大統領時代のズビグニュー・ブレジンスキー元国家安全保障担当補佐官の見解は有力だ。彼は、その著書（*The Grand Chessboard: American Primacy and Its Geostrategic Imperatives*, 1997）のなかでつぎのような記述をしている（この話は拙著『ウクライナ 2.0』[164 頁] に詳しい）。

「緩い連合のロシアーヨーロッパ・ロシア、シベリア共和国、極東共和国からなるーは、ヨーロッパ、中央アジアの新しい国々、そしてオリエントとより近い経済関係を培うのがより容易になると気づくだろし、それによってロシア自身の発展が加速されるだろう」というのがそれである。同じ年に刊行された論文（Brzezinski, "A Geostrategy for Eurasia,"*Foreign Affairs*, September/October, 1997）にもほぼ同じ表現がある。彼自身、中央集権的なロシア連邦が解体され、三つほどの緩やかな共和国を統合した緩やかな連邦国家になると予想していた。要するに、アメリカはソ連、そしていまのロシア連邦の解体に向けた外交戦略に固執している。いまのウクライナ戦争はロシア連邦の弱体化、さらにその崩壊をめざしている。

必読の本『シベリアの呪い』
彼の主張は、私が地政学をまじめに勉強したい人の必読書であると考えている『シベリアの呪い』の結論とよく似ている。先に紹介した拙著『ウクライナ 2.0』の「第 3 章　世界秩序の混迷：「剥き出しのカネ」と「剥き出しのヒト」」、第 1 節「米国の地政学的アプローチ」において、つぎのように記しておいた（161 〜 162 頁）。

「ロシア研究者であれば、だれもが読まなければならないほど興味深い本が 2003 年に刊行された。タイトルは、『シベリアの呪い』（The Siberian Curse）

という（Hill & Gaddy, 2003）。著者は、フィオナ・ヒルとクリフォード・ガディである。後者はヴァリー・イクスとの共著、Russia's Virtual Economy（2002）で有名な超一流のロシア経済学者である。前者はガディの務めるブルッキングス研究所の同僚だ。

　そこに書かれているのは、極寒のシベリア・極東の開発は、経済的にみて、ロシアの大きな負担であり、人口のヨーロッパ地域への移動を促す政策をとらなければ、ロシアの経済発展は難しいというものだ。ロシアにとって、シベリア・極東地域の存在は、「ユーラシア主義」という主張に結びつきやすく、その豊富な資源を根拠に、長年、シベリア開発への巨額の投資が当然視されてきた。その結果、経済性をまったく無視した人工的な地方都市が数多く建設された。しかし、経済性を無視できたソ連が崩壊して以降、シベリア・極東のこうした都市を維持するには、巨額の財政資金が必要で大きな負担となっている。

　……　〈中略〉　……

　この本を紹介したのは、長期的にみて、ロシアという国がかかえている巨大な国土が必ず問題化するという視点を米国の一部の人々がもっていることをわかってほしいからだ。ヒルとガディが示したのは、経済的にみて、この広大な土地がいわば「呪い」をかけられたようにロシア全体の負担となっており、ロシアという国家の疲弊につながってきたし、今後もこのままではそれは変わらないということである。率直に言えば、ロシアという国土は広大すぎるから、その分割を含めた新しい統治が必要であるということだ。」

　このように、広大な領土をもつロシアは、ヘゲモニー国家アメリカからみると、「分割して統治せよ」というターゲットになりつづけている。ソ連を構成した15共和国はすでにバラバラになった。つぎのターゲットは、ロシア連邦を構成する自治共和国などである。

アメリカの外交戦略：ナショナリズムを煽動する

　アメリカの外交戦略の柱として、旧ソ連圏に適用されたのは、各地域のナショナリズムを煽ることであった。その際、大義名分として「民主主義」の輸出が掲げられた。政治学者のダニエレ・アルキブーギは、「民主主義の輸出はアメリカの夢である」、あるいは、「民主主義を輸出することは、アメリカの遺伝子コードの一部となっている」と書いている。その夢の実現の必要性が強く意識されるようになったのは、2001年9月11日の同時多発テロ事

件であった。

　この事件を機に、「エジプト、イラン、イラク、キルギス、パキスタン、ロシア、サウジアラビア、ウズベキスタン、その他多くの国々に関して、アメリカは世界のどこで、どのように民主主義を推進すべきか、アメリカの政策論争の中心的な問題となった」と、2003 年の『フォーリン・アフェアーズ』収載論文「民主主義の推進とテロとの戦い」のなかで、カーネギー国際平和財団の民主主義・紛争・ガバナンス・プログラムの共同ディレクターであるトーマス・カロザースは指摘している。「サダム・フセインを倒せばイラクをこの地域の民主化モデルに変えられるという魅力的な考え」こそ、その後の「アラブの春」という「悪夢」につながっていくのである。

　ゆえに、2001 年前後から「アラブの春」までのアメリカによる民主主義の輸出について、表Ⅴ -1 にまとめたわけだ。重要なことは、これ以前にも、アメリカによる民主主義の輸出の試みの大多数が失敗していた事実である。前述のアルキブーキは、「アメリカが軍事的手段で民主主義を輸出しようとした場合、その原則的目的はたいてい失敗に終わっている」として、具体例をあげている。パナマ（1903 ～ 36 年）、ニカラグア（1909 ～ 33 年）、ハイチ（1915 ～ 34 年）、ドミニカ（1916 ～ 24 年）、キューバ（1898 ～ 1902 年、1906 ～ 09 年、1917 ～ 22 年）であり、1950 年代、1960 年代、1970 年代の韓国、ベトナム、カンボジアがそれである。成功例としてあげられているのは、グレナダ（1983 年）とパナマ（1989 年）だけである。

　ブッシュ大統領は、アメリカが率先垂範し、今後 3 年間で中核的な開発援助を 50％増額し、2006 年度までに年間 50 億ドルの増額を実現すると約束し、「ミレニアム・チャレンジ・アカウント」という援助基金を設立した。「ブッシュ大統領はこの基金を発展途上国の民主主義を強化するための主要な手段と位置づけた」と、前述したカロザースは指摘している。だが、こうした援助に名を借りた介入主義がやがてさまざまな国で大きな混乱を引き起こすことになるのである。

　表Ⅴ -1 からわかるように、アメリカの外交戦略がもたらしたのは、各国の混乱であり、内戦であり、戦争であった。この外交戦略は大失敗の連続であったと総括できる。ただし、各国の国力を徹底的に弱体化させるという意味では、大いに成果をあげた。各国の国民が死亡することで、各国の国力は衰退したのである。

　ウクライナ戦争も 2004 ～ 05 年、2013 ～ 14 年のアメリカによる支援やクー

時期	国	概要
1999 年	セルビア	セルビア（当時、新ユーゴスラヴィア連邦）のミロシェヴィッチ大統領は、1998 年セルビア治安部隊を派遣して、コソボ解放軍の掃討作戦を実施。国連が仲介する事態となり、その過程でミロシェヴィッチ政権がアルバニア系住民に対する虐殺行為を容認したとして、国際社会から厳しく非難される。セルビアが NATO による治安維持という調停案を拒否し、アルバニア系住民に対する虐殺行為を続けると、1999 年 3 月、クリントン大統領は米軍を含む NATO によるコソボ空爆に踏み切った。NATO 軍の空爆は国際連合の承認なく行われ、しかも創設以来初の、加盟国域外への攻撃であった
2001 年	アフガニスタン	10 月 7 日、米英など有志連合による軍事活動開始。タリバン政権が国際テロ組織アルカイダを匿っているとしてその壊滅にあたる。2021 年 8 月 15 日、タリバンが国土の大半を制圧し、ガニ大統領はカブールを脱出、事実上政権は崩壊した
2003 年 3 月	イラク	3 月 20 日、ジョージ・W・ブッシュは、イラクが大量破壊兵器を保持しているとして空爆および地上軍によって侵攻し、そのサダム＝フセイン政権を倒壊させた
2003 年 11 月	グルジア（ジョージア）	11 月 2 日の総選挙は、開票作業が難航し、選挙結果改竄に対する大衆の抗議行動は次第に大きなうねりとなり、1992 年以来グルジアを率いていたシェワルナゼを同月 23 日、政権の座から追いやった。2004 年 1 月 24 日、サアカシュヴィリが大統領に就任した。この政権交代劇は「バラ革命」と呼ばれている
2004 年 11 月	ウクライナ	11 月 21 日の選挙の結果、ヤヌコーヴィチが勝利したが、野党は大規模な選挙違反があったとして選挙のやり直しを訴え、広範囲なデモや集会を繰り返す。ヤヌコーヴィチとロシアは反発したが、結局抗議行動に押され再選挙が行われた結果、12 月 26 日の開票でユシチェンコが勝ち、大統領に就任。「オレンジ革命」と呼ばれている
2005 年 2 月	キルギス	2 月の選挙でアカエフ大統領の与党による不正行為が発覚、国民の不満が一挙に爆発する。野党に率いられた市民が首都ビシュケクの政府機関を占拠、アカエフ大統領は国外に逃亡して権力が崩壊。「チューリップ革命」と呼ばれている。新大統領には野党指導者だったバキエフが就任
2011 年	チュニジア	1 月 3 日、首都チュニスで民衆暴動、同月 14 日まで独裁的な権力をふるっていたベン＝アリ大統領を辞任に追い込む。「ジャスミン革命」と呼ばれる
	エジプト	2 月 11 日、ムバラク大統領は辞任に追い込まれた
	シリア	3 月 18 日、南部ダラアで市内の壁に「アサド体制打破」と落書きした学童 15 人が逮捕され、それに抗議する市民集会に治安警察が発砲して 3 人が死亡し、翌日の葬儀に市民 2 万人が参加、「自由と民主主義」を叫んで決起し、政府機関や与党本部、アサド大統領の従兄弟が経営する携帯電話会社などを襲撃し、運動は全国に広まった
	リビア	カダフィ大佐は、10 月 20 日に出身地のシルト郊外で拘束された後、殺害された
	イエメン	1 月 18 日、首都サヌアの大学生たちが反政府集会を開き、市民も同調、南イエメンのアデンにも反政府デモが広がる。サレハ大統領は、12 月に退陣を表明、副大統領ハディが暫定的にその地位につき、翌年、正式な大統領選挙で選出された

表Ⅴ-1　アメリカによる民主主義の輸出（1999 〜 2011 年）

デター煽動の延長線上でなければ決して理解できない。2000年代の相次ぐ大失敗にもかかわらず、アメリカ政府はまったく無反省のまま2014年のウクライナ危機や2022年のウクライナ戦争をもたらしたとみなすこともできる。今度は、ロシアの弱体化をねらっており、ウクライナのことなど眼中にないのではないかと疑われる。

アメリカ外交の無反省な理由

米政府が主導する民主主義の輸出によって、数十万、数百万人が死傷した。たとえば、イラク戦争から20年を迎えて、2023年3月18日付の「NYT」に、「米軍侵攻から20年、イラクはより自由になったが、希望はもてない」という記事が掲載された。アリサ・ルービンバグダッド支局長によって書かれたものである。そのなかで、彼女が紹介している数字によると、アメリカ軍、アルカイダ過激派、イラクの反乱軍、あるいはテロリスト集団「イスラム国」の手によって、約20万人の市民が死亡した。イラク軍と警察の少なくとも4万5000人、イラク反乱軍の少なくとも3万5000人も命を落とし、さらに数万人が人生を左右するような傷を負った。米側では、約4600人の兵士と3650人の請負業者がイラクで死亡し、無数の人々が生き延びたが、肉体的、精神的な傷跡を負っている。

アメリカの外交政策の失敗にもかかわらず、アメリカはいまでも「リベラルな覇権主義」をつづけている。その理由の一つはすでにのべた神との盟約が関係している。神と結んだ信念である以上、反省など無用だからである。

神との約束である以上、宣教師的な熱意に燃えた米外交が反省することはありえない。神との盟約には嘘偽りは存在せず、絶対的に正しいと信じて疑わない信念に裏づけられているからだ。しかも、ヘゲモニー国家であったアメリカは国際刑事裁判所に参加しておらず、どんな殺戮をしても罪に問われることはない。「神」のような存在をいまなお謳歌している。

宣教師外交の恐ろしさ

この章の最後に、アメリカの外交について本質的な話をしたい。2023年11月、ヘンリー・キッシンジャーが100歳で亡くなった。まだ彼が死亡する前年の8月12日付の「ウォール・ストリート・ジャーナル」の記事「ヘンリー・キッシンジャーは「不均衡」を懸念している」において、アメリカ人は交渉を心理学的というより宣教師的な観点でとらえる傾向があり、相手

の思考に入り込むというより、相手を改宗させたり非難したりしようとするという話をキッシンジャーが語っていたことが紹介されている。

この「宣教師的」（missionary）という言葉こそキーワードである。先住民たちの「魂の救済」を心から願い、異国での殉教も厭わないばかりか、それを望みさえしながら、布教活動を推し進めた宣教師像こそ、いまでもヘゲモニー国家アメリカの介入主義を突き動かしている原動力なのだ。非民主主義的な場所に住む人々に、アメリカ流の民主主義への「信仰」のようなものを定着させることで、自国の安寧につなげようとしている。

宣教師的な熱意をもつアメリカ人の代表格は、ミアシャイマーが「リベラルな覇権主義者」（ヘゲモニスト）と呼ぶ人々だ。彼は、アメリカのリベラルなヘゲモニストの「軍国主義」の特徴として五つの要因をあげているのだが、その三番目として、「彼らはしばしば宣教師的な熱意をもってその任務に取り組む」と指摘している（詳しくは拙著『知られざる地政学』〈上巻〉を参照）。

もう一つ、興味深い事例を紹介しよう。「検閲産業複合体」（censorship-industrial complex）という名称を生み出したジャーナリスト、マイケル・シェレンバーガーが「検閲産業複合体は拡張的であり、宣教師としての熱意をもっている」とのべているのだ（資料の30頁）。

わかりやすくいえば、アメリカ外交は、「民主主義を教えてやる」とか、「歯向かう異端は潰してやる」といった「独善」に傾きやすい特徴をもったまま、宣教師的熱意で世界中に展開されてきたのである。民主主義の輸出という「布教活動」こそ、アメリカのヘゲモニー拡大の原動力だったのである。より多くの参加者による多数決を前提とする民主主義は資本主義と親和性をもち、資本を通じた利益をアメリカという国家やアメリカの企業にもたらす。同時に、テクノロジーの「普及」＝「布教」も、技術を通じた世界支配を支える推進力となった。英米法による「法の支配」もアメリカによる世界支配を支えている。しかも、テクノロジーは神の近くに位置づけられた科学に裏打ちされている。こうして、アメリカにあてはまる民主主義、テクノロジー、英米法が万国にも妥当するとみなして、アメリカは猛然と民主主義、テクノロジー、英米法の輸出という「布教活動」をつづけてきたことになる。そこには、宣教師的熱意があり、神を疑うことを知らない信念がある。

肝要なのは、民主主義がこの独我論に基づく同質性を前提とした制度にすぎないことに気づくことである。ある共同体における合意形成の方式として民主主義という方法が採用されているだけであり、その方法を正しいと教え

込まれた人々はみな独我論に陥りやすいともいえる。何しろ、「私」が民主主義を尊重する以上、万人もそうすべきだと勝手に教え込まれている、すなわち「洗脳」されているのだから、「質（たち）が悪い」のだ。

とくに、アメリカ人の場合、もっと正確にいえば、「リベラルな覇権主義者」の場合、自分たちが神に近いところに位置すると勝手に思い込んで、自分の利益になる政策を神との盟約（covenant）と偽って、「使命」（mission）として押しつける。恐ろしいのは、盟約であるために、その中身を疑うことなく信じて疑わない姿勢にある。その使命感から、殺人も戦争も厭わない。国際法もそうした独我論に基づいて恣意的にヘゲモニー国家アメリカの有利になるように解釈するのである。

ミアシャイマーは、「リベラルな覇権主義（liberal hegemony）の代償は、リベラルな国家が人権を守り、リベラルな民主主義を世界に広めるために行う終わりのない戦争にはじまる。いったん世界の舞台で解き放たれたリベラルな一極は、すぐに戦争中毒になる」と書いている。彼によれば、「1989年に冷戦が終結し、1991年にソヴィエト連邦が崩壊すると、アメリカは地球上でもっとも強力な国として台頭してきた。当然のことながら、クリントン政権は当初からリベラルな覇権主義を採用し、ブッシュ政権、オバマ政権に至るまで、その方針は揺るがなかった」。トランプ政権はこのリベラルな覇権主義の修正をはかったが、リベラルな覇権主義を守ろうとする既得権益保持者たるエスタブリッシュメントの猛反対に遭い、頓挫する。そして、エスタブリッシュメントと一体化しているバイデン政権は再びリベラルな覇権主義を推進している。

だが、アメリカがリベラルな覇権主義をつづける結果として、アメリカは世界中に害をおよぼしつづけていることに気づかなければならない。「私の主張は、リベラルな覇権主義を採用する国は、自国だけでなく、他国、とくに助けるつもりの国に対して、益よりも害を与える結果をもたらすということである」というミアシャイマーの指摘は重要だ。そう、アメリカのリベラルな覇権主義という悪は糾弾すべき対象であり、帝国主義ないし新帝国主義として世界中から非難されるべき対象なのである。

2　民主主義という独我論

　すでに指摘したように、アメリカは「民主主義の輸出」を長く「遺伝子コード」の一部としてきた。しかし、当のアメリカの民主主義は決して誇れるものではない。たとえば、The Economist の調査・分析部門、EIU は 2006 年から「民主主義指数」（DI）を公表しており、アメリカの民主主義の状況への評価は決して高くない。

　DI は、選挙プロセスと多元主義、政府の機能、政治参加、政治文化、市民的自由の五つのカテゴリーに基づいている。これらのカテゴリーに含まれるさまざまな指標のスコアに基づいて、各国は四つのタイプの政権に分類される。すなわち、「完全な民主主義」、「欠陥のある民主主義」、「ハイブリッド体制」、「権威主義体制」である。アメリカはというと、2022 年における世界の民主主義の状況を検証した結果では、「欠陥のある民主主義」に分類されていた。ランクづけによれば、167 カ国中 30 位にすぎない。なお、「完全な民主主義」として 1 位となったのは、ノルウェーであり、2 位はニュージーランドだ。日本は 16 位だった。

なぜアメリカは「民主主義の輸出」に固執するのか

　アメリカはなぜ「民主主義の輸出」に固執しているのだろうか。この問題を解くには、民主主義そのものに対する理解を深める必要がある。

　Democracy という言葉は、ギリシャ語で「市民」を意味する demos（デモス）と、「権力」や「統治」を意味する kratos（クラトス）に由来する。重要なのは、「市民」の適用範囲である。すべての人間が市民なのではなく、独立自営農民のような自活できる人間だけが市民であり、主人によって衣食住を提供されている奴隷は市民という範疇には入らなかった。

　キリスト教が国教化されて、国家統治の手段として利用されるようになると、そこでの統治は、皇帝、教皇、領主、聖職者、領民、奴隷などによって構成されるようになる。基本的に職業選択の認められていない身分制のもとでは、民主主義は成立しない。ただ、キリスト教のもとで、きわめて重要な意識がヨーロッパで生まれる。ミッシェル・フーコーのいう「牧人型権力」による統治の構造がそれである。

キリスト教的共同体にあっては個人がことごとく救いを求めることが不可欠の条件となっている。牧人型権力において牧人の権力は、すべての個人に、各自が救われるために全力を尽くすことを強制する権威を備えていることになるのだ。個としての人間は最初からある種の共同体に内属する者として想定され、その共同体の諸制度がもたらす規制のなかであくまで受動的に獲得する自己を「主体＝私」と誤解するなかで、その「私」にあてはまることが万人にも妥当するとみなす「独我論」が前提になっている。キリスト教的共同体はこうした意識を根づかせたのだ。

　近代民主主義は、さまざまの要件のもとに成り立っている。先の「民主主義指数」（DI）では、①少なくとも二つの合法的だが異なる政党が共存する多元的な制度、②国民がこれらの政党の候補者の中から選ぶことができる自由で公正な選挙プロセス、③公明正大に運営され、すべての国民の利益のために働き、自らのルールを尊重し、適切なチェック・アンド・バランスを持ち、国民に自由な選択と生活のコントロールを与える政府、④民主主義の原則を支持し、「公正に戦い」、定期的に投票し、有権者の意思を受け入れ、各選挙後の平和的な政権移譲を約束する政治的関与のある市民、⑤多数派と少数派双方の市民的自由と個人の自由を守ることに重点を置く、⑥政府の干渉、影響、脅迫に邪魔されない、自由で独立したメディア —— という条件を民主主義の評価基準としている。

　あまり気づかれていない最重要事項は、キリスト教的共同体で誕生した近代民主主義がその伝統となった、独我論に基づく同質性を前提とした制度であるということだ。その結果、ある共同体における合意形成の方式として民主主義という方法が採用されているだけであるにもかかわらず、その方法を正しいと教え込まれた人々はみな独我論に陥りやすくなり、自分の属していない共同体もまた民主主義制度でないのはおかしいと主張するようになるのである。それは、キリスト教を他の共同体の住民に布教する姿勢と同じである。あるいは、異教徒を迫害するのと同じように、非民主主義国を排除するようになる。

　この教え込み（洗脳）に重大な役割を果たしてきたのが近代国家であり、マスメディアであった。こうして、イスラム教を受容する、民主主義的でない別の共同体に対して、きわめて専横的な態度がとれたことになる。

アメリカの民主主義

　こう考えると、アメリカの民主主義はアメリカのキリスト教的共同体のあり方と無関係ではないことに気づくだろう。実は、アレクシ・ド・トクヴィルはその著作『アメリカの民主主義』のなかで、その特徴として「アソシエーション」(association) を強調している。このアソシエーションとは、共通の目的のために集まった、仲間や同盟者、さらに組織体を意味するようになる。アメリカの民主主義は、こうした仲間意識を前提としており、仲間に共通する価値観ゆえに、他の共同体や集団にも当てはまるべきであると考えるのだ。

　トクヴィルが強調したのは、民主主義国家では、常に危惧される多数派の行き過ぎに対抗するため、アソシエーションの貴族政治が創設され、同じように、所有者のアソシエーションに対抗して労働者のアソシエーションがあり、国家に対抗して社会があるということであった。とくに、仲間や共同体の構成員らの真の利益について教えられれば、構成員たる国民は社会の良いものを利用するためには、その負担に従わなければならないことを理解するだろうから、そうなれば、市民の自由なアソシエーションが貴族の個人的権力に取って代わることができ、国家は専制と無許可から守られることになると考えた。まさに、イギリスによる増税といった無理難題に対して、市民の自主的な複数のアソシエーションが対抗することで、アメリカの独立が実現したというわけだ。

　もう一つ特徴的なのは、トクヴィルが、人が集まればどこにでもできる町を、自然の一部である唯一のアソシエーションとみなしている点だ。それゆえ、「町は神の手から直接もたらされるように思える」という。そして、その町は鉄道駅の周辺に教会が建てられることで発展する。こうして、鉄道は「神の法」を変えるまでに至る。「安息日」に働くことを拒否していた労働者たちが、鉄道の運行により、働かざるをえなくなった。1794 年 4 月 22 日に施行されたペンシルベニアの法律では、日曜日には働くことが禁止され、違反者には 4 ドルの支払いが科されていた。鉄道の重要性が増し、日曜日に教会に向かう人々を輸送する必要性が高まったためである（この問題については、拙稿「サイバー空間とリアル空間における「裂け目」：知的財産権による秩序変容」を参照）。

　こうして、アメリカでは町を中心に自治の習慣が生まれ、政府では解決できない問題を解決するためのアソシエーションがいたるところに形成される

のである。ただし、広大なアメリカは北部と南部でそのアソシエーションにおける価値観が異なっていた。その後のアメリカ創成期の思想的変遷については、拙著『官僚の世界史』（193 ～ 198 頁）で詳述したので、ここでは繰り返さない。

　わかってほしいのは、このアソシエーションのなかに、教会も含まれており、それがミサに参加する者とそうでない者とを区別したという厳然たる事実である。こうして、キリスト教的共同体に共通する「牧人型権力」がアメリカでも根づくことになる。選挙で選ばれた大統領が牧人の権力を握り、すべての個人に、各自が救われるために全力を尽くすことを強制する権威を備えるかのようになる。そこでは、個としての人間は最初からある種の共同体に内属する者として想定され、その共同体の諸制度がもたらす規制のなかであくまで受動的に獲得する自己を「主体＝私」と誤解するなかで、その「私」にあてはまることが万人にも妥当するとみなす「独我論」が育つ。

アメリカ型民主主義をぶっ飛ばせ

　このようにアメリカ型の民主主義を大雑把に想定するとき、牧人として、大統領の近くにエスタブリッシュメントという既得権益をもった富豪がいたことに気づく必要がある。トクヴィルのいうように、たしかにアメリカの民主主義はアソシエーションに特徴づけられているかもしれないが、同時に、エスタブリッシュメントによって大いに歪められてきた面もあることに注目しなければならない。

　このエスタブリッシュメントと呼ばれる「特別階級」（a specialized class）がマスメディアと「共謀」し、「とまどえる群れ」（bewildered herd）を導いてきたというのがアメリカの民主主義の姿なのである。この問題については、拙著『知られざる地政学』（上巻）の第四章第一節において、「「特別階級」と「とまどえる群れ」」という項目を立てて説明したことがある。ここでは、その説明を簡単に繰り返そう。ノーム・チョムスキー著『メディア・コントロール』の記述を紹介しながら、民主主義の「嘘」を支えるメスメディアの実態について説明したものである。

　この本のなかに、米報道界の長老にして自由民主主義の理論家でもあったウォルター・リップマンの話が出てくる。彼は、組織的宣伝の有効性をよく理解し、「民主主義の革命的技法」を使えば「合意のでっち上げ」ができると主張していたと書かれている。リップマンは、公益を理解して実現できる

262

のはそれだけの知性をもった責任感のある「特別な人間たち」だけであると考え、その他の人口の大部分を「とまどえる群れ」とみなしていた。民主主義社会において「特別階級」に属する者が公益の実行者としての機能を果たすには、「とまどえる群れ」を「観客」にとどめ、公益の実行者としないことが必要になる。選挙を通じて特別階級のだれかへの支持を表明することはできても、特別階級の人々の行動を傍観するにとどめるようにすればいいということになる。

　そこで、「とまどえる群れ」を飼いならす必要が生まれる。このとき、民主主義の新しい革命的な技法として、「合意のでっち上げ」が発明された。これは英語の "Manufacturing Consent" のことだ。まさに、「合意」を「こしらえる」わけである。そのために重要な役割を果たしたのが「広報」を担当するマスメディアということになる。その役割は特別階級からみた公益を実行しやすい体制をつくり出すために、「とまどえる群れ」をそれとは気づかぬように特定の方向に誘導するために情報操作（manipulation）をすることだ。

　ただし、「とまどえる群れ」が1935年の全国労働関係法の制定によって団結する権利を手にしたことで、大衆が組織化し、観客ではなく公益実行者になってしまう脅威が生まれる。そこで、企業は広報をうまく利用したのだ。チョムスキーによれば、1937年のペンシルベニア州の鉄鋼ストライキにおいて、企業は労働者を制圧するための新しい手法を試した。それは暴力によるものではなく、組織的宣伝だった。スト参加者への反感を世間に広めて、スト参加者が世間にとって有害な破壊分子だと思わせるねらいがあった。この組織的宣伝の手法がアメリカで研ぎすまされてゆくことになる。

　「とまどえる群れ」をうまく誘導するには、彼らをつねに怯えさせて、自分の頭で考えはじめることのないようにすることも大切になる。「とまどえる群れ」の関心をそらして、ある組織にまとまることのないようにするのだ。国内問題から目を離させるには、海外を利用すればいい。こうして、特別階級は世論工作を、広報を通じて行ってきたのである。その広報を担ったのが新聞、ラジオ、テレビなどのマスメディアだった。

　この特別階級は、科学者やマスメディア関係者を抱き込んで、「エスタブリッシュメント」（既存支配層）を形成しているようにみえる。たとえば、2023年4月30日、バイデン大統領は、ホワイトハウス特派員協会の年次晩餐会にタキシード姿で参加した。約2600人の参加者には、マスメディア関係者以外の人物も含まれていたが、そこに漂っていたのは、この晩餐会に出

席できたという優越感、エスタブリッシュメント意識ではないか。こんなかたちで、大統領とその取り巻きによる共謀関係が育まれている。

無知蒙昧と無関心に支えられた民主主義

このアメリカ型民主主義は時代の変化とともに変容を遂げる。とくに、「敵」をつくって、国内の特別階級の特権的利益に気づかせないという政策がベトナム戦争の終結後問題化するのである。「ベトナム・シンドローム」と呼ばれるベトナム戦争後遺症をアメリカにもたらす。「軍事力の行使に対する病的な拒否反応」が国民に広がり、特別階級の利益を守るために必要な海外での武力行使を「とまどえる群れ」に行わせるという従来の仕組みが崩れてしまったのだ。他方で、医療、教育、ホームレス、失業、犯罪といった国内問題が深刻化してゆく。こうした国内問題から「とまどえる群れ」の目をそらすには、どうしても「恐ろしい敵」をでっち上げる必要があった。

ソ連があったときには、ロシア人が重要な役割を果たした。しかし、ソ連がなくなると、「恐ろしい敵」はもう見当たらないという状況になりかねない。そこで、国際テロリストや彼らと連携した独裁者といった構図に焦点が当たるようになるのだ。ソ連崩壊の直前に起きたイラクのサダム・フセイン大統領をめぐる湾岸戦争こそ、こうした構図をつくり出す絶好の対象となった。

さらに、2001年の同時多発テロを契機に、すでに説明したように、民主主義を推進することで自国の防衛につなげるというかたちで、外交的関心をつくりあげるようになる。その過程で、SNSの果たす役割の大きさが世界中に知られるようになる。その結果、終章第三節で説明するように、フィルタリング、集団分極化、エコーチェンバーといった状態に多くの人々が置かれるようになり、問題がより深刻化する。いわば、無知蒙昧の大増殖が起きるのだ。無知蒙昧でありながら、自分の無知に気づかないまま、政治オタク化する者もいるが、大多数は政治嫌いの無関心層として、もはや民主主義の埒外にいる。

おそらくこの現象は、アメリカだけでなく、ヨーロッパでも中国でもロシアでも、あるいは日本でもみられる傾向だろう。アメリカの場合、こうした無関心層や無知蒙昧の増加によって、政治参加が薄れ、民主主義が大いに形骸化している。

「アメリカの民主主義はひび割れしつつある」

2023 年 12 月 21 日付の「WP」に、「アメリカの民主主義はひび割れしつつある」という長文の記事が公表された。

まず、代表制におかしなことが起きている。アメリカの憲法批准後 125 年間、下院の規模は順調に拡大し、当初 59 人だった議員数は 1913 年には 435 人になる。ところが、1929 年の法律によっていまでも下院議員の総数は 435 人に制限されたままだ。国の人口は増えつづけたにもかかわらず、議員総数は増やされなかった。最初の議会の下院議員は、それぞれおよそ 3 万 5000 人を代表していた。今日、平均的な下院議員は約 76 万 8000 人を代表している。そもそも、代議制そのものが当初の代議制の価値を保っていない。

他方で、「順位選択投票」（Ranked-choice voting）が地方レベルで広がりをみせている。順位選択投票は、投票用紙に書かれた候補者 1 人に投票するのではなく、市民が候補者を好きな順にランクづけするものだ。50％の得票を得た候補者がいない場合、もっとも得票率の低い候補者を落選させ、その候補者の得票を有権者の選好に基づいて残りの候補者に配分する。このプロセスは、誰かが過半数の票を獲得するまで続けられる。「州政府評議会によれば、順位選択投票は現在 50 以上の市や郡で採用されている」と WP は報じている。メイン州とアラスカ州は、連邦議会選挙にこの変更を導入している。ネバダ州では有権者が順位選択投票を承認したが、実施には 2024 年に有権者が再度承認する必要があるという。

この方式には、①選挙の勝者が過半数の支持を得ることが保証される、②順位選択投票によって候補者が中核層だけでなく、より幅広い有権者へのアピールを促し、それによって選挙運動がより礼節あるものになる可能性が高まる —— といったメリットがある。

ほかにも、党派別予備選挙の廃止も広がっている。これは、各政党の極端な勢力から権力を奪い、選挙民のより強固な中間層の育成を促すために考案された。党派を問わず、立候補者全員が投票用紙に記載される方式がカリフォルニア州、ルイジアナ州、ネブラスカ州、ワシントン州で採用されるようになっている。

上院の問題もある。アメリカの最高裁判所は 1964 年のレイノルズ対シムズ戦の判決で、各州の立法機関は人口に応じた代表制をとり、1 人 1 票の原則に従わなければならないと裁定した。しかし、憲法は、上院では同様のこ

とが起こらないようにしており、どの州も人口に関係なく同じ数の議員(2人)を選出している。しかし、この記事は、「今日、真に国民を代表することを意図していなかった上院は、白人有権者と共和党に権力が偏るという、創設者が思いもよらなかった形で代表性を失っている」と指摘している。しかも、ニュージーランド、スウェーデン、デンマークが近年、「上院」を抑制または廃止する措置をとったことを知れば、アメリカの民主主義の時代錯誤を強く感じることだろう。

武器携帯という時代錯誤

　ここで脱線しておきたい。憲法修正第二条の話だ。「規律ある民兵は自由な国家の安全保障にとって必要であるから、国民が武器を保持する権利は侵してはならない」というものだ。武器を携行する権利は、17世紀から18世紀の英米の伝統では、自由を得るための集団的権利として認められたもので、そこには、専横的と目された常備軍に対抗する、人民軍ないし国民義勇軍が想定されていた。だがアメリカでは、こうした伝統的考え方はまったく忘れ去られ、各人が自らの財産を守るために、武器を携帯し、必要があれば、自らの所有権が侵される場合には、その敵から財産を守るために発砲することも許されたのである。これは「武器をもつ個人だけが、その自由の唯一の保証人となる」という考え方を意味し、正義や自由といった理念は個々人の財産権の保護の前では、二義的な価値しかもたなくなる。

　実はフランス革命でも、所有権の重要性は徐々に強調されるようになる。物に対する権利である「物権」がとくに関心対象となったのは、革命の進行に伴って、主権国家のもとでの新秩序を前提に、各人が自分の土地所有権などを守ろうとする意識が強まったためである。ただアメリカの場合には、財産権や所有権の不可侵性が憲法全体に染みわたっているという特徴がある。それは憲法修正第一条にも現われている。これこそ請願権を認める根拠とされており、その請願を仲介するロビイストを認める理由ともなっている。この請願権はイギリスの請願権を源流としており、そこでは、請願権は所有権や財産権と密接な関係をもつものとして登場した。自分の財産にかかわる訴訟を領主のもとで裁判すると、領主の息のかかった者が不正に判断しかねない状況があったために、領主ではなく国王に直接訴えて、正義のもとで裁きを受けるという制度が請願のそもそもの形だった。"Court of Common Pleas"（民事訴訟裁判所、ウェストミンスター）がその典型だ。つまり、請願権は所

有権や財産権と密接な関係をもっている。ゆえに、請願権という権利が絶対的に認められ、請願を仲介するロビイストにまでその尊重の精神が適用されていることになる。

　だが、財産権や所有権の不可侵性を重視するあまり、武器携帯の権利によって自由や正義が簡単に蹂躙されてしまっているのと同じように、請願権の絶対化によって、それを仲介するロビイストが贈収賄の斡旋人を務めても、贈収賄の罪に問えない状況が生まれてしまっている。つまり、武器携帯やロビイストによる贈収賄は、アメリカの財産権や所有権の不可侵性を淵源としている。それは、私有権という「私的利益」の過度の尊重を引き起こし、自分勝手なヘゲモニー国家アメリカの正当化につながっているのだ。

エスタブリッシュメントが推し進めたリベラルデモクラシー

　問題山積のアメリカの民主主義でありながら、アメリカはいまでも民主主義の輸出にこだわりつづけているようにみえる。その理由は、エスタブリッシュメント支配の継続にある。エスタブリッシュメントは民主主義なる制度をつかって、国家を牛耳り、「法の上に人を置く」という「法の支配」と、「テクノロジーの上に人を置く」という「テクノロジーの支配」の「人」の部分を決めてきた、これまでの制度を守りたいのだ。ゆえに、エスタブリッシュメントはいわゆる民主主義を擁護する。しかし、彼らのいう民主主義はルソーが唱えた「公民」（citoyen）を前提していない。自分だけの利益だけを追い求めることを前提とした個人をもとにしているだけだ。しかも、その個人はマスメディアの情報操作によって、民主主義の実態が多くの無関心と無知に支えられていることに気づかない。

　国民が無知で、投票に出向かないほど、あるいは、国民がマスメディアの情報操作に従順であればあるほど、エスタブリッシュメントが得をするという民主主義は本当にすぐれた政治制度なのだろうか。こうしていまアメリカの民主主義自体にも疑問符がついている。

3 リベラルデモクラシーの蹉跌

　実は、アメリカ外交戦略を支えた信念は、リベラリズムと民主主義に支えられている。第五章第二節で説明したように、リベラリズムは政府の介入なしに個人の自由は守れないとみなす。それは、社会保障や失業保険によって政府の介入を認めなければ、個人の豊かな生活や自由は守れないという、1930年代のフランクリン・D・ルーズベルト（FDR）大統領のニューディール政策と呼応している。あるいは、公的な人種隔離を廃止し、公立学校から宗教を追い出し、宗教や人種、民族差別のためにこれまで「自然権」を奪われてきた女性やマイノリティの権利を認め、擁護してきた（ロバート・ケーガンの論説を参照）。この立場は、現状の不合理を改めることでより良いものを求めるという進歩主義を政府による介入に適用することで、結果としての個人の自由の実現に結びつけようとするリベラルデモクラシーの考え方につながっている。

　反リベラル派を断罪するケーガンは、アメリカにおける反リベラル運動は、白色人種を擁護するものであれ、キリスト教を擁護するものであれ、そして多くの場合、その両方が一緒になって、拡大するリベラリズムの覇権の下で苦しんでいると主張してきたと指摘する。彼らは常に、リベラルな政府と社会が、キリスト教の教えに従って生活する「自由」を奪い、その犠牲の上に様々なマイノリティ・グループ、とくに黒人を優遇していると主張してきた。ケーガンは反リベラル派のキリスト教ナショナリストが「リベラル全体主義」(liberal totalitarianism) と呼ぶものを、リベラル派の建国者たちは「良心の自由」(freedom of conscience) と呼んだと対比させている。だが、リベラルデモクラシー信奉者がとくに外交を牛耳ってきたことで、彼らはその外国への介入主義の帰結に無頓着すぎる。

　このリベラルデモクラシーは、外国にも民主主義と自由が広がれば、アメリカの安全保障にもつながるとみなす。政府の介入によって国内の個人の自由を守るように、外国政府に対しても介入し、政治権力の行使が法の支配によって制限される民主的な政治体制をもつ国が増えることが望ましいと考える。こうして、アメリカの外交戦略の背後には、FDRのリベラルデモクラシーの考え方がある。

リベラルデモクラシーの勝利と広がり

　注目すべきは、このリベラルデモクラシーに基づく外交戦略が民主党出身の大統領だけでなく、共和党出身の大統領によっても継続されてきた点である。その理由は、アメリカの第二次世界大戦への参戦をめぐって、共和党が「反介入主義」ないし「孤立主義」を唱えていたことに関係している。

　興味深いのは、トランプのいう「Make America Great Again」（MAGA）の源流となった「アメリカ・ファースト委員会」が1940年9月に設立されたことである。同委員会は、1940年の最初の数カ月で、ノルウェー、デンマーク、ベルギー、オランダを侵略し占領したヒトラーがヒトラーはイギリスをねらうなかで、同年9月、イギリスへの米国の援助を阻止する目的で結成されたのだ。米英両国の共和党などの保守派は、ヒトラーとムッソリーニを、ドイツやその他の地域における共産主義の蔓延に対する防波堤とみなし、アメリカがヨーロッパの戦争にかかわることに反対していたのである。

　いわゆる「ネオコン」（新保守主義）の論客として知られるロバート・ケーガンによると、①当時、プラハのアメリカ大使館に勤務していた反リベラル保守派のジョージ・F・ケナンは、ミュンヘン和解を称賛し、「屈辱的だが真に英雄的な現実主義」を優先して「ロマンチック」な抵抗の道を選んだチェコ人を賞賛していた、②飛行家チャールズ・リンドバーグは、「有能で活力のある国家（すなわちナチス・ドイツ）が拡大する権利」を尊重しなければならないと主張していた。

　重要なことは、共和党保守派が心配したのはファシズムではなかった点だ。彼らが恐れたのは共産主義だった。彼らにとって、「戦間期の外交政策の戦いは、フランクリン・D・ルーズベルト（FDR）とニューディールに対するより大きな戦いの一部でしかなかった」と、ケーガンは主張している。アメリカは、日本による1941年12月8日の真珠湾攻撃を機に第二次世界大戦に参戦したが、この奇襲攻撃以前から、FDRに後押しされたアメリカ人の大多数は、ヨーロッパのファシズムと日本の権威主義的軍国主義の勢力の拡大を、アメリカの安全保障だけでなく、リベラルデモクラシー全般に対する脅威とみなすようになっていた。その証拠が同年3月からはじまったレンドリース法に基づく英・ソ・中などへの武器を含む物資供給だ。ケーガンにいわせれば、「アメリカの第二次世界大戦への参戦は保守的な反リベラリズムに根ざした反介入主義に対するリベラルな世界観の勝利であった」ことになる。

彼の意見では、「この勝利は、冷戦時代もその後もほぼそのまま維持された」。ドワイト・D・アイゼンハワーからリチャード・M・ニクソン、ロナルド・レーガン、そして２人のブッシュに至るまで、「共和党の大統領を導いたのはFDRの世界観であった」という。それだけ、リベラルデモクラシーに基づくFDRの世界観が成功を収めた結果といえるだろう。その結果、アメリカにはリベラルデモクラシー、資本主義秩序を支持する利益と義務があり、同盟にコミットし、アメリカの海岸から何千マイルも離れた場所に何十万人もの兵士を派遣することによって、それを実現するという信念が確乎たるものになったのだ。

　このリベラルな世界観は、ヨーロッパがリベラルな民主国家であることでアメリカのリベラルデモクラシーも守られるという、アメリカ人の視線を生み出す。その結果、ヨーロッパの動向に関心をもつのであれば、ウクライナの動向にも関心をもたなければならないという見方をもたらす。ウクライナがロシアの支配下に落ちれば、ロシアとNATOの対立軸は西に移動し、プーチンは東欧と中欧でモスクワの覇権を復活させるかもしれない。そうなれば、アメリカのリベラルデモクラシーの最大の脅威となる。したがって、アメリカはウクライナを支援して、リベラルデモクラシーをあくまで守らなければならないと考えるのだ。

現実のアメリカ外交の失敗

　だが、このリベラルデモクラシーに基づくアメリカ外交が現実には失敗したことに、トランプやその支持者は気づいている。たとえば、もしトランプが大統領に選出されたとき、重要ポストに就くとみられているジェームズ・デイヴィッド・ヴァンス連邦上院議員（オハイオ州選出）は、いわゆる「ルールに基づく国際秩序」、つまり第二次世界大戦後に確立された法律、規範、多国間機関のシステムに深く懐疑的である。戦後から冷戦時代にかけて、「自由貿易とグローバリゼーションにまつわる神話の多くは、労働力、商品、資本の自由な移動が、誰にとってもより平和で豊かな世界をもたらすというもの」であり、「共産主義中国を西側の軌道に乗せるという政治的プロジェクトを正当化するために糊塗されたもの」であったというのである。

　リベラルデモクラシーを優先する思想は中国の世界貿易機関（WTO）への加盟を実現させることで、中国の民主化促進につながることを夢にみていた。当時、故ヘンリー・キッシンジャーらが主張していたのは、グローバリゼー

ションによって多くのアメリカ国民が職を失い、あらゆる重要な点で社会的連帯が弱まったとしても、中国をアメリカのようにすれば、長期的にはそれだけの価値があるということだった、とヴァンスはいう。だが、現実をみると、国際経済のグローバリゼーションと金融化から利益を得る経済エリートたちを豊かにする一方で、グローバリゼーションが破壊した旧来の産業経済に根ざした労働者階級の人々を苦しめてきた。ゆえに、「もしその根本的な目標が実現されていないのであれば」、「プロジェクト全体を考え直さなければならないと思う」と、ヴァンスは主張している。

　別言すると、ヴァンスからみると、長く共和党トップの上院院内総務を務めてきたミッチ・マコーネルらの保守主義は、自由市場原理主義と外交介入主義に基づく「リベラリズムの水で薄めたヴァージョン」（a watered-down version of liberalism）にすぎないことになる。その結果、これらの保守派は基本的に、マコーネルや新右派の他のメンバーが「体制」と呼ぶもの、つまりアメリカ政府、ビジネス、メディア、エンターテインメント、学界の上層部に住むリベラル・エリートたちの相互関係階級に属しているとヴァンスは考えている。いわば、「エスタブリッシュメントによるエスタブリッシュメントのための政治にすぎない」ということになる（OECD の調べでは、米国人は 2022 年に年平均 1811 時間も働いたが、平均 1571 時間の欧州より 15％多い［日本人は 1607 時間］。しかも、米国には有給休暇を義務づける連邦法がいまでもない。つまり、エスタブリッシュメントという金持ちに「働かされている」面がたしかに存在する）。

　ヴァンスがみているのは、経済エリートたちが、自分たちの利益になる世界秩序を維持する一方で、産業革命後のオハイオ州で彼が代表を務めるようなタイプの人々をねじ伏せるという、皮肉な策略なのだ。一方、ヴァンスとその仲間たちは、自らを「体制」とは一線を画す非リベラル反動派と位置づけている。

リベラルデモクラシーの「信者」の恐ろしさ

　気づいてほしいのは、リベラルデモクラシーが挫折したのは事実でありながら、いまなおリベラルデモクラシーを信奉する「信者」が多いことである。彼らは、長くリベラルな世界観に安住してきた結果、トランプのような反リベラルデモクラシーの立場にある者を厳しく攻撃する。それはときに過剰防衛と呼べるほど悪辣だ。

日本の場合、アメリカのリベラルデモクラシーに基づく対日外交の成果として、FDR の世界観が受け入れられ、広がってきた。親米的情報だけが主要マスメディアで優先的に報道され、アメリカの負の面は黙殺されてきた。だが、ウクライナ戦争やガザ戦争を機に、アメリカのリベラルデモクラシーの失敗がより鮮明になったことで、日本でもようやく反米的視線が再び盛り返そうとしている。本書はこうした流れのなかで書かれたものなのである。

森永卓郎著『書いてはいけない日本経済墜落の真相』の衝撃

　追い風になっているのは、森永卓郎著『書いてはいけない日本経済墜落の真相』である。遺書として書かれた本の内容は衝撃的である。その詳しい内容は同書を読んでもらうしかないが、その「あとがき」につぎのように書かれている。

　「日本がいつまでたっても主権を取り戻せないでいるのは、単に日本航空 123 便の墜落原因についてボーイング社に泥をかぶってもらったという事実だけではない。123 便墜落の根本原因をアメリカに口裏を合わせてもらい 40 年近く隠蔽し続けている日本政府は、ウソをついたという事実に服従せざるをえなくなっているのだと私は考えている。」

　どうやら、「自衛隊機が民間機をミサイルで撃墜した」事実を隠すために、圧力隔壁のせいで墜落したと誤魔化したという本書の解説がそれだけの問題ではなく、この隠蔽工作の事実という日本政府の弱みをアメリカに握られたことで、日本はアメリカにとって都合のいい市場開放を迫られたらしいのだ。銀行の不良債権処理を理由に数多くの国内資産を安値でハゲタカファンドに売り飛ばさざるをえなくなった日本は、米政府の言いなりになるつづけることで、属国化をますます強めていったのだ。2024 年 4 月 25 日、エマニュエル・マクロン仏大統領は 4 月 25 日、ソルボンヌ大学で欧州の未来に関する基調講演のなかで、アメリカの戦略的「属国」にならないために、より信頼できる防衛政策が必要だと主張したが、岸田文雄首相にはこんな気概はまったく感じられない。

　ハゲタカファンドの多くはアメリカの富裕層などの資金を運用している。つまり、アメリカ帝国主義はその富裕層のために日本の資産を安値で買い叩くなかで、日本への支配を強めてきたことになる。

　もちろん、森永の「遺言」が真実であるかどうかは現時点では不明だ。しかし、本書で書いてきたように、アメリカ帝国主義の実情を知れば、彼の主

張を「陰謀論」として無視することはできない。

　政府と結託することで、国民を騙しつづけてきた主要マスメディアのなか
で、まともな機関が一つでもあれば、ここで紹介した問題の真相を報じてく
れるだろう。そうなれば、日本も独立国家になれるかもしれない。

アメリカの
超大国神話を壊す

1　キリスト教文明への批判

　ヘゲモニー国家であったイギリスもアメリカも、キリスト教神学に影響された国である。このキリスト教神学こそ、報復や制裁を当然視する視角をもたらしている点に注意を払わなければならない。本書のなかで、「なお、私が『復讐としてのウクライナ戦争』を書いたのは、キリスト教神学を批判するためだった」と書いておいたが、それは、制裁、とくに二次制裁という脅迫手段によって、他国を従える帝国主義的ふるまいに明け暮れているアメリカ帝国主義の背後にキリスト教神学があると考えているからだ。

　2024 年 2 月 18 日付の NYT に興味深い記事をみつけた。マリリン・ロビンソンというアメリカの小説家が 3 月にノンフィクションの新作『創世記を読む』を出版することが紹介されている。旧約聖書の第一巻をロビンソンが文学的に分析したものだが、「私がこの本で主張しているのは、神は忍耐強く、人間を愛し、裁きを保留し、懲罰的な行動には傾かないということです」とのべていることが紹介されている。

　この議論は大変に興味深い。なぜなら、私は拙著『復讐としてのウクライナ戦争』のなかで、つぎのように書いておいたからである。

　「本書の展開を先取りして書いておくと、欧米というキリスト教を中心とする文明は復讐心を含めた復讐全体を刑罰へと転化しようとする。それが可能だと錯覚させたのは、この文明化がキリスト教神学の一部の主張に立脚してきたからにほかならない。だが、その根幹にある「罪たる犯罪の罪滅ぼしとして暴力的罰が必要である」とする信念それ自体に大きな疑問符がつく。キリストの磔刑を素直に考えれば、それは、これから説明する「純粋贈与」そのものであり、その教えこそ大切なのだ。にもかかわらず、西洋の歴史は、「互酬的な贈与の（自己）否定」がもたらしうる帰結を否認し、抑圧することを繰り返してきた。これこそ、キリスト教神学による贖罪の利用という「咎」であり、現代までつづく西洋文明のもつ、隠れた「咎」なのである。」

　この「懲罰的な行動」（punitive behaviors）や「暴力的罰」（violent punishments）に頼り、抑圧すること、すなわち、アメリカ帝国主義による報復としての制裁を科すことでしか自らの権力を維持できないと信じて疑わない姿勢こそ、もっとも批判されるべき対象なのではないか。『復讐としての

ウクライナ戦争』では、テッド・グリムスルードの「キリスト教における復讐（vengeance）の代替案」にある、『神の正当な復讐』の著者ティモシー・ゴリンジ説の解説およびゴリンジ自身の著書を参考にしながら、つぎのように記述した。

「ゴリンジは、神学が社会の支配階級と同調する教会指導者たちによって語られ、利用されてきたと主張する。グリムスルードによれば、「一般的な神学、とくに贖罪の神学は、人間文化の現状から最も利益を得ている人々の利益に奉仕してきた」ということになる。そして、ウクライナ戦争の時代になっても、この本質は変わっていない。バイデン政権およびその政権内部のネオコンはいま、ウクライナ戦争をはじめたというプーチンの罪だけに注目して、その罪を贖わせるために、制裁という名目で復讐や報復を実践しているのだ。そうすることで、ネオコンは 2014 年のクーデターを主導したという自らの罪を隠蔽するだけでなく、自らの利益の拡大をはかっているようにみえる。」

もう一カ所、まとめとしてつぎのように説明しておいた。

「ここまでの論理で決定的に問題なのは、罪というものを贖う（罪滅ぼしをする）ことではじめて神の報復を避けられるとする信念が犯罪を処罰するという、世俗国家の刑罰にまで適用されることが当然とみなされるようになった点である。つまり、復讐の刑罰への転化という近代メカニズム自体のなかに、キリスト教神学でいう贖罪の考え方が挿入されているのである。しかも、その罪滅ぼしは暴力的犠牲（violent sacrifice）という「暴力」を伴ってなされるのであり、いわば「暴力への暴力による贖い」という応報主義をそのまま受け入れている。そこでは、贈与と返礼という、価値などの量ではかることを前提とする債権・債務に置き換え可能な関係そのものを拒否する「純粋贈与」という、キリストの磔刑の本質的な意味がまったく否定されてしまっている。天秤によってイメージされる均等性原則はそれ自体が間違っているにもかかわらず、この原則がキリスト教神学によって強化され、近代にも引き継がれ、戦争による復讐劇につながっているのである。」

アジアに育った人間であれば、こうしたキリスト教神学から決別することの重要性に少しは気づいてもらえるのではないだろうか。念のために書いておくと、問題なのはキリスト教そのものではない。問題は、国家宗教化したキリスト教が世俗国家とともに統治にあたる過程で、教会が大きな役割を果たし、そこでキリスト教神学が利用された点にある。その結果として、キリ

スト教神学が普遍的であるかのように誤解されてしまったのだ。

教会による「洗脳」

　もう少しわかりやすい話をしてみよう。キリスト教の教会が魔女の存在を信者に強く信じ込ませたという洗脳行為についてである。

　「ブリタニカ」の説明によれば、「マレウス・マレフィカルム」（Malleus maleficarum）（ラテン語で「魔女の鉄槌」）は、法的・神学的文書（1486年頃）で、18世紀に至るまで、魔女の発見や退治を含む魔術に関する標準的な手引書とみなされていた。その出現は、ヨーロッパにおける魔女狩りのヒステリーに拍車をかけ、2世紀ほど続いた。マレウスは二人のドミニコ会士の著作である。「マレウスは1486年から1600年の間に28版を重ね、悪魔崇拝に関する権威ある情報源として、またキリスト教徒を守る手引きとして、ローマ・カトリックとプロテスタントに受け入れられた」と「ブリタニカ」は書いている。

　オックスフォード大学の資料によると、ドミニコ会は修道士と同じような清貧の誓願を立てたが、修道士たちは修道院に入ることによって世俗の世界から身を引いたのではなく、異端を根絶し、信徒に正統性を強制する使命の一環として社会のなかで生活した。修道会は教会の教えに対する異端的な反発を覆すことを目的としていたため、ドミニコ会士たちは異端的な見解を見抜き、反論する技術を磨くために、すぐに神学研究に携わるようになる。したがって、地元のドミニコ会修道院と近隣の大学の神学部との間には、しばしば密接なつながりがあった。注目されるのは、「こうした技術を持つドミニコ会修道士を、教皇庁が異端堕落の審問官に任命するのは自然なことだった」と指摘している点だ。二人の著者が異端審問官であったことが、魔女狩りを通じて、教会権力を強化しようとしていたことを示しているからである。

　前述のオックスフォード大学の資料では、この著作の一般的な目的が、世俗と教会両方の不特定多数の批判者の反対に対して、著者によって保持された魔術に関する見解を実証することであったとされている。この作品は、魔術の実在を証明し、魔術師たちの実践を明らかにし、それらの実践に直接対抗する方法を示し、魔術の実践者たちを裁判で有罪にし、処刑することによって絶滅させ、問題全体に対処することを試みている。

　この全体的な構想は、「作品のタイトルにも反映されている。malleus haereticorum（「異端者の金槌」）という言葉」によく現れているという。この

言葉は、異端者（教会が否定するキリスト教教義の信奉者）を「叩き潰す」努力で注目された正統派の熱狂的信奉者を指す、古代にさかのぼる賛辞の言葉であった。この用語は、1420年頃に出版されたフランクフルトの審問官ヨハネの『ユダヤ人のハンマー』(Malleus Judeorum) によって文学作品に転用されており、これがマレウスのタイトルの先例となったのだ。従来の異端者に代わって、異端の魔術師 (maleficae) が攻撃対象となったのである。ゆえに、「マレウス・マレフィカルムは、このように、キリスト教の存在そのものを脅かしていると考えられていた魔術師の陰謀を打ち砕くために使われるハンマーである」と、同資料は説明している。

　こうして、カトリックであろうと、プロテスタントであろうと、教会は魔女とか魔術師という恐怖を人々に植えつけることで、自らの権力を保持しつづけようとしたのである。その権力は、騙された人が騙す側になり、「騙し騙される」という相互作用を通じて支えられつづけたのだ。

国家の形成と宗教の国教化

　この歴史からわかるように、教会はその権力保持のために魔女とか魔術師による恐怖をでっち上げた。この仕組みは、教会の権力を奪い取った国家によっても活用されている。そこで、整理のために、国家の形成と宗教の国教化について概説しておきたい。

　氏族社会や部族社会の間で繰り広げられた戦争は復讐の連鎖を繰り返し、結局、他の氏族・部族を支配する国家を形成するには至らない。ゆえに、「国家は、氏族社会あるいはその拡張である首長制社会の内部からは出てこない」（柄谷行人著『力と交換様式』）。国家が成立するのは、首長とそうでない者との間に「支配－服従」関係が成立することであり、この柄谷が交換様式Bと呼ぶ関係は「自発的に服従する奴隷」と呼べるような「臣民」が生まれたときに生じる。部族間の戦争によって捕虜となった者が官僚化し、積極的に王の命令に従う「自発的に服従する奴隷」となり、彼らの指導で灌漑や交易港がつくられるようになる。こうして、首長が他の祭司や戦士を抑えて「神聖なる王」となる。ウェーバーのいうカリスマ的支配の誕生である。

　この国家形成は都市の形成と切り離せない。都市は交易の場であるとともに、それを外敵である海賊や山賊から守るべき城壁都市、すなわち武装した国家でもあったことになる。この多数の都市国家の抗争を通じて領域国家が形成され、さらに、それらの抗争を経て、「帝国」が誕生する。その帝国を

可能にしたのは、①自発的な服従を促す交易の制度化（道路整備、通貨や度量衡の統一）、②文化・言語を通じた統一性の確保、③法の支配、④王の一層の神格化 —— などだ。もちろん、暴力も重要な役割を果たしたが、①から④もきわめて重要であった。宗教について言えば、④は超越的な神という観念を生み出し、皇帝がそうした超越神と結びつくことで帝国支配をより安定化するのに役立ったのである。

これをまとめると、つぎのようになる（柄谷行人著『力と交換様式』154〜55頁）。

「国家は、さらに他の国家との交通（戦争と交易）を経て、多数の部族・都市国家を包摂した帝国となった。その過程で、王権は多数の首長や王を抑えるために、それぞれのもつ神々を超える、新たな神を導入する必要があった。それによって、神は「世界神」となり、宗教は「世界宗教」となったといえる。」

柄谷は、帝国を支える一神教（エジプトのイクナートンなど）と、帝国の中心ではなく周辺部に出現する「普遍宗教」を区別している。具体的には、ゾロアスター教、ユダヤ教、キリスト教、仏教などがある。ゾロアスター教も仏教も国教化されることで、王権への服従を意味するようになる。キリスト教も392年にテオドシウス1世によって国教となって以降、同じ道をたどったが、アウグスティヌスは『神の国』（426年）を書いて、帝国支配自体を批判したのである。

これからわかるのは、国教化が宗教の本来のあり方を抜本的に変え、統治の道具としてしまったことである。その正当性をキリスト教神学が裏づけたのだ。「罪というものを贖う（罪滅ぼしをする）ことではじめて神の報復を避けられるとする信念が犯罪を処罰するという、世俗国家の刑罰にまで適用されることが当然とみなされるようになった点」こそ、キリスト教神学の影響であり、アメリカが神であるかのようにふるまう脅迫手段として二次制裁を使って脅しまくる行動を当然視する根拠ともなっている。しかし、この考えはキリスト教神学に根拠がないと同じように、まったく根拠がない。

キリスト教文明への違和感

第五章第二節「民主主義という独我論」で指摘したように、キリスト教的共同体にあっては、個人がことごとく救いを求めることが不可欠の条件となっている。「個としての人間が最初からある種の共同体に内属する者として想定され、その共同体の諸制度がもたらす規制のなかであくまで受動的に

獲得する自己を「主体＝私」と誤解するなかで、その「私」にあてはまることが万人にも妥当するとみなす「独我論」が前提になっていることになる」と書いた。これは、神の支配に対する人間の独立性が高まるにつれて、神と各人との距離が離れて、各人がその主体性を支配する主体であるとみなすことを可能にする近代化を前提した記述である。同時に、国家自体も主体的にふるまうようになる。だからこそ、アンリ・ルソーは、「政治体の生命の根源は主権のなかにある。立法権は国家の心臓であり、執行権はすべての部分に運動を与える国家の脳髄である」と考えたわけだ。このたとえは国家を人間のようにみなす視角を示していることになる。

　ここにあるのは、キリスト教の三位一体説における神の一体性を示す、父なる神、子なるキリスト、聖霊の「本質的不可分性」を信じて疑わない態度である。個体としての「私」はもうこれ以上分割できないものとして存在する。それを構成要素に「分ける」ことによって、科学的分析が行いやすくなる。「機能分化」」という視角によって科学が育つのだ。

　大澤真幸著『＜世界史＞の哲学　中世篇』第七章によれば、人間や動物の個体に見えるものが本来的に非確定的であり、規定し尽しえないとみなすのが「個体の本源的非確定性」だ。逆に、個体について、それが何であるかを一義的に確定することができるとみなし、個体からなる世界を一義的に確定された個体をアトム的な構成要素とした集合として描けるとする見方もある。おそらく、キリスト教文明にあっては、三位一体説の「本質的不可分性」から、後者の見方が優勢である。

　しかし、「生命とは動的平衡（＝絶え間なく生成され壊される秩序）にある流れである」という福岡伸一の説明を信じれば、人間も動物も生命体である以上、一義的には規定できないのではないかと思える（『動的平衡：生命はなぜそこに宿るのか』を参照）。この立場からみると、人間は脳による中央集権的に情報システムとして機能しているのではなく、分散化されたノードの集合体であるクラスターごとに存在し、それらをまとめあげる上部構造をもたない存在とみなすこともできるのだ。

　紹介した二つの見方の一方だけをきっぱりと否定することはできない。それは、科学至上主義への大きな疑問に直結する。

科学による「洗脳」

実は、いま、米国を中心とする欧米諸国、そしてそれに追随する日本のよ

うな国では、国家によってよく似た仕組みが統治に利用されている。それは、「科学信奉」によって、科学の名のもとに権力を維持・拡大するというやり方だ。神ではなく、科学の名のもとに、科学的根拠づけさえあれば、その科学にしたがって何でもできるとみなすのである。

だが、その科学が国家や国家を指導するごく一部の人間によって支配されているとすればどうだろう。そうなれば、権力者は科学の名のもとに、権力者がやりたい政策をやりたい放題となってしまうのではないか。

これは、「科学の政治化」という現象であり、科学を政治権力が利用し、その政治権力の保持のために活用するという事態を招く。教会がキリスト教神学を利用して支配権を維持したように、国家は科学やそれが生み出すテクノロジーを利用して統治に役立たせるのだ。

2　テクノロジーという「嘘」

すでに指摘したように、アメリカは、神に近接した「テクノロジーの上に人を置く」という構図のもとで、「法」と「テクノロジー」による世界支配を実現してきた。ここでは、科学進歩を前提とするテクノロジーへの過度の依存、すなわち、科学やテクノロジーの進歩を「神」からの授かりもののようにみなす「神話」をぶち壊したい。

テクノロジーの背後で、「特別階級」に属するごく一部がテクノロジーを操ることが可能である点に注目すると、これによって、「法の上に人を置く」という「法の支配」と同じように、「テクノロジーの上に人を置く」ことが可能となる。この「人」の場所に、アメリカのエスタブリッシュメントが座りつづけることができれば、彼らによる支配は長くつづく。テクノロジーと法を支配下に置くことができれば、神に近い統治が可能になる。

しかし、テクノロジーは最初から安全性を保障できているわけではない。それにもかかわらず、テクノロジーを広範に普及させることでそのテクノロジーの特許を有する者やその生産にかかわる企業は大儲けができる。そのテクノロジーを「世界標準」にすることで、開発者にとって都合のいい条件のもとで大量生産も可能となる。だが、そのテクノロジーがインチキで、生命

の危険をおよぼすとしたらどうなるか。そんな問題がアメリカではもう何十年も前から起きている。核兵器の開発につづく核発電、遺伝子組み換えやゲノム編集などについては拙著『知られざる地政学』において詳しく分析した。そこで、ここではテクノロジーがもたらすドラッグ被害について紹介してみよう。

ドラッグの基礎知識

　ドラッグは世界中に広がる社会問題だ。鎮痛剤分野の技術革新が新しいテクノロジーとしての合成ドラッグの製造を可能にし、それが蔓延し、過剰摂取による死亡者が増加するのである。この面で、アメリカがいかにひどい国であるかは**図F-1**をみれば一目瞭然だろう。世界中で100万人当たりのドラッグ関連死がもっとも多いのは、アメリカ合衆国だ。

　ここでは、「オピオイド物語」と「フェンタニル物語」の話をしたい。テクノロジーがもたらす「悪」について考察するためだ。だが、その前にドラッグに関する基礎的な情報についてのべておこう。

　これから説明するオピオイドやフェンタニルというドラッグは鎮痛薬である。そこで、そもそも、ほとんどの鎮痛剤はオピオイドか抗炎症剤のどちら

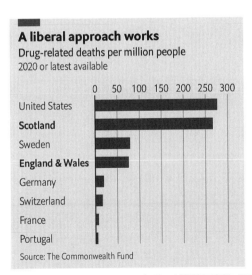

図 F-1　100万人当たりのドラッグ関連死者数（2020年ないし最近の利用可能データ）
（出所）https://www.economist.com/britain/2023/09/21/britains-war-on-drugs-enters-a-new-phase

かだという話からはじめたい（関心のある人は「痛みを和らげるには、より良い薬が必要」という The Economist の記事を参照してほしい）。

　痛みに立ち向かうには、脳に向かう痛みのシグナルを減らすか、逆に鎮静化するシグナルを増やすかのどちらかだ。アスピリン、イブプロフェン、セレコキシブなどの鎮痛剤は、いずれも非ステロイド性抗炎症薬に属する。一方、痛みの感覚を抑えようとする脳の働きを高めるのは、オピオイドとして知られる薬物の領域である。オピオイドは β- エンドルフィンなどの分子の作用を模倣したもので、通常、痛みから運動まで、さまざまな感覚に反応して体内で生成される。オピオイド薬には、モルヒネやコデインのように天然に存在するものと、フェンタニルやメタドンのように合成されたものがある。

　抗炎症薬もオピオイドも効果的だ。だが、両者には重大な欠点もある。抗炎症薬は潰瘍を起こす場合がある。オピオイドは呼吸困難を引き起こし、命にかかわるケースが知られている。オピオイドには中毒性があり、身体に耐性ができるため、同じ鎮痛効果を得るためには、より高用量が必要になる。重大なことは、アメリカではオピオイドの過剰処方が公衆衛生の危機につながっており、2020 年だけで 6 万 8000 人以上が死亡していることである。

オピオイド物語

　本当は、事態はもっと深刻だ。1990 年代に利用可能になったオピオイド系鎮痛剤は当初、依存症のリスクが低いとされていた。製薬会社が合法的な鎮痛剤を国中にばら撒いたのである。医師は、中毒のリスクは極めて低いという誤った認識のもと、腰痛などの慢性的な痛みに対してオピオイドの使用を拡大した結果、その濫用が社会問題化する。吸引や注射で即座にハイになりたい人々の常用薬、ドラッグとして使用されるようになったのだ。

　ばら撒いたのは、医薬品メーカー、パーデュー・ファーマ社（コネティカット州スタンフォード）であった。その製品名は「オキシコンチン」(OxyContin) だ。ここでは、日本語でも読める「アメリカ史上最悪の処方薬 —— オピオイドを販売するサックラー一家」や 2020 年 10 月 22 日付の BBC、2018 年 5 月22 日付の「ザ・ガーディアン」、2007 年 12 月 28 日付のＮＹＴ、などを参考にして、このオキシコンチンというオピオイド鎮痛薬の話を紹介しよう。

　パーデュー社は 1952 年、サックラー家をオーナーとして創立された。1991 年に鎮痛剤製造会社として独立したパーデュー・ファーマは、1995 年、中等度から高度の疼痛を適応としてオキシコンチンの製造認可が食品・医薬

品局（FDA）によって承認される。1996 年に発売後、この鎮痛剤を医師に売り込む前代未聞のキャンペーンが展開され、数十億ドル規模の医薬品に育つ。「オキシコンチンには、他の鎮痛剤よりもはるかに高用量の麻薬が含まれていたが、それは 12 時間かけてゆっくりと患者の体内に吸収され、低用量の錠剤を定期的に服用する必要がなくなるように設計されていたからだ」と「ザ・ガーディアン」は説明している。そこに、多少のテクノロジーの「進歩」があるのかもしれない。

　だが実際には、痛みの専門家だけでなく、深刻な痛みの治療や薬物濫用の認識について経験の浅い家庭医にもこの薬を宣伝した。さらに、後述する司法省との和解のなかで、パーデュー社はオキシコンチンの販売戦略において連邦法の反キックバック法（医師などから不適切に有利な扱いを受けるため、取引の見返りに利益の一部を還元することを禁止している）に違反したとも認めた。あるいは、連邦政府監査局によると、1996 年から 2000 年にかけてパーデュー社は販売部の陣容を 2 倍以上に増強し、医師や薬剤師や看護師を5000 人以上も動員して発破をかけさせ、さらに新規患者には 30 日間の無料チケットを発行したりもして、処方箋の発行責任者である医師に売り込みをかけたという。

ジュリアーニ弁護士の登場

　その結果、パーデュー社は刑事および民事の複数の裁判に直面する。そこで、同社は 2022 年にルドルフ・ジュリアーニ元ニューヨーク市長と彼のコンサルティング会社ジュリアーニ・パートナーズを雇った。2019 年 9 月 16日付の BBC の記事には、「サックラー家は世界でもっとも物議を醸すファミリーのひとつとなった。彼らはオピオイド鎮痛剤オキシコンチンを製造する製薬会社パーデュー・ファーマのオーナーである。その結果、一家は、20 年間で 20 万人以上が死亡しているアメリカの致命的なオピオイド危機を煽ったと非難されている」と書かれている。とくに、オキシコンチンの販売急増が過剰摂取による死亡と関連していると主張されるようになったのだ。

　弁護士ジュリアーニの登場によって、パーデュー社はこの問題を有利に解決することに成功する。2004 年、同社は 200 万ドルの罰金を支払い、不正行為を認めることなく、アメリカ麻薬取締局（DEA）の記録管理に関する告発を解決した。2006 年になって、大陪審による起訴を求める動きが進んだが、結局、2007 年に和解が成立する。政府はパーデュー社に対して 6 億ド

ルの支払いを命じる一方、同社重役の 3 人は有罪判決を受けたものの、合計 3450 万ドルの罰金の支払いにとどまったのである。同社は、詐欺または誤解させる意図でオキシコンチンを不正に販売した刑事責任を認める司法取引に応じた。

　もっと問題なのは、パーデュー・ファーマという会社が有罪判決を受けなかったため、メディケイドやメディケア、退役軍人局の医療制度といった公的医療制度からオキシコンチンが締め出されなかったことである。オピオイドによる死者が急増しているにもかかわらず、無制限に鎮痛剤を販売しつづけることになったのだ。

　パーデュー社は、2010 年、オキシコンチンの製法を改め、錠剤を細かく砕いて粉末を吸引したり溶かした液体を注射したりはできなくした。しかし、これは旧型の特許が切れるホンの数年前の対応策にすぎない。特許切れとなった旧型は普通なら他社にコピーされてジェネリック薬品が出回るところだが、パーデュー社は妨害工作を行った。「旧型は濫用されやすいのでコピー禁止」としたのだという。しかし、2010 年代以降、フェンタニルのような合成されたオピオイド系鎮痛剤の過剰摂取が問題化するようになる。パーデュー社のような企業が監視の目にさらされるようになると、痛み止めとしてオピオイドを処方する医師が減り、使用者は安価なストリート・ヘロイン、そして最終的にはメキシコなどで製造されたフェンタニルに頼るようになったのだ。

　その結果、**図 F-2** に示したように、オピオイドの過剰摂取による 10 万人当たりの死亡者数は増加しつづけている。とくに、フェンタニルのような合成されたオピオイドによる死亡者が近年、急増している。フェンタニルについては後述するが、ここでは、パーデュー社とサックラー家のその後について書いておきたい。

　米疾病対策センター（CDC）によると 1999 年から 2018 年までに 45 万人がオピオイド中毒で死亡した。このため、販売や流通手法に問題があったとして製薬会社などの責任を問う声も高まり訴訟が相次ぐ。たとえば、2021 年 6 月、ジョンソン・エンド・ジョンソン（J&J）はオピオイドを含む鎮痛剤の中毒問題をめぐり、米ニューヨーク州と和解した。2 億 3000 万ドルの和解金を支払い、州は患者の治療などにあてることになったのだ。

　パーデューに対する訴訟は 2007 年以降もつづいた。そして、同社は 2019 年 9 月に破産保護を申請した。2021 年 3 月に提出された再建計画では、同

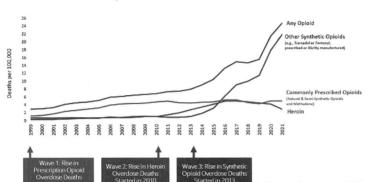

図F-2　オピオイドの過剰摂取による10万人当たり死亡者数の推移
（出所）https://www.cdc.gov/drugoverdose/resources/graphics/images/overdose/3-wave-opioid-overdose-death-line-graph-medium.png?noicon

　社は解散し、オピオイド蔓延への対策に焦点を当てた公益企業となる。代わりにサックラー家のメンバーは、オピオイド危機と闘う州、自治体、部族などを支援するために、個人資産から数十億ドルを注ぎ込むことになる。投票に参加した原告の90％以上がこの計画を承認した。同年9月、ニューヨーク州の連邦破産裁判所はこの計画を承認したが、米管財人プログラムはこの決定を不服として控訴する。サックラー家のメンバーは2022年2月、数千件のオピオイドの請求を解決するための現金提示額を40億ドルから60億ドルまで増額した。その代わり、彼らはすべてのオピオイド関連訴訟から免責されることを主張しつづけた。米第二巡回区控訴裁判所は1年以上後、この計画を支持する判決を下し、パーデューに勝利をもたらした。
　しかし、最高裁判所は2023年8月10日、パーデュー社の破産和解案に対する政府の異議申し立てを検討することに同意し、数千人の原告に対して最大60億ドルの支払いをする代わりに、裕福なサックラー一族のメンバーを民事オピオイド訴訟から保護する契約を一時停止した。最高裁はその審理を進めている。2019年に明らかになった裁判資料によると、「サックラー家はオピオイド危機への関与の捜査が進むなか、2008年から2017年にかけて100億ドル以上をパーデューから引き出して移転している」（BBC）というのだから、和解案に納得できない人が多くいるのも当然だろう。

サックラー家のメンバーはもはや製薬会社の取締役でなくなった。破産が確定すれば、一族はもはや製薬会社のオーナーではなく、クノア・ファーマと社名を変え、債権者が所有することになる。しかし、一族は依然として裕福である。「一族の資産は110億ドルとも言われ、その多くは海外にある」と、NYTは書いている。

　この「オピオイド物語」でわかるのは、アメリカがいかに富豪に有利になっているかということだ。数万人もの人々を死亡させるような医薬品を販売して大儲けをしても、その刑事責任は不問に伏され、民事責任は問われるにしても、富豪の私的財産全額を失うほどの損失は受けずにすむというのであれば、富豪は何度でも「危ない橋」を渡りつづけるのではないか。多少、名誉は傷つくかもしれないが、より多くの大金を手に入れることができるかもしれないからだ。しかも、刑事責任は問われず、刑務所に送られることもない。

フェンタニル物語

　つぎに、「フェンタニル物語」について話そう。The Economistの「フェンタニルの密売で試されるアメリカの外交政策」という興味深い記事がある。それによると、2014年頃からは、ヘロインの50倍も強力なフェンタニルを、密売人がヘロインやコカインに混ぜて使用し、多くのアメリカ人が過剰摂取で死亡するようになる。過剰摂取による死亡者数の推移を示した図F-3はそのすさまじさを示している。

　フェンタニルの過剰摂取で、2023年9月までの12カ月間に10万5000人以上のアメリカ人が死亡した（The Economistを参照）。フェンタニルは高濃度であるため、密輸は比較的容易である。密売人は車のあらゆる場所に錠剤を隠すことができる。フェンタニルは非常に強力であるため、メキシコから貨物自動車3台分運べば、アメリカの1年間の全需要をまかなうことができると一般に言われている。国境でのフェンタニルの押収量は2023年、ほぼ倍増した。X線検査の成果だが、アメリカに入国する際にX線検査を受けるのは、貨物車の約20％、自動車の5％未満にすぎない。

　フェンタニルは、別のものに混ぜられるという「変異」をきたしている。その効果を増幅できる動物用精神安定剤であるキシラジンと混合されつつあるのだ。麻薬取締局（DEA）によると、2022年に押収されたフェンタニルの粉末の23％、錠剤の7％にキシラジンが含まれていた。精神安定剤はオピオイドではないため、過剰摂取しても、命を救う解毒剤であるナロキソンで元

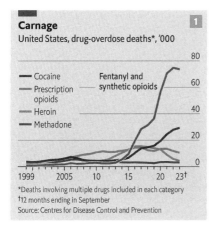

図 F-3　アメリカにおけるドラッグ別過剰摂取による死亡者数の推移（単位：1000 人）
（出所）https://www.economist.com/briefing/2024/02/29/americas-ten-year-old-fentanyl-epidemic-
is-still-getting-worse

に戻すことができない。カリフォルニア州の当局者は、中毒者が錠剤の摂取
からフェンタニル粉末の喫煙へと移行することを懸念している。
　注目されるのは、メキシコのカルテルがフェンタニルの前駆体化学物質を
中国に発注していることだ。その化学物質は、ときにはドイツやグアテマラ
などの国を経由してメキシコに空輸または輸送され、秘密のラボでフェンタ
ニルに加工される。完成品は陸路、海路、空路、さらにはトンネルを経て、
ロサンゼルス、フェニックス、エルパソの隠れ家に運ばれ、アメリカ全土に
流通するのである。

中国の関与と取締りをめぐって

　2023 年 11 月 15 日、アメリカのジョー・バイデン大統領と中国の習近平
国家主席との会談で、違法なフェンタニルや合成麻薬の密売を助長する前駆
体化学物質の流出を減らすことに焦点を当てた、麻薬対策に関する 2 国間協
力の再開を発表した（ホワイトハウスの声明を参照）。このフェンタニルをめ
ぐる合意は重要な意義をもっている。2024 年の大統領選を控えたバイデン
にとって、ドラッグ抑止は重要な国内問題だからである。2024 年 2 月の The
Economist は、「すでにいくつかのアメリカの空港では、前駆物質の押収が減
りはじめている」と紹介している。その代わり、「最近、インドがフェンタ
ニルの製造に使われる化学物質の代替供給源として浮上してきた」という。

首脳会談前の11月はじめ、中国は約3年ぶりに、国際麻薬統制委員会の IONICS データベース（疑わしい貨物や密売の疑いなどに関する情報をリアルタイムで国際的に共有するために使用される）への情報提出を再開する。米中は、政策・技術専門家が法執行の取り組みについて議論し、今後の麻薬対策の取り組みについて情報交換するためのプラットフォームを構築するため、麻薬対策作業部会を発足させることになった（米中は2024年4月、マネーロンダリング対策でも2国間フォーラムを立ち上げた）。一方、メキシコのアンドレス・マヌエル・ロペス・オブラドール大統領はアジア太平洋経済協力（APEC）サミット出席のため同時期に訪米し、11月16日に習近平国家主席、17日にバイデン大統領と会談した。メキシコと中国は反麻薬協力を深めることで合意し、メキシコとアメリカとの間でも、フェンタニル撲滅に向けて協力することになった。

ヨーロッパとフェンタニル

　「アメリカでは毎年数千人が死亡しているフェンタニル。次はヨーロッパか？：致命的な薬物がヨーロッパの海岸にやってくるかもしれない」という興味深いタイトルの記事が2023年11月、The Economist に掲載された。

　そこではまず、これまでフェンタニルがヨーロッパにおいて蔓延してこなかった理由が説明されている。その大きな理由は国民皆保険という医療保険制度の有無にかかわっている。そうした制度の未整備のアメリカでは、痛みが生じた際、とりあえず痛みを和らげようと鎮痛剤を使う人が多い。それが、無差別に鎮痛剤を処方する医師を増やしたアメリカでは、そうした動きを製薬会社が煽ったのである。

　ヨーロッパの場合、医療保険制度がしっかりしているため、「病気を抱えた人々は、手っ取り早く治すために鎮痛剤に頼るのではなく、痛みを和らげるために必要な処置を受けることができた」という。いかに国民皆保険制度が重要であるかの実例のような事態があったことになる。

ヨーロッパの直面する「悪夢」

　だが、The Economist の記事はヨーロッパでの不穏な動きに警鐘を鳴らしている。ヘロイン患者がフェンタニルに手を染めるケースが増えるのではないかと懸念しているのだ。

　説明しよう。まず、「ヨーロッパでは100万人もの違法オピオイド使用者

がヘロインの虜になっている」という。これまでは、アフガニスタンで栽培されるけし（ポピー）に由来するヘロインという天然系のオピオイドが使用されていた。だが、2021年にタリバンが政権に復帰して以来、「2023年はおそらく95%の減産を強行しており、2024年にはヨーロッパでの安価なヘロインの入手が著しく制限されると予想されている」。問題は、入手困難になったヘロインの代替物だ。

The Economist によれば、「供給不足に直面した麻薬組織は、手持ちのわずかなヘロインにフェンタニルを混ぜて効能を高めるか、合成麻薬を卸売りの代替品として売りさばくことになるだろう」という。フェンタニルがヨーロッパでも蔓延しかねない状況になっているのだ。精巧な製造と密輸を必要とするコカインやヘロインとは異なり、フェンタニルは安価に製造・出荷できる。EU の法執行部門であるユーロポールは、「メキシコの麻薬カルテルがフェンタニルを含む麻薬の市場を拡大するためにヨーロッパの犯罪ネットワークと協力している」と、すでに警告している。The Economist の記事は、「フェンタニルの場合、ギャングがフェンタニルから得られる莫大な利ザヤを考えると、取り返しのつかないことになる」と指摘している。たしかに安価な合成オピオイドとして利ザヤの大きなフェンタニルが「流行」すれば、売り手のギャングにはきわめて都合がいい。現に、ヨーロッパに匹敵する医療保険制度の整ったカナダも、すでに「フェンタニルの餌食となっている」と記されている。2023年上半期のオピオイドによる死亡者数は前年同期比5%増の4000人近くにのぼる（別の The Economist 参照）。さらに、イギリスでは最近、ニタゼン系と呼ばれる別の種類の合成オピオイドに関連した死者が急増している。

　説明でわかってほしいのは、テクノロジーの進化は必ずしも「善」ばかりをもたらすわけではないということである。したがって、神に近接した「テクノロジーの上に人を置く」という構図のもとで、「法」と「テクノロジー」による世界支配を実現してきたアメリカ帝国主義のあり方はそもそも神のように常に正しいわけではない。むしろ、神を背にすることで、強力な脅迫による強制を特徴としていると指摘できる。

注目される「ジオエンジニアリング」
　もう一つ問題なのは、一国だけでは解決できない重要課題の登場である。気候変動にしても、麻薬撲滅にしても、もはや一つの主権国家だけの問題で

はない。その意味で、私が注目しているのは、いわゆる「ジオエンジニアリング」の今後である。要するに、科学やテクノロジーにおいて、国家を超えた分野をどう開拓するべきかという大きな課題が待ち受けているのである。それは、決してヘゲモニー国家アメリカだけに委ねてはならない。ここで紹介したオピオイドさえ満足に対処できない国は信頼できないからだ。

　拙著『知られざる地政学』〈上巻〉では、「人類は「ソーラー・ジオエンジニアリング」に真剣に向かい合う時期が来るだろう」と書いておいた。この「ソーラー・ジオエンジニアリング」は、「地球工学」と呼ばれる分野である「ジオエンジニアリング」において、太陽光を利用した工学的対処によって気候変動に対応しようといった考え方である。

　2009年に英科学アカデミーである王立協会は「ジオエンジニアリングを「人為的な気候変動に対抗するために、惑星環境を意図的に大規模に操作すること」と定義した。そのうえで、地球が熱を失いやすくする方法と、地球が熱を得る量を減らす方法の二つに分類した。二酸化炭素の除去（CDR）は、大気中の温室効果ガスのレベルを下げ、熱を逃がしやすくすることで、第一に役立つ。第二の方法が「ソーラー・ジオエンジニアリング」（太陽地球工学）だ。地球が太陽から吸収するエネルギーの量を減らすことで、地球の温暖化を防ぐ。

　2024年4月にはじまった、サンフランシスコ湾に係留されていたUSSホーネットの甲板に設置されたスノーマシンに似た装置が、塩分を含んだエアロゾル粒子の霧を発生させるというプロジェクト（Marine Cloud Brightening, MCB）は、低層海上の雲に含まれる「雲凝結核」の数を増やすことで、雲を構成する水滴の数を増やすと同時に雲のサイズを小さくし、太陽光をより多く宇宙空間に反射させることを目指している（The Economistを参照）。

　ただし、太陽地球工学は温室効果ガスの継続的な蓄積を可能にし、地球工学が継続する限り、温室効果ガスの温暖化効果を覆い隠すだけである。太陽地球工学の取り組みが何らかの理由で突然中止された場合、蓄積された温室効果ガスによる温暖化効果がすぐに戻ってしまう。これに対して、CDRは温室効果ガスを大気中から除去することで、温室効果ガスの温暖化を恒久的に抑えることができるから、こちらのほうが有力視されるようになっている。とはいえ、太陽地球工学は短期間に広範囲にわたって効果が実感できるメリットがある。

「ソーラー・シールド」の可能性

　太陽地球工学の具体的構想には別のものもある。「ソーラー・シールド」と呼ばれるものの開発だ。**図 F-4** に示されたようなものである。簡単にいえば、宇宙空間に浮かぶ巨大なビーチパラソルに相当するものだ。巨大な日よけをつくり、地球と太陽の間の遠い地点に送り、地球温暖化対策に十分な、わずかだが重要な量の日射を遮るというアイデアである（NYT を参照）。科学者たちは、太陽の放射線の 2％弱が遮られれば、地球を摂氏 1.5 度（華氏 2.7 度）冷やし、地球を管理可能な気候の範囲内に保つのに十分であると計算している。

　このように、アメリカ一国ではまったく対処できないような科学分野が存在するのである。だからこそ、科学やテクノロジーに対するアメリカの支配といった構造は打破しなければならないのである。

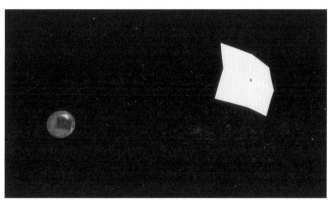

図 F-4　イスラエルの科学者グループが、太陽放射の一部を遮る巨大な帆を宇宙に送り込もうとしている（テクニオン・イスラエル工科大学・アッシャー宇宙研究所）
（出所）https://www.nytimes.com/2024/02/02/climate/sun-shade-climate-geoengineering.html

3　アメリカ帝国主義の内憂外患

　帝国主義的ふるまいをするアメリカに打撃を与えるためには、「内」と「外」から攻撃を加えることが必要となる。アメリカを内部から懲らしめようとしているのは、明らかにドナルド・トランプである。

　もしトランプが再び大統領に返り咲けば、彼は、①連邦政府機関に対する大統領の権限を強化し、政府機構全体をホワイトハウスに集中管理する（通常、新大統領は約 4000 人の官僚を任命するが、共和党は 5 万 4000 人の支持者を連邦政府の役職に用意している。保守系シンクタンクのヘリテージ財団と 80 のパートナー組織は、すでに候補者を選定しており、彼らのソーシャルメディアへの投稿を調査している）、②とくに、司法省の独立原則を放棄し、同省と FBI の職員のかなりの割合を忠実な人物と入れ替える（人気のある民主党議員を逮捕し、何百万人もの不法移民を強制送還する）、③メキシコの麻薬カルテルを攻撃するために軍隊を使う、④輸入品に現在の 3 倍以上となる 10％の関税を課すことを計画、⑤ウクライナ紛争を 1 日で終わらせ、NATO を崩壊させる（親トランプ派のシンクタンク、リニューイング・アメリカ・センターのシニアフェローであるスマントラ・マイトラは「ヨーロッパから休眠 NATO（dormant NATO）へとアメリカの軸足を移す」という論文を発表し、アメリカはアジアに方向転換する必要があると主張している）、⑥核兵器不拡散条約（NPT）の枠組みが崩れ、日本と韓国は核兵器を保有する可能性が生まれる —— といった変更を行うかもしれない。

　まず、関税 10％という事態は交易の拡張に大打撃を与えるだろう。加えて、NATO 崩壊はヘゲモニー国家アメリカの根幹を支えてきた安全保障体制だけに、その影響は大きい（だからこそ、大統領の権限を狭めるために、2023 年 12 月 22 日にバイデン大統領が署名した 2024 年国防権限法の 1250A 条において、出席上院議員の 3 分の 2 が同意する場合、または議会法に基づく場合を除き、NATO からアメリカを一時停止・終了・破棄・脱退させてはならないと定められたのである）。しかも、アメリカの介入主義を実践するためのメカニズムが働かなくなれば、米政府の方針に従わせるための脅しが効かなくなる可能性が生じる。さらに、NPT が崩れれば、核兵器の拡散が広がり、核戦争の可能性が高まるだろう。こうしたなかで、アメリカの帝国主義を支えてきた安全保障

体制そのものが崩れ、その帝国主義も崩壊するだろう。

アメリカのエスタブリッシュメントへの攻撃

第四章第四節において、「エスタブリッシュメントを批判するトランプは、ヘゲモニー国家アメリカの力の源泉である、「法の上に人を置く」という「法の支配」と、「テクノロジーの上に人を置く」という「テクノロジーの支配」の「人」の部分、すなわち、エスタブリッシュメントへの攻撃を意味しているのだ」と書いておいた。

さらに、このエスタブリッシュメントへのトランプの容赦ない攻撃は、エスタブリッシュメントがこれまで築いてきたアメリカ流の民主主義、すなわち、一部の「特別階級」をなす富豪が NYT や WP などのマスメディアを操作して、自分たちに都合のいい政策を支持するように仕向けるという民主主義に「裂け目」をもたらしている。

アメリカ合衆国の分裂の可能性

それだけではない。アメリカ国民のなかに分断が生じているだけでなく、それが領土の分裂につながりかねない状況さえ生んでいる。

2019 年に公表された論文「アメリカにおける感情的二極化の起源と結果」には、「一般のアメリカ人は、他党の議員をますます嫌い、不信感を募らせている」とか、「民主党も共和党も、相手党の党員は偽善的で利己的で閉鎖的だと言い、党派を越えてつき合おうとしないし、他のさまざまな活動で相手党と組むことさえ嫌がる」とある。こうした当事者間の反感の現象は「感情的二極化」と呼ばれている。この感情的二極化がアメリカ全土に広がっており、相手の話に耳を傾けることさえない「分断」が深まっているのだ。

もちろん、この分断は SNS の普及によって深化した面がある。たとえば、「フィルターバブル」という言葉を知っているだろうか。アルゴリズムがネット利用者個人の検索履歴やクリック履歴を分析し学習して、各ユーザーにとってみたいと思われる情報が、本人の望むと望まざるとにかかわらず、優先的に表示され、結果的に、ユーザーの観点に合わない情報からは隔離されてしまう状況を指している。自身の考え方や価値観の「バブル」（泡）のなかで孤立する情報環境がイメージされている。

インターネットは個人による自由な選択の余地を広げるようにみえる。だが、結果として自分の関心領域だけを囲い込み（フィルタリング）、共有体験

を減らす傾向を強めるのだ。それは、「集団分極化」という現象を引き起こし、自分の好みに合わない、他者の意見にまったく耳を傾けない一方、同じ選好傾向の強い集団内で過激な意見に急進化するようになる。こうなると、それぞれの集団において、自分が「エコーチェンバー」状態に置かれるようになる。エコーチェンバーとは、ソーシャルメディアを利用する際、自分と似た興味関心をもつユーザーをフォローする結果、意見を SNS で発信すると自分と似た意見が返ってくるという状況を、閉じた小部屋で音が反響する物理現象にたとえたものだ。

さらに悪いことに、「コスパ」（コスト・パフォーマンス）や「タイパ」（タイム・パフォーマンス）の重視によって、人々の思考時間が奪われつつある。見栄えや承認欲求ばかりにとらわれたバカ（「浅瀬」で手足をバタバタさせているだけの浅薄な人）が急増している。

SNS などの影響で分断化が進んでいるだけではない。領土分裂の危機さえ芽生えているようにみえる。2023 年から 2024 年にかけての数カ月、メキシコとの国境に位置する南部テキサス州当局と連邦政府との間で大規模な対立が勃発したからだ。

グレッグ・アボットテキサス州知事と連邦政府との対立は 2021 年 3 月にはじまる。州境 1930 キロを共有する隣国メキシコからの移民や麻薬の不法侵入を防ぐため、アボットが中央当局と連携しない作戦（コードネームは「ローン・スター」［テキサス州は州旗の星からローン・スター・ステートとも呼ばれる］）を開始する。2023 年の夏、州当局はリオ・グランデ川の 305 メートルの区間に浮体式バリア（ブイの鎖）を設置した。同地域の不法越境者数が 2021 年から 2022 年にかけて 3 倍に増え、2022 年から 2023 年にかけては 56％ も増加したためだ。米司法省は州に対し、バリアの設置は河川・湾岸法違反であるとして提訴する。

2023 年 12 月 1 日、連邦裁判所はブイの撤去を命じたが、アボットは有刺鉄線設置を擁護しつづけた。翌年 1 月になると、テキサス州兵と警察が問題地域近くの公園一帯を制圧し、連邦国境警備隊の車両の横断を阻止する。同月 14 日、米国土安全保障省はテキサス州政府に書簡を送り、国境のその区間への連邦政府のアクセスを直ちに回復するよう要求する。しかしテキサスはこれに従わなかった。22 日、連邦最高裁判所は連邦政府に味方し、有刺鉄線の撤去を命じ、連邦捜査官がメキシコとの国境に以前から設置されていた有刺鉄線を切断することを許可する。それでも、アボットは 24 日、国境

を越えて流入する移民を「侵略」であると宣言し、その地位は連邦政府の義務に優先すると主張した。

　1月25日、ドナルド・トランプは深夜に声明を発表し、国境の状況を国家安全保障、公共安全、公衆衛生の大惨事であるとするアボットの見解を支持し、テキサス州の国境警備のために州兵を動員・配備するよう各州に呼びかけた。フロリダ州のロン・デサンティス州知事は2023年にすでに、州兵1100人以上と法執行官をテキサスに派遣したし、サウスダコタ州のクリスティ・ノーム知事とオクラホマ州のケヴィン・スティット知事も昨年、州兵をそれぞれ約50人ずつ国境に派遣した。アラバマ、アーカンソー、ジョージア、アイダホ、アイオワ、ルイジアナ、モンタナ、ネブラスカ、ノースダコタ、オクラホマ、テネシー、ユタ、ウェストバージニア、ワイオミングなどの各州、共和党が主導する全米の州からも連帯のメッセージが寄せられた（「USニュース」を参照）。

　もちろん、アメリカ合衆国がすぐに分裂し、テキサス州が独立する可能性はゼロに近い。だが、南北戦争中、テキサスは合衆国から脱退し、南部連合に加盟した経験をもつ。ゆえに、アメリカの内部の情勢変化がアメリカの新帝国主義に打撃を与える可能性は高い。

ヨーロッパの脆弱性

　他方で、ヨーロッパはアメリカの状況変化に気づいている。安直にアメリカの帝国主義に従属して、アメリカと同じように、一部の富豪や有力な政治家がマスメディアを操作して、自分たちに都合のいい政府の政策を実践するというやり方がすでに限界に近づいているからだ。ヨーロッパもまた内部に亀裂が生じつつある。それを引き起こしているのは、各国において急増する避難民などの移民によって生活が脅かされている人々が支持する勢力、すなわち、外国人排斥を声高に唱える極右勢力だ。

　フランスでは、移民排斥で悪名をとどろかせたジャン＝マリー・ル・ペンの娘のマリーヌ・ルペンが国民戦線（FN）から衣替えした国民連合（ラサンブルマン・ナショナル, RN）を率いている。2017年の大統領選では、決選投票に残った。その支持は着実に拡大している。2022年11月、ジョルダン・バルデラ欧州議会議員がRN党首となり、その彼は2024年の欧州議会選で優位に立っている。

　2022年10月以降、イタリアではジョルジア・メローニが首相を務めている。

彼女の政党「イタリアの兄弟」は戦後のネオ・ファシスト・グループの流れを汲んでいる。だが、いまのところ、中絶や同性愛者の市民結合に対する与党の敵意にもかかわらず、同性婚や同性養子縁組への進展はない。オーストリアの極右政党である「自由党」（FPÖ）も台頭している。2024 年秋までに総選挙が行われるが、2019 年実績を上回るのは確実な情勢だ。

ドイツの情勢

ドイツでは、極右政党「ドイツのための選択肢」（AfD）が 2023 年 12 月、初の市長選に勝利し、ザクセン州東部のピルナ市を掌握した。AfD は同年 6 月に初の地方議会選挙で勝利していた。10 月に行われたヘッセン州とバイエルン州の州議会選挙でも、AfD は両州でそれぞれ 2 位と 3 位となった。つぎの国政選挙は 2025 年まで予定されていないが、極右勢力は 2023 年末時点で、東部の 3 州すべてで 30％以上を獲得し、第一党の座にある。

ただ、2024 年 1 月、ドイツでは大きな変化があった。ドイツの調査報道機関（Correctiv）が 1 月 10 日、AfD 党員が 2023 年 11 月にポツダムで開かれた有名なネオナチとの会合に出席し、移民や亡命希望者、さらには外国にルーツを持つドイツ人の大量国外追放の現実性について話し合っていたと報じたのである。これを受けて、ドイツ連邦議会は 1 月 19 日、ドイツ国籍取得を根本的に簡素化する歴史的な法改正を承認した。1 月 19 〜 21 日の週末、140 万人もの人々が右翼急進派とその計画に抗議するため、ドイツの各都市の通りに繰り出したという情報もある。この報道で極右政党に対する怒りの国民感情が高まるなかで、連立与党である社会民主党、緑の党、自由党の 3 党がすでに合意していた同法を投票によって承認した（ただし、スキャンダル発覚後の AfD の全国世論調査の結果は、過去最高の 23％から 21％へと低下しただけで、ほとんど影響を受けなかったという情報もある［2022 年 1 月の同党の世論調査は 11％だった］）。ちなみに、追加手続き（第二院の承認など）は必要ないため、この改正は 4 月に施行される。

この法律によって、ほとんどの申請者の居住要件が 8 年から 5 年に短縮される。特別なケースでは 3 年まで短縮される。少なくとも片方の親が 5 年間ドイツに住んでいて、ドイツで生まれた子供は自動的に市民権を得る。二重国籍も一般的に認められるようになる。ただし、新しい市民は民主主義の自由を守り、ナチズムに対するドイツの「特別な歴史的責任」とユダヤ人の生活を守る必要性を受け入れることを約束しなければならない。

　一説には、ドイツの 8400 万人の住民のうち、1340 万人が市民権をもっていない。そのうちの 500 万人以上が 10 年以上ドイツに住んでいる。約 500 万人の非ドイツ人居住者は EU 市民であり、すでにドイツ人のほぼすべての権利を享受しているため、新たに国籍を追加する必要はないとみられている。約 100 万人のウクライナ難民を含む残りの約 800 万人の外国人のうち、何人がドイツのパスポートを求めて殺到するかは不明である。

どうするドイツ？

　ドイツでは、すでにトランプが米大統領に返り咲いた場合への対応が検討されている。それは、米国抜きの NATO、すなわち、ヨーロッパの安全を米国抜きでどう守るかという重い問いかけを意味している。なぜなら国防費を 2024 年までに GDP の 2％以上に引き上げるという 2014 年協定の遵守が困難だからである。NATO の資料では、2023 年の時点で 11 カ国がガイドラインをクリアしていた（2014 年に達成したのはわずか 3 カ国だった）が、ドイツは 1.57％にすぎなかった。2024 年に達成可能なのは NATO の欧州加盟国 28 カ国（当時）のうち、少なくとも 18 カ国で、欧州の国防費総額は約 3800 億ドルに達し、ヨーロッパの物価高を調整した後の金額はロシアとほぼ同じになるとみられている（The Economist を参照）。

　ボリス・ピストリウス国防相はロシアとの数十年にわたる対立に備えるべきだと警告を発している。これは国防費の大幅な増額を意味している。NATO への拠出額で第二位のドイツは、2024 年の拠出額を 2 倍の約 85 億ドルにすることで合意しているが、さらなる増額が必至となるだろう。過去 30 年間で、連邦軍の兵士数は 50 万人から 18 万 1500 人に減少したが、2031 年までに 2 万人増強する計画が浮上している。

　ウクライナ戦争が勃発した 2022 年に、ショルツ首相はドイツの安全保障政策における Zeitenwende（ツァイテンヴェンデ）、すなわち「歴史的転換点」を宣言し、4 年間で 1000 億ユーロの軍事費増額を約束した。しかし、これは、アメリカが NATO メンバーとしてヨーロッパの安全保障に深く関与することを前提としていた。もしこの前提が崩れれば、この増額は避けて通れないだろう。

　ドイツとリトアニアの国防相は 2023 年 12 月 18 日、第二次世界大戦後初となるドイツ軍の海外常設配備に関する合意文書に署名した。リトアニアに約 4800 人のドイツ軍旅団を常設し、2027 年には戦闘態勢に入るとのべた、

とロイター電は伝えている。このように、アメリカの外部においても、情勢は変化しつつある。

とはいえ、核兵器をもたないドイツは同じヨーロッパにおいて核兵器を保有するフランスとの事情が異なっている。2022年10月、ドイツはフランスを裏切るような行為に出る。NATO加盟国14カ国とフィンランドの国防相がブリュッセルに集まり、「欧州スカイシールド構想」の策定に関する意向書への署名を行ったのである。ドイツが主導するこの構想は、欧州各国が防空設備とミサイルを共通に取得することで、ヨーロッパの防空・ミサイル防衛システムを構築することを目的としている。その目的は、ロシアによる潜在的な攻撃から防衛するために、短距離、中距離、長距離ミサイルとレーダーによる防空ネットワークを標準化し、機器を共同購入することで費用を節約することにあった。14カ国は、ベルギー、ブルガリア、チェコ、エストニア、ドイツ、ハンガリー、ラトビア、リトアニア、オランダ、ノルウェー、スロバキア、スロベニア、ルーマニア、イギリスであり、フランスが入っていない。フランスは不快感の表れとして、毎年行われていた独仏政府間会合を延期した。ここには、仏独が協力してヨーロッパ独自の、すなわち、アメリカとは別の安全保障体制を構築しようとする意欲がドイツにないことを示したのである。

最大の問題は、アメリカの「核の傘」がどうなるかというものだ。その戦術核兵器は現在、ベルギー、ドイツ、イタリア、オランダ、トルコに配備中だ。もしNATOからアメリカが脱退すれば、核兵器がヨーロッパから消える可能性がある。その場合、フランスとイギリスの核兵器に賭けるのか、それともヨーロッパ独自の「核の傘」に投資するのか。

核戦力には、潜水艦、ミサイル、爆撃機に搭載された「戦略」核戦力と、ヨーロッパ各地の基地に保管され、複数のヨーロッパ空軍が投下可能な、より小型で短距離の「非戦略」B61核爆弾などがある。**図F-5**に示したように、米は5000発、露は6000発近い核弾頭を保有しているのに対し、英仏の核弾頭はわずか500発にすぎない。こうした現実があるだけに、トランプ大統領誕生によって、アメリカがNATOから離脱するような事態になれば、ヨーロッパはその安全保障戦略を抜本的に改める必要に迫られるだろう。

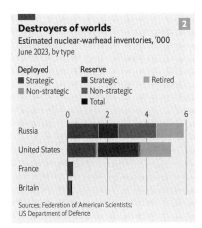

図 F-5 2023 年 6 月時点での核弾頭在庫数（単位：1000 発）
（出所）https://www.economist.com/briefing/2024/02/18/can-europe-defend-itself-without-america

中国の野心

　ヘゲモニー国家アメリカの後釜をねらう中国は、安全保障面からアメリカを凌駕するために、核兵器開発の加速化を進めている。核兵器をはじめとする大量破壊兵器や気候変動問題など、人間社会への脅威を削減するための科学学術誌『原子力科学者会報』に掲載された「中国の核戦力、2024」によれば、「過去 5 年間で、中国は核兵器の種類と数をこれまで以上に増やし、現在進行中の核近代化プログラムを大幅に拡大した」と指摘している。具体的には、表に示されたように、中国は、陸上弾道ミサイル、海上弾道ミサイル、爆撃機による運搬用に、約 440 発の核弾頭を備蓄していると推定される。さらに約 60 発の核弾頭が生産され、最終的には道路を移動するミサイルやサイロベースのミサイル、爆撃機に搭載されると考えられている。この報告では、「中国は現在、約 240 発の核弾頭を搭載可能な大陸間弾道ミサイル（ICBM）を約 134 基保有していると推定される」としている（次頁　**表 F-1** 参照）。

　米国防総省の 2023 年議会報告書をみると、国防総省は、2023 年 5 月時点で中国が保有する運用可能な核弾頭が 500 発を超え、これまでの予測を上回る勢いであると推定している。国防総省は、中国が 2030 年までに保有する運用可能な核弾頭数はおそらく 1000 発を超え、その多くがより高い即応性レベルで配備され、2035 年までに人民解放軍の近代化を「基本的に完了」させるという目標に沿って戦力を増強し続けるだろうと予測している。

Type	NATO designation	Number of launchers[a]	Year deployed	Range (kilometers)	Warheads x yield[b] (kilotons)	Warheads
Land-based ballistic missiles[c]						
Medium/Intermediate-Range						
DF-21A/E	CSS-5 Mods 2, 6	..	2000, 2016	2,100+[d]	1 × 200–300	..[e]
DF-26	CSS-18	216[f]	2016	4,000	1 × 200–300	108[g]
Subtotal:		216				108
Intercontinental Range						
DF-5A	CSS-4 Mod 2	6	1981	12,000	1 × 4,000–5,000	6
DF-5B	CSS-4 Mod 3	12	2015	13,000	Up to 5 × 200–300	60
DF-5C	(CSS-4 Mod 4)	..	(2024)	13,000	1 × multi-MT	..
DF-27	CSS-X-24	..	(2026)	5,000–8,000	1 × 200–300	..
DF-31	CSS-10 Mod 1	..	2006	7,200	1 × 200–300	..[h]
DF-31A	CSS-10 Mod 2	24	2007	11,200	1 × 200–300	24
DF-31A	CSS-10 (silo)	..	(2023)	11,200	1 × 200–300	..
DF-31AG	CSS-10 Mod 2[i]	64[j]	2018	11,200	1 × 200–300	64
DF-41	CSS-20 (mobile)	28	2020	12,000	Up to 3 × 200–300	84
DF-41	CSS-20 (silo)	..	(2025)	12,000	(Up to 3 × 200–300)	..
Subtotal:		134				238
Total land-based		350				346
Submarine-launched ballistic missiles						
JL-2	CSS-N-14	0[k]	2016	7,000+	1 × 200–300	0
JL-3	CSS-N-20	6/72	2022[l]	9,000+	("Multiple")	72
Aircraft[m]						
H-6K	B-6	10	1965/2009	3,100+	1 × bomb	10[n]
H-6N	B-6	10	2020	3,100+	1 × ALBM	10
H-20	?	..	(2030)	?	(bomb/ALCM?)	..
Total fielded		442				438
Other produced warheads						[62][o]
TOTAL						500

表 F-1　中国の核戦力、2024 年
（出所）https://thebulletin.org/premium/2024-01/chinese-nuclear-weapons-2024/#post-heading

習近平の野心

　中国国防省の防衛政策では、「中国は、いかなる時もいかなる状況下でも核兵器の先制使用をせず、非核兵器国や非核兵器地帯に対しては無条件で核兵器を使用しない、あるいは使用すると脅さないという核政策に常にコミットしている」と説明されている。ただし、「中国はいかなる国とも核軍拡競争を行わず、核戦力は国家の安全保障に必要な最小限のレベルにとどめている」としながら、その「最小限のレベル」の具体的中身は判然としない。習近平は「戦略的抑止力」としての核兵器増強に力を入れつづけている。

　アメリカ側がとくに警戒しているのは、最近になって、中国が北部の三つの砂漠地帯に約 320 基のミサイルサイロを新たに建設したこと（吉林台の訓練用サイロを除く）と、中東部の三つの山岳地帯に 30 基のサイロを新たに建設したことだ。とくに、前者のサイロはアメリカの通常ミサイルが攻撃できない安全な距離にある一方で、アメリカを攻撃できるミサイルを格納できる

から、アメリカとしては警戒を強めている。

　こうした現状にあって、ヘゲモニーを争う中国に対して、アメリカはどう対応しようとしているのかは判然としない。核兵器削減交渉といった場に、中国は参加しておらず、当面、核兵器をめぐる世界の状況は悪化の一途をたどっているようにみえる。

　加えて、核兵器を大量に保有するロシアと中国が軍事協力をさらに強めるような事態になると、アメリカの軍事的優位そのものが揺らぐ可能性もある。

　いずれにしても、アメリカの帝国主義は「内」と「外」から揺さぶられているとみて間違いないだろう。

日米合同委員会

　こうしたアメリカ帝国主義に対して、日本はいまでも屈服している。新型コロナウィルス感染症（COVID-19）が流行しはじめた当初、海外からの日本に流入する感染者を予防するため、外国人の入国禁止や渡航者への検疫強化が問題となった。このとき、在日米軍内の感染者からの日本国内感染が問題化する。米軍関係者は日米地位協定に基づいて、基地を通じて自由に入出国できるからだ。とくに、基地の多い沖縄県は深刻な問題であった。

　ここでの問題の本質について、吉田敏浩は著書『追跡！謎の日米合同委員会』のなかで、つぎのように指摘している。

　「根本的な問題として、米軍関係者の入国禁止や基地での日本国当局による検疫など、必要に応じた措置を日本側がとれない、米軍に対して規制をかけられないという、米軍優位の不平等な地位協定と日米合同委員会の合意の壁が存在している。」

　登場した日米合同委員会とは、「日本における米軍の権利など法的地位を定めた日米地位協定の運用に関する協議機関」であり、1952年4月28日の対日講和条約、日米安保条約、日米行政協定（現地位協定）の発効とともに発足した。外務省や防衛省などの高級官僚らと在日米軍司令部などの高級軍人らで構成されている。

　同委員会を探究しつづけてきた吉田は、「日本を呪縛する「占領政策の延長」といえる日米安保条約・地位協定の構造と、その核心部で秘密体制を築き機能する謎」と日米合同委員会を評している。

　要するに、日本はこの委員会によって、主権国家として本来もつべき主権の一部を制限されているのだ。だからこそ、COVID-19に際しても、日本当

局の権限で米兵の入国を制限したり、厳しく検疫したりすることができなかった。それだけではない。米軍機に対して、「アルトラブ」と呼ばれる、一定の範囲を上限・下限の高度をもって設定し、民間機を締め出して軍用の空域とする「空域制限」を米軍専用として認めている。領空権の一部侵犯を日本国として認めているのだ。しかも、「日本における米軍の権利などを定めた日米地位協定には、アルトラブの規定はない」、と古田は書いている。

こうした情けない状況にありながら、日本政府は米政府に対して、もう70年以上も日本の主権回復に向けた交渉をしていない。日本政府はひた隠しにしているようにみえる。

これがアメリカ帝国主義の真骨頂なのかもしれない。アメリカは、北大西洋条約機構（NATO）を通じて、ヨーロッパの国を集団安全保障というかたちで守ってきた。これに対して、日本、フィリピン、タイ、オーストラリア、アルゼンチン、ブラジル、チリ、コロンビア、コスタリカ、パナマなどは、アメリカと相互安全保障協定を結んでいる（NYTを参照）。いずれも協定を結んだ国が攻撃を受けた場合、アメリカによる安全保障措置が期待されているが、そうである以上、日本がアメリカに提供しているような何らかの国家主権制限を各国が受けている可能性が高い。安全保障を条件に、協定締結国に重大な影響力を行使可能となる。こうして、「屋根」を提供する代償として、アメリカは自らに有利になるような貿易条件などを実現し、新自由主義、すなわち新帝国主義を各国に押しつけているのだ。

CIA の残忍性

このアメリカ帝国主義は、米中央情報局（CIA）による拷問によく現れている。2024年1月16日、欧州司法裁判所が出した興味深い判決がある。それは、テロ組織、アルカイダの斡旋者および資金管理者の疑いで、グアンタナモ湾の米軍事委員会で裁判中のサウジアラビア国籍の男性、アル＝ハワウィによる訴訟にかかわっている。

彼は、2005〜06年にかけて、CIAが運営するリトアニアの秘密施設に拘束された際、拷問、虐待、未承認拘留について複数の訴えを起こした。欧州司法裁判所は、リトアニアがアル・ホワウィの申し立てを効果的に調査せず、またCIAの秘密抑留計画に加担したため、欧州人権条約第三条（非人道的または屈辱的な待遇／調査の禁止）に違反し、第六条第一項（合理的な期間内に公正な裁判を受ける権利）、第二条（生命に対する権利）および第三条（死刑廃止）、

ならびに第六議定書第一条（死刑廃止）の違反があったと全会一致で判断したのである。裁判所は、リトアニア政府に対して、アル＝ハワウィに、非金銭的損害に関して10万ユーロ（約10万8000ドル）、費用および経費に関して、申請者の代理人であった非政府組織に3万ユーロを支払うよう命じた。

CIA による「特別移送」

アル・ホワウィは、1968年生まれで、現在、キューバの南東にあるグアンタナモ湾米海軍基地の収容施設に拘留されている。彼は9.11テロ後のいわゆる「対テロ戦争」中の2003年3月にパキスタンで捕らえられた。問題はその後、米国当局の拘束下に移され、リトアニアも含むとされるさまざまな国のCIA秘密拘禁施設に秘密裏に拘束されたという事実にかかわっている。とくに、2005年から2006年にかけてリトアニアのCIA秘密拘禁施設で拘束されたとされる、米国政府によるアル＝ハワウィの「特別移送」が訴訟対象となった。

「特別移送」とは、拷問や残虐な、非人道的な、あるいは品位を傷つけるような扱いを受ける現実的な危険性を伴う、通常の法制度の外での拘禁や尋問を目的とした、ある管轄区域や国から別の管轄区域や国への人の移送を意味する。彼は2005年2月18日か10月6日に、コードネーム「Detention Site Violet」と呼ばれるリトアニアのCIA秘密拘禁施設に移送された。リトアニアから別の秘密施設（アフガニスタン）に移送されたのは翌年3月25日のことで、その際、彼は緊急医療を必要としていたが、地元当局はそれを提供することができなかった。被収容者に対する緊急医療の欠如により、リトアニアの秘密施設は閉鎖された。結局、2006年9月5日、彼はグアンタナモ湾の米軍施設に移送され、現在に至っている。

アル・ホワウィによると、彼はアルカイダによるテロ活動に関する情報を得るため、CIAによって拘留中ずっと「強化尋問技術」を受けていた。彼は、CIAの拘束下での残虐な扱い、すなわち異物による肛門性交（ソドミー）によって引き起こされた大腸痛や直腸痔、慢性的な偏頭痛、高血圧、難聴、耳鳴り、不眠症など、多くの深刻な病気に苦しんでいる。なお、2014年2月、リトアニアでアル＝ハワウィの申し立てに対する公判前調査が開始された。現在も進行中であり、同氏はまだ訴訟手続きにおいて被害者の地位を認められていない。

「ブラック・サイト」の歴史

　この拷問を行う CIA の運営する秘密施設は「ブラック・サイト」（CIA black sites）と呼ばれている。2001 年 9 月 11 日の直後、米国は、アルカイダのメンバーであると疑われる捕虜を拘束し、取り調べるための秘密施設を世界中に設置したのである。ジョージ・W・ブッシュ大統領は 2006 年 9 月になって、その存在を公式に認め、そこに収容されていた多くの被拘禁者をグアンタナモ湾に移送すると発表した。

　2009 年 11 月、「ABC がリトアニアでテロリスト容疑者の「ブラック・サイト」の場所を発見」というスクープが報じられた。リトアニアの首都ヴィリニュス郊外にある乗馬アカデミー内に、CIA が秘密施設を建設していたのである（下の写真を参照）。リトアニアは、2002 年にブッシュ大統領が同国を訪問し、リトアニアの北大西洋条約機構（NATO）加盟への努力を支援することを約束した後、CIA の秘密施設を許可したのだという。同施設は 2004 年 9 月にオープンした。

　2014 年 4 月 3 日、上院情報特別委員会は、CIA の拘禁・尋問プログラムに関する最終調査の「所見と結論」および「要旨」を、機密解除とその後の一般公開のために大統領に送付することを決定した。合計 6700 ページ以上におよぶ委員会調査の全文は、機密扱いのままであるが、現在は上院の 712 ページの公式報告書となっている。

　CIA による水責めやその他の「強化尋問技術」の使用に関する調査の報告

リトアニアにあった CIA の「秘密刑務所」
（出所）https://www.youtube.com/watch?v=iIV9aWNynss

書に掲載された。報告書によれば、同施設は 2005 年 2 月から翌年 10 月まで運営され、不特定の「医学的問題」を理由に閉鎖された。2024 年 1 月の判決では、リトアニアは「CIA 秘密抑留者プログラムに加担したため欧州人権条約に違反した」と結論づけられたのである。

アメリカへの忠誠心＝ CIA の拷問施設

リトアニアの「ブラック・サイト」は、9.11 の後、CIA が世界各地で捕らえたアルカイダのトップ・スパイを拘束し、尋問するために設置した八つの施設のひとつであった、と前述した ABC は伝えている。タイ、ルーマニア、ポーランド、モロッコ、アフガニスタンも CIA の「ブラック・サイト」があった国として特定されている。バラク・オバマ大統領は 2009 年 1 月の就任直後、これらすべての刑務所の閉鎖を命じた。リトアニアの施設は、ポーランドにあった CIA の施設が 2003 年末か 2004 年初めに閉鎖された後、ヨーロッパで開設された最後の「ブラック・サイト」だった。

ヨーロッパで同サイトが設置された国がルーマニア、ポーランド、リトアニアであったのには理由がある。安全保障上の理由から、米国による保護が必須であったのである。NATO 加盟を認めてもらうために、3 カ国は米国への忠誠心を示す必要があったのだ。米国政府はこの忠誠心を悪用して、拷問施設を 3 カ国に設置することを認めさせたのである。

アメリカによる非道の歴史を忘れるな！

ここで強調したいのは、過去の歴史を忘れないでほしいということだ。たとえば、拙著『ウクライナ・ゲート』のなかで、つぎのように書いたことがある。

「ロシアのクリミア併合を非難するなら、その前に米国を中心とするイラク侵攻がもっと大きな犯罪であったとなぜ糾弾しないのか。加えて、キューバの南東にあるグアンタナモ湾の占領をなぜ問題視しないのか。同湾は 1903 年に米国がもぎとったものであり、1959 年にキューバが独立して以降、キューバ政府の再三の要求にもかかわらず、米国政府は手放さずにいる。そればかりか、この地にイラク戦争などで逮捕したテロリストと称せられる人々を収容し、きわめて非人道的な扱いをしてきた事実がある。」

おりしも、NHK は 2024 年春、「未解決事件 File.10「下山事件」」を放映した。簡単にいえば、1949 年 7 月に起きた下山事件を担当した主任検事・布

施健たちが残した極秘資料から、連合国最高司令官総司令部（GHQ）直轄の秘密情報組織「キャノン機関」がソ連に送り込んだ、韓国人二重スパイの存在を紹介する。キャノン機関所属の人物を米国で見つけ出し、その二重スパイの写真を見せると、面識があったと証言する。さらに、GHQ の下部機関である「対敵情報部隊」（CIC）にいた人物の遺族とも面談し、本人が「あれは米軍の力による殺人だ」と語っていたことを聞き出す。事件は米国の反共工作のなかで起きていたというわけである（碇井広義著「NHK スペシャル「未解決事件 File.10 下山事件」は現在に繋がる歴史の闇に光を当てた秀作」を参照）。

　CIC は 1947 年に設置された CIA とは違う。だが、米国政府による諜報活動が主権国家の横暴によって平然と個人の命を奪ったとすれば、この CIC の暴挙はいまの CIA に着実に受け継がれている。弱い立場にあった国々の主権を無視し、人命さえ奪ってきたのが米国という国であり、その先兵こそ CIA なのである。

　若い日本人のなかで、日本がいまでも米国の植民地状態にあることを知っている人はどれくらいいるだろうか。私が残念に思うのは、こうした反米的イメージを植えつけるような報道が日本ではほとんどなされていないことである。事実でありながら、あえて報道しないことで、アメリカのイメージをあくまで守ろうとしているのである。

　残念ながら、親米という視角はものごとの一面でしかない。本書で論じたように、その視角はアメリカのリベラルデモクラシーという、これも必ずしも真っ当とはいえない信念に沿うようにかたちづけられた偏向にすぎない。そうでありながら、アメリカ擁護の視角からしか物事が論じられないケースがあまりに多い。だからこそ、本書はあえて反米という視角に立って、できるだけアメリカの裏面を炙り出そうしてきた。

　決して十分とはいえない分析だが、この本を機に、どうかアメリカ帝国主義に騙されないようにしてほしい。彼らは、自分の国と自分の利益しか基本的に考えていない。人類とか人権とかいった権利主導型規制というヨーロッパ的発想がそもそも希薄だ。こんなアメリカと近づきすぎると、必ずや大きなしっぺ返しに遭うことだろう。

あとがき

　私はいま、「戦前」を生きているのかもしれないと感じている。残念ながら、もうすぐ日本も戦争に巻き込まれるだろう。その昔、大日本帝国は米英などと戦争をはじめた4日後の1941年12月12日の東条英機首相下の閣議において、1937年からつづいていた中国との戦争を含めて「大東亜戦争」と名づけることを決めた。おそらく、この戦争の前においても、いまと同じように、多くの「嘘」がまかりとおり、国民全体が戦争不可避というムードになっていったのだろうと推察される。

　現在の最大の問題は、大多数にのぼる無知蒙昧の存在かもしれない。それは、前回の「戦前」とまったく同じである。大多数の日本人は再び「騙される」と同時に、「騙す」側になり、戦争へとひた走っているようにみえる。

ディスインフォメーション工作

　人々を騙すには、大切な情報を遮断し、不正確な情報しか伝えないようにすればいい。これを「ディスインフォメーション」(disinformation) という。「デズインフォルマーツィヤ」(дезинформация というロシア語を英訳したものである。ディスインフォメーションについては、拙稿「「知られざる地政学」【連載34】ディスインフォメーションの地政学」［上、下］、「情報操作　ディスインフォメーションの脅威」、拙著『サイバー空間における覇権争奪』などを参照)。

　ところが、日本では、この「ディスインフォメーション」を「偽情報」と翻訳してすまし顔をしている。本来、この言葉は、情報受信者を騙そうとして発せられる情報を意味するだけで、情報の真偽や正誤は二次的な問題にすぎない。情報そのものが「真」であっても、騙すことは簡単にできる。同じく、部分的に正しい情報でも騙すことは可能だ。

　「戦前」、大日本帝国は、日本の歴史が万世一系の天皇を中心として展開されてきたとする歴史観に基づく教育を施すことで、長い時間をかけて国民を騙してきた。そして、国民自身が他者を騙すという構造を構築してきた。

森鷗外の『沈黙の塔』

　「戦前」の早い時期に、この大日本帝国によるディスインフォメーションに気づいて警鐘を鳴らしたのは森鷗外であった。国家があからさまな情報遮

断、発禁に乗り出したことに敏感であったのが森鷗外だからである。1910（明治43）年5月から大検挙がはじまった「大逆事件」を目の当たりにして、森鷗外は『沈黙の塔』を『三田文学』（同年11月号）に発表した。

この短編小説において、「パアシイ（Parsi）族」というものが登場する。ゾロアスター教を起源とする一神教宗派の信徒でペルシア人の子孫であるとされる人々、「パーシ人」が仲間のうちで「危険な書物を読む奴」を殺し、その死骸をインド中西部の古都の丘の上にたつカラスの飛び回る沈黙の塔に運び、カラスに食べさせたという寓話を日本の状況にあてはめて書いたものである。

そのなかで、「パアシイ族の少壮者は外国語を教えられているので、段々西洋の書物を読むようになった」と書かれている。そして、出版物の禁止がはじまり、その対象は小説ばかりでなく、脚本、抒情詩、論文、外国ものの翻訳へと拡大されたのだという。そして、「安寧秩序を紊る思想は、危険なる洋書の伝えた思想である」として、「危険なる洋書を読むものを殺せ」となる。これに対して、鷗外とおぼしき人物はつぎのように記している。

「芸術も学問も、パアシイ族の因襲の目からは、危険に見えるはずである。なぜというに、どこの国、いつの世でも、新しい道を歩いて行く人の背後には、必ず反動者の群がいて隙を窺っている。そしてある機会に起って迫害を加える。ただ口実だけが国により時代によって変る。危険なる洋書もその口実に過ぎないのであった。」

なお、この小説を日本に公費留学していた魯迅は中国語に翻訳している。魯迅は、実在する中国人官僚、周樹人のペンネームの一つであり、彼もまた鷗外と似た境遇に置かれていた。

いずれにしても、国家が不都合な情報を抹殺しようとすることはいまでもつづいていると考えたほうがいいだろう。露骨な発禁はできないにしても、補助金の打ち切り（「あいちトリエンナーレ2019」への補助金不交付）や任命拒否（日本学術会議会員の任命拒否）など、主権国家は自らの主権に不都合な情報などを弾圧するのだ。

再び強化されるディスインフォメーション

いま、日本政府はかつての大日本帝国のように、国家主導でディスインフォメーションを強化しようとしている。試しに、日本語の「ウィキペディア」でディスインフォメーションをみると、なぜかディスインフォメーションを

「偽情報」と解釈して、「偽情報」の解説を紹介している。ところが、英語の disinformation をみると、しっかりと「これはロシア語の дезинформация の借用訳であり、音訳すると dezinformatsiya となり、どうやら KGB のブラック・プロパガンダ部門のタイトルに由来すると考える者もいる」と書かれている。わかってほしいのは、日本語の説明はまったく不十分であり、こんなものを読んでも、ディスインフォメーションの本質にまったく近づけないどころか、誤解を深めるだけであるということだ。だれかが日本人のディスインフォメーション認識を歪めようとしているのだ。

　それだけではない。総務省は現在、偽情報や誤情報を取り締まろうと規制強化に乗り出しつつある。国家が情報統制に乗り出すとすれば、それは「戦前」と同じ状況を生み出そうとする企みなのではあるまいか。

　かつての「戦前」と同じように、国家に協力する政治家や官僚がたくさんいる。驚くべきことに大多数の学者もまた、無関心、無知、不勉強によって国家に協力的だ。歴史はたしかに反復すると指摘しなければならない。

　たとえば、ディスインフォメーションについて、2020年1月に刊行された『現代地政学事典』において、当初予定されていなかった「ディスインフォメーション」の項目を収載してもらい、その内容を執筆したのは私である。総務省にかわいがられている御用学者は、この項目において、ディスインフォメーションを先のウィキペディア以上に詳しく説明している事実をまったく無視している。無視することで、騙すというのはディスインフォメーションの典型的な手法だ。テレビも新聞も無視することで国家に協力している。

ディスインフォメーション下の民主主義

　アメリカは民主主義を守るために、侵略を受けたウクライナを支援しているらしい。同じアメリカはなぜかガザ戦争においては、過剰防衛というより、まさに侵略行為をしているイスラエルを支援している。後者もまたアメリカの民主主義を守ることが目的らしい。しかし、この二つの戦争への支援を、民主主義を理由に支援するには無理がある。民主主義は、ウクライナ人とパレスチナ人を区別し、後者への人権侵害だけを肯定するのだろうか。

　実は、アメリカもまた国をあげてディスインフォメーション工作を行っている。民主主義を自認しながら、重要な情報を流さないことによって、大多数の国民を情報操作しているのだ。本書で紹介したように、2022年に和平交渉成立の一歩手前まで進んだにもかかわらず、ウクライナとロシアとの戦

争継続をそそのかしたアメリカとイギリスの責任は重大だ。しかし、この事実を米英の国民の大多数は知らない。バイデン大統領が米国内への「投資」としてウクライナを支援していることや、ウクライナ戦争が自律型無人機の実験場となっている事実についても知らないだろう。ましてや、日本国民も同じである。こんな国々に民主主義があるといえるだろうか。

騙されるだけではない怖さ

実は、ディスインフォメーションの本当の怖さは、ディスインフォメーションによって騙された人が騙す側に回って、今度は自らあまり意図することもないままに不正確な情報を撒き散らすことにある。無知が無知を呼びさまし、全体として無知蒙昧が社会全体を壊すのだ。ここで是非とも、太平洋戦争が終わって、映画監督の伊丹万作が書いた『戦争責任者の問題』にある記述を紹介したい。彼は、本当は「日本人全体が夢中になつて互いにだましたりだまされたりしていたのだろうと思う」と指摘しているのだ。ついでに、『戦争責任者の問題』にあるきわめて重要な記述を読んでほしい。

「すなわち、だましていた人間の数は、一般に考えられているよりもはるかに多かったにちがいないのである。しかもそれは、「だまし」の専門家と「だまされ」の専門家とに劃然と分かれていたわけではなく、いま、一人の人間がだれかにだまされると、次の瞬間には、もうその男が別のだれかをつかまえてだますというようなことを際限なくくりかえしていたので、つまり日本人全体が夢中になつて互いにだましたりだまされたりしていたのだろうと思う。」

「戦後」、日本の大多数の人は自分が「騙されていた」と語った。だが、「騙していた」自分に気づくことのできた人はあまりいない。「騙した自分」という反省が足りなかった日本人は、戦後70年以上を経て、再び自分が騙される側でありつつ、自らが騙す側に回っている現実に気づいていない。いつの間にか、軍靴の足音がすぐそこにまで迫っているというのに。

この議論からわかるように、ディスインフォメーションを論じるとき、ディスインフォメーション発信者を減らしたり、規制したりすることはもちろん、重要な論点となりうるが、そのとき、最初の発信者だけでなく、その発信情報に騙された受信者による「二次的な発信による騙し」をどう減らすかという問題にも注意喚起しなければならない。つまり、無知によって騙され、その無知な人物が騙す側になって騙される人を増やす連鎖をどう抑止するかに

ついて対策を講じる必要があるのだ。

　その答えは、「自分の無知に気づき、その不明を恥じ、よく勉強することだ」というものだ。『戦争責任者の問題』のなかで、伊丹はつぎのように指摘している。

　「だまされるということはもちろん知識の不足からもくるが、半分は信念すなわち意志の薄弱からくるのである。我々は昔から「不明を謝す」という一つの表現を持つている。これは明らかに知能の不足を罪と認める思想にほかならぬ。つまり、だまされるということもまた一つの罪であり、昔から決していばつていいこととは、されていないのである。」

　どうか自分が無知蒙昧であることに気づいてほしい。私自身、自分の無知蒙昧であることを恥じつつ、この書を書いた。おそらく誤字脱字を含めて、数々の問題点があるだろう。ゆえに、「今後も勉強をつづけなければならない」と思う。無知蒙昧であるがゆえに、その不明を恥じながら、学びつづけたい。そうすれば、ディスインフォメーションに騙され、自分自身が騙す側に身を置く機会を多少なりとも減らせるのではないか。

　こんな私のような人が一人でも増えれば、日本の軍国主義化を押しとどめる力になるのではないか。そんな希望をいだきつつ、筆を置きたい。

　2024 年 5 月 7 日

塩原俊彦

○著者紹介

塩原　俊彦　（しおばら　としひこ）

評論家。陸海空およびサイバー空間にかかわる地政学・地経学を研究。元高知大学大学院准教授。

著書：

【ウクライナ】

『ウクライナ戦争をどうみるか』（花伝社、2023）、『復讐としてのウクライナ戦争』（社会評論社、2022）『ウクライナ 3.0』（同、2022）、『ウクライナ 2.0』（同、2015）、『ウクライナ・ゲート』（同、2014）

【ロシア】

『プーチン 3.0』（社会評論社、2022）、『プーチン露大統領とその仲間たち』（同、2016）、『プーチン 2.0』（東洋書店、2012）、『「軍事大国」ロシアの虚実』（岩波書店、2009）、『ネオ KGB 帝国：ロシアの闇に迫る』（東洋書店、2008）、『ロシア経済の真実』（東洋経済新報社、2005）、『現代ロシアの経済構造』（慶應義塾大学出版会、2004）、『ロシアの軍需産業』（岩波新書、2003）などがある。

【エネルギー】

『核なき世界論』（東洋書店、2010）、『パイプラインの政治経済学』（法政大学出版局、2007）などがある。

【権力】

『なぜ「官僚」は腐敗するのか』（潮出版社、2018）、『官僚の世界史：腐敗の構造』（社会評論社、2016）、『民意と政治の断絶はなぜ起きた：官僚支配の民主主義』（ポプラ社、2016）などがある。

【サイバー空間】

『サイバー空間における覇権争奪：個人・国家・産業・法規制のゆくえ』（社会評論社、2019）がある。

【地政学】

『知られざる地政学：覇権国アメリカの秘密』〈上下巻〉（社会評論社、2023）がある。

帝国主義アメリカの野望
リベラルデモクラシーの仮面を剥ぐ

2024 年 6 月 14 日　初版第 1 刷発行

著　者　塩原俊彦
発行人　松田健二
発行所　株式会社 社会評論社
　　　　東京都文京区本郷 2-3-10
　　　　tel.03-3814-3861　Fax.03-3818-2808
　　　　http://www.shahyo.com
装幀組版　Luna エディット .LLC
印刷製本　倉敷印刷 株式会社